RECHERCHES

SUR

L'ART STATUAIRE

Paris. — Typographie Hennuyer, rue du Boulevard, 7.

RECHERCHES

SUR

L'ART STATUAIRE

CONSIDÉRÉ

CHEZ LES ANCIENS ET CHEZ LES MODERNES

OU

MÉMOIRE SUR CETTE QUESTION

PROPOSÉE PAR L'INSTITUT NATIONAL DE FRANCE :

Quelles ont été les causes de la perfection de la Sculpture antique
et quels seraient les moyens d'y atteindre ?

OUVRAGE

COURONNÉ PAR L'INSTITUT NATIONAL

Le 15 vendémiaire an IX

PAR T.-B. EMERIC-DAVID

Membre de l'Institut (Académie des inscriptions et belles-lettres).

NOUVELLE ÉDITION

REVUE ET CORRIGÉE SUR LES MANUSCRITS DE L'AUTEUR

PUBLIÉE PAR M. PAUL LACROIX

Conservateur de la bibliothèque de l'Arsenal.

PARIS

Mme Ve RENOUARD, LIBRAIRE-ÉDITEUR,

RUE DE TOURNON, 6.

1863

INSTITUT NATIONAL

DES SCIENCES ET DES ARTS.

Paris, le 18 brumaire de l'an IX
de la République française.

LE SECRÉTAIRE DE LA CLASSE DE LITTÉRATURE
ET BEAUX-ARTS,

AU CITOYEN T.-B. ÉMERIC DAVID.

Citoyen,

La Classe de Littérature et Beaux-Arts, *après avoir écouté la lecture entière du Mémoire que vous aviez envoyé au Concours, et qui a remporté le prix, est demeurée toujours persuadée que ce Mémoire, indépendamment des morceaux qui se distinguent par l'élégance et la chaleur du style, présente un assez grand nombre d'idées et d'observations propres à accélérer la marche de l'art vers sa perfection; et que, celles qui, n'étant pas généralement adoptées, pourraient donner lieu à des objections ou à des discussions, par cela même encore deviendraient profitables aux artistes. En conséquence, elle nous invite à publier cet ouvrage.*

C'est avec grand plaisir, Citoyen, que je remplis les intentions de la Classe, et, personnellement, je m'estime bien heureux d'avoir à vous transmettre un témoignage de son estime.

Salut fraternel,

Signé : LA PORTE DU THEIL,
Secrétaire.

AVERTISSEMENT DE LA PREMIÈRE ÉDITION.

L'Institut National, après avoir accordé le prix à cet
ouvrage, m'ayant invité à le faire imprimer, je ne puis
douter que cette savante Compagnie n'y ait remarqué
des idées dignes d'être présentées au public. Je dois
croire encore que les passages où je traite des principes
de l'Art Statuaire sont ceux qui ont attiré le plus particulièrement son attention. Je me le persuade avec
d'autant plus de plaisir, que j'ai été dirigé dans cette
partie de mon travail par les conseils de mon ami
M. J.-B. GIRAUD, membre de l'ancienne Académie royale
de Peinture et de Sculpture, et je satisfais le vœu de
mon cœur en rendant publiquement à ce statuaire,
consacré tout entier aux progrès d'un art qu'il honore,
l'hommage que je lui dois.

Les artistes ne s'étonneront pas que j'aie entrepris
d'écrire sur les règles d'un art que je ne professe point,

quand ils sauront que j'ai été guidé par un aussi habile maître. Les beautés dont je cherche à rendre compte, je les ai reconnues dans la cire et dans le marbre qui s'animent sous ses doigts. C'est lui qui m'a excité à composer l'ouvrage ; c'est lui encore, qui, par ses nombreux secours, m'a mis à même de l'exécuter. S'il m'était permis de me glorifier de quelque chose, je dirais seulement que, depuis les premiers jours d'une ancienne et étroite liaison, depuis qu'il étudie son art, et que j'ai voulu, auprès de lui, en connaître la théorie, dans nos recherches à Rome, dans nos conversations au milieu des figures antiques qui enrichissent son atelier, mes opinions furent toujours conformes à ses principes.

C'est par égard pour la modestie de cet ardent et studieux émule des Grecs que je parle aussi brièvement de son talent et de ses ouvrages.

RECHERCHES

SUR

L'ART STATUAIRE

Depuis deux mille ans, quelques morceaux de marbre, taillés à la ressemblance du corps humain, excitent l'admiration du monde. Les Romains les enlevèrent aux Grecs, et s'avouèrent vaincus par les artistes qui les avaient travaillés. Au milieu des guerres et des triomphes, les nations modernes les plus éclairées s'en emparent par des victoires, les obtiennent ou y renoncent par des traités publics, comme s'il s'agissait de villes et de provinces. Les anciens qui en ont écrit, l'ont fait, comme nous, avec les expressions hyperboliques de l'enthousiasme; et, par un consentement général, chez les Grecs, chez les Romains, parmi les Barbares, c'est à ces ouvrages de l'art que l'on a toujours comparé ceux de la Nature elle-même, pour en apprécier la beauté.

Ce qu'il y a de plus étonnant, relativement à ces admirables figures, c'est que depuis quatre siècles on s'efforce de les imiter, et elles demeurent supérieures à tous les efforts : on se demande par quel art elles ont été produites; ce problème n'est pas encore entièrement résolu. Ce qu'il y a de plus étonnant enfin, c'est qu'après la multitude de beaux ouvrages que ces quatre siècles ont vu produire, l'Institut national de France, entouré de ses propres chefs-d'œuvre, propose lui même cette question : *Quelles ont été les causes de la perfection de la sculpture antique, et quels seraient les moyens d'y atteindre?*

Quelles ont été, en effet, les causes de la perfection de la sculpture antique? Quelles sont les causes de notre infériorité? Ces hommes qui ont fait des dieux, n'étaient que des hommes! N'y a-t-il pas une route qui puisse conduire au terme où ils étaient eux-mêmes parvenus?

Cette belle question, considérée dans toute son étendue, intéresse l'ami des Arts, le moraliste, le législateur ; mais, par cela même, elle renferme des difficultés peut-être insurmontables.

Il ne suffit pas, pour y répondre d'une manière satisfaisante, de montrer en quoi consiste la perfection des statues antiques, et par quelles règles tenant à l'art elles ont été rendues parfaites ; il faut prouver encore quelles ont été les causes de cette perfection, c'est-à-dire par quelle suite de faits et d'opinions les Grecs étaient parvenus à se former et à mettre en œuvre les principes qui les ont produites. L'Institut reconnaît que les moyens employés jusqu'aujourd'hui pour élever l'Art Statuaire à la perfection de l'antique, ont été insuffisants. Il s'agit d'en indiquer de nouveaux.

Il faut donc oublier nos habitudes et nos mœurs ; nous transporter dans la Grèce, chez un peuple différent de nous en toutes les choses qui se rapportent aux arts ; déterminer la nature et les causes de son goût, sans nous laisser induire en erreur par les vices du nôtre.

L'homme était tout pour les Grecs ; ils en avaient cultivé le moral, ils en avaient perfectionné le physique, parce que ses qualités physiques et ses qualités morales leur étaient également nécessaires. Qu'est-ce que l'homme dans les gouvernements modernes? Que leur importe et sa beauté et sa vertu? Aussi éloignés des Grecs que nous le sommes dans l'appréciation du modèle, nous avons dû l'être dans les principes de l'imitation. Nous avons jugé leurs ouvrages d'après nos idées; il faut aujourd'hui, s'il est possible, les juger d'après les leurs.

On sait, de plus, que les nombreux écrits des peintres et des statuaires grecs ont été détruits par le temps. Chez les modernes, au contraire, les systèmes sur la théorie, comme sur la pratique des arts, sur l'essence du beau, sur l'idéal, sur l'imitation, se sont tellement multipliés et opposés les uns aux autres, que, quelque parti que l'on embrasse dans ces questions difficiles, on rencontre partout des écrivains célèbres à combattre, des opinions jalouses à détruire ou à concilier.

Entraînés par la beauté du sujet dans une entreprise sans doute au-dessus de nos forces, qu'allons-nous donc faire pour répondre, autant qu'il est en nous, au vœu de l'Institut national?

Obligé d'être à la fois historien et artiste, nous recherche-rons d'abord quels furent le caractère primitif du peuple grec, ses besoins, ses institutions, sa situation politique, pour montrer comment, par un effet des lois et des mœurs, le goût général fut conforme à la Nature; et comment, par un autre effet des mêmes causes, les arts furent soumis au goût général.

Entrant ensuite dans les ateliers, nous tâcherons de découvrir par quels procédés et par quelle théorie les artistes s'élevèrent à la perfection où le vœu public les appelait.

Arrivé aux modernes, nous examinerons les difficultés qu'ils ont eues à vaincre, les causes des succès qu'ils ont obtenus dans de certains temps et dans différents pays; nous indiquerons aux élèves, en rappelant l'exemple des Grecs, l'ordre qu'ils doivent suivre dans leurs études et les principes qu'ils doivent adopter ; nous demanderons enfin aux législateurs, des institutions qui fassent aimer les arts, en les rendant utiles, moyen le plus efficace, unique moyen peut-être d'en assurer la perfection.

Savants, artistes, philosophes, qui composez l'Institut national, c'était à vous à nous instruire sur ces questions difficiles. Si vous avez eu des raisons de douter, peut-on vous proposer autre chose que des doutes? Recevez cet écrit comme une offrande que nous faisons à la patrie : n'ayant que sa gloire et sa prospérité pour objet, si nous succombons dans la vaste carrière que vous avez tracée, nous nous comparerons aux soldats qui tombent les armes à la main pour sa défense.

On ne saurait oublier, en écrivant sur l'Art Statuaire, que le plus sublime des philosophes, que le plus sage des mortels, façonna l'argile et conduisit le ciseau. Divin Socrate, toi qui modelas les figures des Grâces [1], et que ces déesses reconnaissantes n'abandonnèrent jamais, enseigne-nous les principes de l'art que tu professas; dis-nous comment cet art peut être utile aux mœurs, comment il peut alimenter et protéger les vertus civiques !

[1] Diog. Laert., lib. II, in *Socrat.*; Pausan., lib. I, cap. 22; Id., lib. IX, cap. 35; Suidas, vᵒ Σωκράτ.

PREMIÈRE PARTIE.

SECTION I.

§ 1

Les écrivains qui, en traitant de l'histoire des arts, ont reconnu la supériorité des Grecs sur les modernes dans l'Art Statuaire, l'ont généralement attribuée à l'influence du climat, à
la religion, à la liberté politique, à la facilité de voir le nu, aux
récompenses accordées aux artistes.

Quelques-uns ont voulu que le génie, la beauté physique et
une certaine douceur de caractère, qu'ils ont regardée comme
particulière à ce peuple, fussent le produit de la température
de l'air [1]; ils ont dit que la vénération des Grecs pour les statues
des Dieux [2] et les hautes idées de la religion avaient élevé
l'imagination des artistes au-dessus de la sphère des sens [3]; ils
ont dit aussi que la liberté entière dont jouissaient les Grecs,
mère des révolutions et des jalousies, avait répandu chez eux les
premières semences des sentiments nobles; que l'habitude de

[1] Dubos, *Réflex. sur la peinture.*
[2] Vinckelm. *Hist. de l'art,* liv. IV, chap. 1, § 1.
[3] Id., *ibid.,* § 2.

voir le nu, qui tenait non-seulement à la nature des jeux publics, mais à la nature des habillements, portait d'elle-même le
génie à en imiter les formes ; et enfin que les honneurs dont on
comblait les artistes, et entre autres le digne emploi qu'on faisait de leurs ouvrages, en les consacrant à la récompense des
héros [1], leur donnaient également l'occasion et l'impatience de
se signaler.

On ne peut douter que ces différentes causes n'aient contribué à la perfection des arts. Les idées que nous venons d'exposer sont pleines de justesse et de vérité, sous divers rapports ;
mais elles renferment aussi des erreurs, et il est d'ailleurs facile
d'en reconnaître l'insuffisance.

L'histoire des arts, soit que l'on compare les Grecs entre eux,
soit qu'on les compare aux autres nations, présente des phéno-
mènes qu'on ne peut expliquer que par des considérations très-
multipliées. Dans cette étude, comme dans celle des sciences naturelles, il faut se résoudre à faire presque autant de définitions
qu'il y a d'individus.

Un climat où se choquaient tous les contrastes ; un ciel tantôt
d'un azur foncé, et tantôt surchargé de nuages épais et brû-
lants ; des vents destructeurs [2] ; des chaleurs extrêmes, des
froids excessifs [3] ; de fraîches vallées que parfumaient des violettes et des myrtes, qu'enrichissaient des touffes de lauriers
immortels ; des montagnes nues, où les orages laissaient
à peine quelque terre à cultiver ; des antres d'où s'exhalaient

---

[1] Vinckelm. *Hist. de l'art*, liv. **IV**, chap. 1, § 2.

[2] Hesiod. *De oper. et dieb.* v. 503 et seq.; Vitruv., lib. I, cap. 6;
Senec. *Quest. nat.* lib. **V**, cap. 17.

[3] Hesiod. *De oper. et dieb.* v. 510 et seq.; Theophrast. *Hist. plant.*
lib. IV, cap. 16 ; Colum. *De re rustic.* lib. I, cap. 4 ; Plutarch. *De
prim. frigid.*; Pausan., lib. I, cap. 24 ; Id., lib. X, cap. 23.

des vapeurs âcres et méphitiques; d'abondantes sources d'eaux fumantes et d'eaux glacées, qui faisaient croire au peuple que des êtres surnaturels habitaient autour de lui; et, par un effet de ces circonstances physiques, des organes déliés et irritables; un esprit actif, curieux, mais capable de tous les excès; un caractère mobile, turbulent, passionné, également disposé à l'amour, à l'orgueil, à la colère, à la superstition, voilà ce que les Grecs avaient reçu de la Nature.

Mais, premièrement, sur une étendue de pays peu considérable, dans un climat à peu près le même partout, les divers peuples de la Grèce ne cultivèrent pas les arts avec le même succès. La fertile Crète les dédaigna; Sparte les proscrivit; les heureux Arcadiens, les Achéens, les Phocéens, les Etoliens, les Thessaliens, ne s'y appliquèrent jamais; la patrie d'Hésiode, de Pindare et de Corinne, ne compta qu'un petit nombre d'artistes qu'elle pût placer à côté de ces noms célèbres; Corinthe ne fut qu'au second rang; la puissante Athènes et la faible Sicyone s'élevèrent au premier.

On sent, de plus, que ces qualités brillantes que les Grecs tenaient du climat, auraient pu les égarer, comme elles pouvaient les conduire. Le génie politique qui leur fut naturel, n'est pas en tout semblable, comme nous le dirons plus tard, à celui qui inspire les peintres et les statuaires. Ces Athéniens, d'ailleurs si légers, si imprudents, si irascibles, qui couronnaient leurs grands hommes et les exilaient, qui s'endormaient durant la paix et formaient de vastes projets au sein des défaites, montrèrent, dans leur goût relatif aux arts, une sagesse que l'on peut dire en opposition avec leurs dispositions naturelles. Fidèlement attachés aux mêmes principes, ils se garantirent, pendant une longue suite de siècles, de toute nouveauté, de toute erreur, de tout système. Cette constance et la perfection où elle les conduisit, tenaient donc à d'autres causes qu'à la chaleur et à l'effervescence de leur sang.

Quoiqu'il y ait lieu de croire que les formes du corps humain fussent généralement plus belles chez les anciens Grecs qu'elles ne le sont chez la plupart des peuples modernes, cette différence entre eux et nous n'est pas assez notable pour avoir beaucoup influé sur les arts. Les contrées où ils avaient fait le plus de progrès, n'étaient pas celles où se rencontraient les plus beaux modèles. « Parmi la foule de jeunes gens que l'on voyait de mon temps à Athènes, dit Cicéron, à peine s'en trouvait-il un qui fût véritablement beau [1]. » Phryné était de Thèbes ; Glycère, de Thespies ; Aspasie, de Milet. De même que, pour vanter nos belles femmes, nous les appelons des beautés grecques, les Grecs d'Europe appelaient les belles femmes de leur pays des beautés ioniennes [2].

La difficulté, d'ailleurs, ne serait pas résolue par cette différence de nature ; car il y a certainement moins loin de notre plus bel homme au plus beau des Grecs que de notre plus belle statue aux plus belles statues grecques.

De plus, les Grecs n'avaient point de modèles pour les monuments d'architecture. Cependant, le même caractère, produit des mêmes principes, se montre dans leur architecture et dans leurs statues ; il se fait voir aussi dans leurs vases, dans leurs meubles, dans tous leurs ustensiles. Où avaient-ils puisé ces principes ? Pourquoi ne les avons-nous pas rencontrés comme eux ?

---

[1] « Quotus enim quisque formosus est ? Athenis cum essem, e gregio epheborum vix singuli reperiebantur. » (Cicer. *De nat. Deor.* lib. II, cap. 79.)

[2] Ælian. *Var. hist.* lib. XII, cap. 1 ; Dion Chrysost., orat. 36 ; Philostr. *Icon.,* lib. II et VIII.

⟩ On peut faire à peu près les mêmes remarques et sur la
religion et sur la facilité de voir le nu.

C'étaient les vierges de Sparte qui laissaient voir dans des
jeux publics une partie de leurs charmes, et les Spartiates ne
cultivèrent point les arts. Retirées dans des appartements im-
pénétrables, les femmes grecques ne paraissaient pas même aux
jeux Olympiques. Les artistes n'avaient pour modèles que des
courtisanes. Ce fut une tache pour Elpinice de s'être soumise
aux regards de Polygnote, quoiqu'il eût fait d'après elle une
figure dont le visage même était voilé [1]. Nous voyons enfin, tous
les jours, des têtes et des mains d'une forme admirable ; le visage
de mille femmes charmantes nous présente des traits dignes de
Sparte et de Milet ; pourquoi n'avons-nous fait ni des têtes ni
des mains qui rivalisent l'antique ? C'est qu'il ne suffit pas de
voir le nu ; qu'il faut encore savoir y lire, savoir l'apprécier, le
choisir, savoir enfin en exprimer la vie et la beauté par une
imitation fidèle.

Il faut distinguer plusieurs choses dans la religion des
Grecs, relativement aux arts : d'une part, le sentiment de la
piété, la dévotion, l'enthousiasme religieux, qui faisaient adorer
un Dieu dans une figure représentative quelconque ; de l'autre,
les formes attribuées aux différentes divinités ; et enfin la nature des cérémonies religieuses, l'état civil des prêtres, et leur
intérêt personnel.

Nous rejetons la piété du nombre des causes qui favorisèrent
les arts ; car la piété, facile à émouvoir, est trop disposée à l'admiration pour juger avec sévérité ; elle s'attache de plus en plus
aux vieilles idoles, et adore moins ce qu'elle y voit en effet que
ce qu'elle croit y voir. Le Grec dévot qui s'inclinait à Olympie

---

[1] Plutarch., in *Cimon*.

devant le Jupiter de Phidias, révérait à Argos, à Thespies, et jusqu'au sein d'Athènes, des figures de Vénus, des Grâces, de l'Amour, qui n'étaient que des pierres brutes ou des troncs d'arbres mal façonnés. Il adorait sur le mont Elaïus une Cérès qui avait la tête et la crinière d'un cheval [1]; à Phygalie, une déesse Eurynome, moitié femme et moitié poisson [2], et dans le temple d'Ephèse, qui était une des sept merveilles du monde, un monstre gigantesque et hiéroglyphique, chargé de trois rangs de neuf ou dix mamelles.

Les usages civils, les mœurs, le goût général, eurent heureusement plus d'influence sur la religion que celle-ci n'en put avoir sur les habitudes et sur les mœurs. Sans la révolution que le génie national, le goût et les arts eux-mêmes opérèrent dans la croyance, ce peuple, si célèbre par la beauté de ses Dieux, serait demeuré courbé devant les monstres du Nil, sous le despotisme de leurs ministres.

La religion des Grecs n'est pas d'ailleurs la seule où l'on ait attribué aux Dieux les formes du corps humain. Si, dans ce qu'elle renfermait de poétique, elle eût favorisé la perfection des arts, en élevant, comme on l'a dit, l'imagination des artistes *au-dessus de la sphère des sens* [3], pourquoi la religion chrétienne ne l'eût-elle pas fait? Quoi de plus poétique et de plus imposant que les images dont sont remplis les Ecritures et l'Evangile? Le Christ était *le plus beau des enfants des hommes* [4]. La beauté des anges est tout ce que l'imagination peut se représenter de plus admirable. En quoi la majesté de l'Eternel le cède-t-elle à la grandeur du Jupiter d'Homère? Une vierge remarquable par

1 Pausan., lib. VIII, cap. 42.

2 Id., *ibid.*, cap. 41.

3 Winckelm.

4 Psalm. *Eructavit*; S. Paul. *ad Hebr.* cap. 1.

sa beauté entre les filles de Jérusalem, *belle au milieu de ses compagnes, comme un lis parmi des épines*[1], un enfant divin, des martyrs, des prophètes, un homme-dieu, sortant triomphant du tombeau, où il avait consenti à descendre, que manque-t-il à ces nobles sujets pour inspirer de grandes idées?

Nos artistes ont, d'ailleurs, représenté les héros et les Dieux des Grecs: pourquoi ne l'ont-ils pas fait avec le même succès que les artistes de l'antiquité? Si le génie d'Homère anima Phidias, pourquoi n'a-t-il point animé de Phidias parmi nous?

L'existence civile des prêtres, leur intérêt particulier, la rivalité des autels, l'émulation des villes qui, attachées de préférence à des Dieux différents, cherchaient à se surpasser dans la magnificence du culte; ces causes, que l'on peut dire étrangères à la religion, et dont on a moins parlé que des précédentes, produisirent de bien plus grands effets.

Quant à la liberté politique, on voit, dans la Grèce et ailleurs, des peuples libres qui ont repoussé les arts; on voit des peuples soumis à des despotes, qui les ont cultivés avec succès. Il s'agit donc moins de connaître la mesure de liberté dont jouit une nation que la forme et l'esprit de son gouvernement.

S'il importe de faire sur tout cela des distinctions très-précises, ce n'est pas sans doute pour critiquer de savants et profonds écrivains, nos maîtres dans la matière que nous traitons; c'est seulement pour nous garantir de tout préjugé, relativement aux véritables causes de l'infériorité des statuaires modernes. Il serait également indigne de nous, et de désespérer sans motifs d'atteindre à la perfection de l'antique, et de chercher à nous justifier de notre infériorité par des difficultés exagérées.

Il faut donc réunir un plus grand nombre de faits, pour arriver à de plus justes conséquences.

[1] *Cantic. cantic.* cap. 2, v. 2.

Tâchons, dans cette recherche, d'exposer nos idées avec assez de précision, pour que chacune de ces opinions que nous avons rapportées, et des causes différentes que nous pourrons découvrir, se trouve au rang qu'elle doit occuper, et resserrée dans de justes limites. Suivons les progrès du goût. Distinguons aussi les causes générales qui inspirèrent l'amour des arts aux peuples de la Grèce, et les causes particulières qui les firent perfectionner par quelques-uns d'entre eux.

§ II

Le principal avantage dont jouit le peuple grec, fut de n'être jamais conquis par des nations étrangères. Il en résulta que, composé d'éléments homogènes, il se fit un caractère propre et original.

Si, dans les siècles barbares, il s'était fait des mélanges entre des tribus différentes, si quelques aventuriers s'étaient réunis à des pâtres errants, à peine dans les temps éclairés en conservait-on le souvenir.

Les Doriens, qui envahirent le Péloponèse quatre-vingts ans après la guerre de Troie[1], n'étaient, pour ainsi dire, qu'un même peuple avec les anciens habitants; et cependant nous aurons occasion de remarquer que les pays soumis à leur domination firent en général moins de progrès dans les arts que les nations composées de races moins mélangées.

Les Egyptiens, qui abordèrent avec Cécrops dans l'Attique, furent plutôt des hôtes que des conquérants. Donnèrent-ils aux anciens habitants les premières notions de la sculpture? Vinckel-

---

[1] Thucyd., lib. I, cap. 12.

mann et d'autres savants écrivains ont déjà démontré la fausseté de cette opinion [1].

Mais la recherche des anciens monuments de l'art ne doit pas
nous occuper encore. Ce qu'il importe le plus de remarquer quant
à présent, c'est que les institutions de Cécrops ne ressemblèrent
en rien au gouvernement de l'Égypte, et que les indigènes, non
subjugués, conservèrent heureusement leurs mœurs, leur langue
harmonieuse [2], leur poésie, leur musique, et surtout la propriété
de leur territoire et le sentiment de leur liberté. C'était pour se
glorifier de cette antique indépendance, de cette antique unité,
que les Argiens, les Arcadiens, les Athéniens s'appelaient avec
complaisance des peuples *autochthones* [3], et que ces derniers paraient leurs cheveux de cigales d'or [4].

§ III

La Grèce est plus hérissée de montagnes, plus entrecoupée
de baies et de torrents, qu'aucune autre contrée de l'Europe.
Chacune des parties qui la composent a peu d'étendue. Les
eaux de la mer la baignent de trois côtés. Cette division physique
du territoire avait divisé les anciens habitants en une multitude
infinie de peuplades. De là vinrent des querelles perpétuelles
et des calamités sans nombre. Là, si je ne me trompe, est aussi
la première cause de ce caractère inquiet et turbulent, de ces

---

[1] Vinckelm. *Monum. ined. Tratt. prelim.* cap. 1 ; *Hist. de l'art*,
liv. I, chap. 1.

[2] Herodot., lib. V, cap. 58.

[3] Pausan., lib. I, cap. 14 ; Suid., v° Ἀθήν.

[4] Thucyd., lib. I, cap. 5 et 6 ; Hesych., in verb. Τεττιγοφόροι.

passions ardentes, de ces prodiges de génie et d'héroïsme, qui firent si longtemps la gloire et les malheurs d'un peuple célèbre.

Des bourgades sans remparts [1] étaient environnées d'ennemis de toute espèce. Les côtes étaient ravagées par des pirates ; les campagnes de l'intérieur, par des brigands et des bêtes féroces. Une guerre s'allumait-elle, l'esprit de rapine et l'esprit de vengeance en faisaient une proscription : hommes, femmes, enfants, n'obtenaient, après une défaite, que l'esclavage ou la mort ; le peuple vaincu disparaissait, le vainqueur en prenait la place.

Un génie ardent et mâle, s'il est livré à lui-même, et incessamment pressé par la nécessité, développe ses facultés avec énergie, sans cesser d'être original. Telles étaient les qualités naturelles du peuple grec ; telle fut l'éducation qu'il reçut de ses besoins et des malheurs qui affligèrent son enfance.

La faiblesse et l'agitation des peuplades affermirent la liberté individuelle ; la faiblesse des individus rendit nécessaire l'esprit public. Chaque bourgade était un empire, chaque soldat fut un héros.

Des dangers communs et toujours présents unirent inséparablement des êtres destinés à se secourir. Les noms de père, de fils, d'époux, furent synonymes de ceux de défenseur, de gardien, de vengeur. L'amitié devint sublime ; l'hospitalité fut un lien sacré. Une alliance que formaient deux peuples avait les Dieux pour témoins : le fer ni le feu ne pouvaient la rompre. L'amitié gémissante et la prévoyante politique élevèrent à l'envi des monuments aux victimes de la guerre, et quelquefois des autels. Tous les ans, à des jours marqués par de généreux souvenirs, des théories, composées de belles filles, venaient laver et abreuver de lait la pierre qui couvrait leurs reliques. On immortalisa leur

____

[1] Thucyd. lib., I, cap. 5 et 6.

mémoire par des réunions solennelles et par des jeux publics. Les honneurs rendus aux vertus des morts excitèrent l'émulation des vivants. La poussière des tombeaux se ranima, et forma de nombreuses générations de grands hommes.

Les fêtes où l'on célébrait les époques les plus mémorables de la vie, l'union des époux, la naissance d'un fils, son élévation au rang des guerriers, son retour, son triomphe, ces fêtes rendaient plus chers encore l'un à l'autre les êtres qui en avaient partagé le bonheur[1].

Soutenue par les charmes de l'harmonie, la raison consolida ce qu'avait inspiré un heureux instinct. Dans la nuit où les nations demeurent quelquefois ensevelies, le génie poétique est le premier qui se réveille, annonçant l'approche du jour. Des poëtes, émus par les malheurs publics, chantèrent les hommes bienfaisants, les douceurs de la paix, de la fraternité, de la véritable gloire : les bêtes féroces, a-t-on dit, les écoutèrent ; les forêts agitées marchèrent à leur suite ; répétées par toutes les bouches, leurs saintes maximes devinrent des lois.

Les premiers gouvernements furent conformes aux mœurs de ces temps héroïques. Ils étaient composés d'un roi ou général, qui maîtrisait les esprits par son éloquence, et imposait le respect par sa force et par sa valeur ; de quelques nobles, qui se disaient enfants des Dieux, et qui accréditaient par de grandes actions l'opinion de cette fastueuse origine ; d'un peuple fier, soumis à la volonté générale, qui suivait ses chefs librement et délibérait avec eux[2].

1 Les mots *pappas* et *pater* ont dans le grec une foule de dérivés et de composés qu'on ne trouve pas dans les autres langues.

2 Hesiod. *Theog.* v. 81 et seq.; Id., *ibid.*, v. 430 ; Homer. *Iliad.* lib. II, v. 84 et seq.; Id. *Odyss. passim* ; Æschyl. *Sept. ad Theb* scen. 1 et scen. ult., édit. Du Theil.

Les traditions, les poëtes, les historiens, ne dépeignent-ils pas l'enfance du peuple grec telle que je la représente? Ne sont-ce pas ces mœurs antiques qu'Homère, Euripide, Sophocle, ont voulu rappeler, quand ils ont mis dans la bouche des héros de si naïves expressions de l'amitié fraternelle et de l'amour filial? Avec quelle ingénuité les guerriers les plus terribles, Achille, Ajax, l'implacable Philoctète, s'attendrissent au souvenir de leurs vieux parents, les appellent, les invoquent dans l'infortune, ou se représentent leur longue douleur ! Le bêlement de l'agneau n'est pas plus doux, quand sa mère, loin de lui, remplit avec impatience ses mamelles sur les montagnes.

Dans cet état de trouble, de malheur et d'héroïsme, avant que les Grecs eussent connu les beaux-arts, ils avaient donc ressenti les affections tendres qui d'abord les font désirer, et les passions qui ensuite les perfectionnent.

La passion de la liberté, l'amour de la gloire, la fierté qui devait ennoblir le goût, et avec laquelle, dans la servitude, le goût enfin fut anéanti ; cette émulation qui, habilement excitée dans la suite par les traditions, les préjugés, les institutions, en agitant les héros, les villes entières, et jusqu'aux plus faibles individus, produisit tant d'actions mémorables et tant de chefs-d'œuvre ; tous ces sentiments se développèrent dans le même temps, et par un effet des mêmes causes.

Dans des temps plus avancés, des législateurs habiles reconnurent, comme l'avaient fait les anciens poëtes, la nécessité d'accroître les forces physiques par l'influence des passions et par celle des vertus. La position de la nation était encore la même à bien des égards. Sans cesse acharnés les uns contre les autres, menacés des armées innombrables des Perses, ayant à contenir dans leur sein des milliers d'esclaves aussi vaillants que leurs maîtres qui étaient cependant obligés d'être toujours plus vaillants qu'eux, les Grecs étaient forcés d'opérer les plus grandes merveilles avec peu de moyens. Ils ignoraient la plupart de nos sciences, de nos machines. Le corps de l'homme et sa sensibilité morale étaient les seuls instruments qu'ils eussent à leur disposition. Il fallut, par conséquent, chercher, saisir dans le fond des cœurs le germe des passions généreuses, et le mettre en activité. Cet art sublime devint l'objet de la rivalité des législateurs[1]. Jeux, fêtes, plaisirs, poésie, religion, préjugés, récompenses, ils y employèrent tout ce qui enflamme l'imagination, tout ce qui parle au sentiment ou excite la vanité.

Combien d'institutions admirables, dans la vue d'accroître les forces, en multipliant et resserrant les affections ! Le nom de *matrie*, que l'amour donnait aux cités[2] ; celui de *fratries*[3], que nous avons si froidement remplacé par les termes géométriques de cercles, de sections et de districts ; les repas communs de Crète et de Lacédémone ; les *hétairidées*[4] ou fêtes des amis, célébrées à Magnésie ; la troupe sacrée de Thèbes ; les *aimants* et les *aimés* des Crétois et des Spartiates ; l'hymne à Castor que chantaient ces derniers en allant au combat[5] ; le sacrifice qu'ils faisaient à l'Amour dans ce moment terrible [6] ; l'autel antique de la Pitié, toujours debout sur une place publique d'Athènes[7] ; celui des Grâces, déesses des bienfaits, dans d'autres villes ; ce vaisseau de Thésée, qui, pendant huit cents ans consécutifs, partit d'A-

---

[1] Aristot. *De rep*, lib. III, cap. 6.

[2] Plat. *De rep.* lib. IX ; Isocrat. *Paneg.*; Plutarch. *An seni*, cap. 41.

[3] Plat. *De leg*, lib. V et VI, in fine ; Strab., lib. IV, p. 577 ; Suidas, v° Φρατρία.

[4] Athen., lib. XIII, cap. 4.

[5] Plutarch., in *Lycurg.*; Id., *De music*.

[6] Athen., lib. XIII, cap. 2.

[7] Pausan., lib. I, cap. 17.

thènes pour aller à Délos, rendre grâce aux Dieux de la délivrance des jeunes Athéniens[1]; tant de députations annuelles faites aux divinités ; tant de fêtes et de jeux publics fondés en mémoire de quelque secours mémorable; toutes ces institutions tendaient à un même but.

Au milieu des déplacements et des émigrations, l'amour de la patrie ne fut d'abord que l'union des vœux particuliers à l'intérêt général ; il devint un attachement indestructible quand, par le bienfait des lois, il fut composé de l'amour des hommes et de celui des choses, de l'habitude des biens réels du cœur et de celle des jouissances factices de l'imagination et de l'orgueil.

Il est donc facile de voir, quand on considère les progrès du peuple grec dans la civilisation, ses besoins, ses malheurs, ses lois, il est, dis-je, facile de voir à quelles affections la sculpture dut chez lui son origine, quels furent le premier but qu'elle se proposa, les premières règles qu'elle voulut suivre, le genre de mérite que l'on admira dans ses premiers ouvrages.

Quel Dieu donna la peinture et la sculpture à la Grèce? Ce fut l'Amour. Cette antique tradition se conservait chez les Grecs, lorsqu'ils étaient entourés de chefs-d'œuvre. Ils paraissent l'avoir chérie.

L'amour, en effet, l'amitié, la reconnaissance, le pieux souvenir des morts, durent invoquer de bonne heure le génie de l'imitation. Le Dieu qui avait inventé les arts, leur imposa aussi lui-même des règles jalouses. Le goût, qui, lorsqu'il est libre, cherche en toutes choses des rapports utiles, demanda aux arts naissants des plaisirs simples et vrais. A peine il existait des artistes, que déjà on dut exiger d'eux des représentations fidèles,

---

[1] Plutarch. in *Thes.*, cap. 26 ; Pausan., lib. I, cap. 29.

des ouvrages naïfs et parlants. De même que la première figure fut un portrait, le premier besoin du cœur fut d'y trouver une juste imitation de la Nature.

Les arts convenaient, d'ailleurs, trop bien à ce beau système de morale publique, où l'on voulait *opérer l'instruction par le plaisir*[1], rapprocher tous les êtres les uns des autres, et les unir tous à la patrie, pour ne pas y obtenir une place. Aussitôt qu'ils furent créés, les législateurs s'en emparèrent ; ils les employèrent à nourrir les vertus qui les avaient fait naître, à perpétuer la mémoire des grandes actions, à exciter, par l'attrait des plus glorieuses récompenses, l'émulation du bien public. Les arts se trouvèrent de cette manière liés à la destinée des États. Soutiens des gouvernements, ils ne purent tomber qu'avec le majestueux édifice des lois et de la liberté qu'ils avaient embelli.

§ IV

Quel Dieu, avons-nous dit, donna les beaux-arts à la Grèce ? Ce fut l'Amour. Arrêtons-nous à cette opinion intéressante des Grecs.

L'histoire de l'Art Statuaire, telle que ce peuple ingénieux nous l'a transmise, est mêlée de fables et d'allégories ; mais ces fables renferment d'importantes leçons ; elles prouvent que déjà, dans son enfance, l'Art s'efforçait d'imiter la Nature et adorait la Beauté.

Chacun connaît assez celle de la fille de Dibutade, si vraisemblable, que Pline la donne pour un fait certain.

On connaît celle de Prométhée, habile artiste, dont les ouvrages

---

1 Aristot. *Polit.* lib. VIII, cap. 9.

excitèrent tant d'admiration, qu'on dit qu'il avait formé l'homme même avec de la terre et de l'eau.

Celle de Pandore est remarquable. Sicyone, ou l'antique Mœconé, la patrie des arts, était déjà bâtie. Jupiter veut se venger des astuces de Prométhée, qui, dans un partage de victimes fait entre les Dieux dans cette ville célèbre, avait voulu le tromper lui-même, en imitant parfaitement le corps d'un bœuf avec des ossements recouverts d'une peau. Il dit, aussitôt le boiteux Vulcain modèle avec de la terre une figure semblable à une vierge pudique. Minerve revêt la jeune nymphe d'un voile éclatant, d'une tunique blanche et d'une brillante céinture. Elle pose sur sa tête une couronne d'or, chef-d'œuvre de l'industrieux ouvrier, sur laquelle tous les animaux que la terre et la mer nourrissent dans leur sein, *paraissent vivants*. Ainsi parée, la séduisante Pandore est conduite dans l'assemblée des Dieux, qui admirent le piége adroit que Jupiter a tendu aux mortels[1]. Si Hésiode n'a pas eu pour objet dans ce récit de tracer l'histoire de l'Art Statuaire, il faut convenir du moins que l'histoire de cet art lui a fourni tous les éléments de sa piquante allégorie.

A ces diverses fables on en peut joindre une autre, également instructive, c'est celle des deux mariages de Vulcain. Ce Dieu épousa d'abord Vénus ou la Beauté[2]. Vénus lui fut infidèle, parce que, dans l'ordre de la Nature, la Beauté doit s'unir à tous les corps. Constamment amoureux du beau, le Dieu des arts obtint alors pour épouse la plus jeune des Grâces, et l'aimable divinité n'abandonna jamais l'Artiste, qui ne pouvait rien produire de parfait sans elle[3].

---

[1] Hesiod. *Theog.* v. 569 et seq.

[2] Id., *ibid.*, v. 945 ; Homer. *Iliad.* lib. XVIII, v. 382.

Il ne faut pas confondre, comme l'ont fait quelques écrivains, les premiers ouvrages de l'Art Statuaire avec les pierres informes, avec les monceaux de terre que l'on élevait dans les temps d'ignorance, en mémoire des événements remarquables.

L'intention d'imiter n'entrait pour rien dans les monuments de cette espèce. On en trouve chez tous les peuples, et les plus anciens historiens les ont bien distingués d'avec les *statues*, d'avec les *idoles*, où l'on voulait exprimer la ressemblance *de ce qui marche sur la terre ou vole dans le ciel*. La superstition et leur antiquité purent faire de ces pierres informes des objets d'adoration; jamais les peuples les plus grossiers ne crurent y voir la représentation d'un homme. Quand Jacob élevait une pierre à Bethel, en mémoire de sa vision mystérieuse, Laban avait déjà des idoles; quand Laban adorait des idoles, l'art avait déjà créé des portraits [1].

Il serait également dangereux de se persuader que les pre-

---

[1] On trouve, dans le fragment de Sanchoniathon, une distinction bien positive entre les *colonnes* ou les *poteaux*, στῆλαι, ρἀβδαι, qui devinrent des objets d'adoration (art. 5, §§ 18 et 19); les *statues* élevées à des hommes qui furent, par succession de temps, honorés comme des Dieux, ξόανα (art. 5, § 22), et les portraits des Dieux, τῶν θεῶν ὄψεις, que le dieu Ouranos, et ensuite le dieu Taaut, dessinèrent ou modelèrent les premiers (art. 11, § 29, apud Euseb. *Preparat. evangel.*).

On voit la même distinction, dans la Bible, entre les *pierres* élevées en témoignage des grands événements, les *idoles* faites à l'imitation des corps vivants, et enfin les *portraits* et les *statues* exprimant avec fidélité les traits d'un homme connu. — « Lapidem in testimonium. » (*Gen.* cap. 28, v. 18; cap. 31, v. 45 ad 52.) « Sculptam similitudinem, aut imaginem masculi vel fœminæ, similitudinem omnium jumentorum, quæ sunt super terram, vel avium sub cœlo volantium. » (*Gen.* cap. 31, v. 33, 34; *Deuter.* cap. 4, v. 16 et 17; *Exod.* cap. 20, v. 3 et 4.) « Evidentem imaginem regis quem honorare volebant, fecerunt. —

miers ouvrages de l'Art Statuaire, chez les Grecs, furent des figures représentant les formes des Dieux ; car on en pourrait conclure que les premiers modèles des artistes furent surnaturels et imaginaires, et cette erreur conduirait à d'autres, quand il s'agirait de la théorie de l'art.

N'est-il pas évident, au contraire, que pour concevoir l'idée de représenter un être imaginaire, il fallait avoir reconnu la possibilité de représenter des êtres réels ? Si les premières figures des Dieux devaient exprimer les traits de l'homme ou imiter la forme des animaux, c'était ces modèles vivants qu'il fallait avoir étudiés pour les exécuter, et par conséquent la Nature ; si elles ne devaient ressembler ni aux uns ni aux autres, elles ne pouvaient servir ni au perfectionnement ni même à la découverte de l'art.

Nous suivons en ceci l'opinion de la plupart des mythologues, de ceux qui ont expliqué la mythologie par l'histoire, comme de ceux qui l'ont expliquée par l'astronomie ou par des allégories. Ils se sont réunis à croire que l'admiration causée par les premiers ouvrages des statuaires fut une des causes qui produisirent l'idolâtrie [1]. « Un père dans la douleur, dit l'Écriture, demanda au statuaire une image ressemblante du fils qu'il avait perdu ; l'artiste s'efforça d'imiter parfaitement son modèle, et les peuples, étonnés de la perfection de l'image, crurent y voir un être divin [2]. »

Mortuæ imaginis effigiem sine anima. » (*Lib. Sap.* cap. 14, v. 17, et cap. 15, v. 4 et 5.)

[1] « Il est naturel, sans doute, que l'on ait représenté les hommes sous leur propre image, avant qu'on ait peint les Dieux sous la figure des hommes, et qu'ainsi les idoles humaines aient précédé celles des Dieux. » (Bergier, *Orig. des Dieux du pag.*, chap. 4, § 3.)

[2] Initium fornicationis est exquisitio idolorum. — Acerba enim luctu

Tous les anciens monuments nous prouvent, en outre, que la sculpture civile fut plutôt perfectionnée que la sculpture religieuse, où les artistes s'exercèrent longtemps avec moins de liberté.

L'ancien Dédale, qui avait fait des figures des Dieux en forme d'hermès [1], donnait plus d'essor à son génie dans d'autres ouvrages, où il imitait de plus près la nature [2]. Il avait exécuté un bas-relief en marbre, dont Homère donne la description [3], et que Pausanias dit avoir vu [4], représentant un chœur de danses, modèle de tous les ballets qui imitèrent dans la suite les actions et les mœurs des hommes [5], où l'on voyait de jeunes garçons et de jeunes filles, qui frappaient la terre du pied, en se tenant par la main.

Ulysse disait à un Phéacien : « Les formes de votre corps sont si belles, *qu'un Dieu même ne pourrait modeler un plus bel homme* [6]. »

Les idoles des Grecs, et celles des Troyens, étaient encore

dolens pater, cito sibi rapti filii fecit imaginem ; et illum qui tunc quasi homo mortuus fuerat, nunc tanquam Deum colere cœpit, et constituit inter servos suos sacra et sacrificia Provexit autem ad horum culturam et hos qui ignorabant, artificis eximia diligentia. Ille enim volens placere illi qui se assumpsit, elaboravit arte sua, ut similitudinem in melius figuraret. Multitudo autem hominum abducta per speciem operis, eum, qui ante tempus tanquam homo honoratus fuerat, nunc Deum æstimaverunt. » (*Lib. Sap.* cap. 14, v. 12 et seq. ad 20.)

[1] Pausan., lib. IX, cap. 40.

[2] Id., *ibid.*

[3] Iliad. lib. XVIII, in fine.

[4] Pausan., *loc. cit.*

[5] Lucian. *De orches.*

[6] Homer. *Odyss.* lib. VIII, v. 176.

barbares [1], lorsque Ulysse portait une agrafe d'or sur laquelle
on voyait un faon dans les pattes d'un chien : « le faon, dit le
poëte, tremblait de tous ses membres; le chien était prêt à
l'étouffer [2]. »

Il est à remarquer enfin que tous les chefs-d'œuvre célébrés
ou imaginés par Homère et par Hésiode sont quelquefois
l'ouvrage des Dieux, mais qu'ils représentent ou des hommes,
ou des animaux, ou des instruments dont les hommes pouvaient
se servir. Ces poëtes ont chanté le bouclier d'Achille, celui
d'Hercule, la coupe de Nestor, les siéges roulants de l'Olympe :
ils ont gardé le silence sur les statues qui représentaient les
Dieux, dans les temps héroïques. Si ces images des Dieux immortels eussent mérité leurs éloges, auraient-ils manqué de les
célébrer ?

Nous pouvons donc affirmer que, suivant l'opinion des Grecs
eux-mêmes, l'Art eut pour objet, dès sa naissance, l'imitation
fidèle de la Nature. Tel fut l'effet des antiques mœurs. Quel
Dieu donna la peinture et la sculpture à la Grèce? Ce fut
l'Amour. Cette ancienne opinion, ou plutôt ce fait est également
utile pour rendre compte, et de la théorie que les artistes grecs
s'étaient faite, et des causes de leurs progrès.

§ V

L'amour de la vie champêtre, né dans la simplicité des anciennes peuplades, était un des traits les plus remarquables du
caractère des Grecs, et particulièrement de celui des Athéniens.

[1] Pausan., lib. II, cap. 24.
[2] Homer. *Odyss.* lib. XIX, v. 226 et seq.

Orgueilleux de l'antique indépendance de leur territoire, les Athéniens, dit Thucydide, ne cessèrent point, après la fondation d'Athènes, de regarder les campagnes comme leur véritable patrie[1]. Des réunions politiques, des temples, des tombeaux, des fêtes anciennes et périodiques, les y rappelaient[2]. Chaque jour, au lever du soleil, l'Athénien qui pouvait disposer de lui-même, quittait la ville, allait visiter l'héritage de ses pères, et n'en revenait qu'à la nuit[3]. Heureux par cette antique manière de vivre, ils en faisaient dépendre, en quelque sorte, la durée de la république[4] ; ils la conservèrent au sein des richesses[5] ; ils la conservèrent encore après la perte de leur liberté[6].

Déjà le lecteur me devance, et apprécie les effets de ces habitudes pastorales sur la sensibilité, sur les opinions, sur la franchise, la délicatesse, et la constance du goût. Cette simplicité inimitable et sublime, cette convenance du plan, des mouvements et du style avec le sujet, cet accent naturel que nous admirons dans tous les ouvrages des Grecs, dans ceux des poëtes, des historiens, des orateurs, comme dans ceux des statuaires, et dont le charme est toujours nouveau ; cette simplicité que nous cherchons avec effort, et qui semble s'être offerte à eux d'elle-même, ne serait-ce pas dans les campagnes qu'ils en auraient pris et conservé l'amour ?

La Terre, qui est une déesse, disait Xénophon, donne à ceux qui la cultivent des corps bien faits et un jugement sain[7].

---

[1] Thucyd., lib. II, cap. 15 et 16 ; Isocrat. *Areopag.*

[2] Id., *ibid.*; Pausan., lib. I, *var. loc.*

[3] Xenoph. *Mem. Socrat.* lib. V.

[4] Id., *ibid.*

[5] Thucyd., lib. II, cap. 62, 65.

[6] Aulu-Gell, *Noct. attic.* lib. I, cap. 2 ; Philostr. in *Herod. attic.*

[7] Xenoph. *Mem. Socrat.* lib. V.

L'habitude de voir, tous les ans, tous les jours, le soleil par-
courir la même carrière, d'exécuter, aux mêmes époques, les
mêmes travaux, de recevoir de la Nature, dans des temps
toujours prévus, des bienfaits toujours semblables, donne à
l'homme des champs un besoin constant des mêmes plaisirs. Il
est heureux chaque jour de ce qui fit son bonheur la veille.
Entouré de beautés sans cesse renaissantes, il apprend à les
considérer longtemps de suite, à les étudier sous tous leurs
rapports. Un objet simple suffit, par conséquent, pour l'intéresser.

Il est inutile de rappeler, au sujet des Grecs, une foule
d'usages civils et religieux, de fables et d'agréables allégories,
dont on reconnaît facilement l'origine rustique. Peindrai-je la
figure d'Athènes couronnée de violettes; les guirlandes que
l'on voyait suspendues à la porte des nouveaux époux; les
couronnes de fleurs que portaient les magistrats; celles dont se
paraient de joyeux convives, tandis qu'une coupe amicale et
une branche de myrte circulaient de main en main; l'âme
représentée par un papillon; la mort, par un enfant endormi?
Hésiode chanta *les travaux et les jours*. Les Muses habitaient
des montagnes. Jupiter les engendra, caché sous les dehors
d'un pasteur. Apollon lui-même fut berger, et père du berger
Aristée.

Voluptueux dans toutes leurs jouissances, les Grecs formèrent
leur goût de la simplicité de l'homme des campagnes et de la
délicatesse de l'homme poli. L'atticisme, enfant naïf, reçut de
l'instruction à la ville; mais il avait grandi d'abord parmi les
fleurs agrestes du mont Hymète et du mont Parnès.

§ VI

Le goût chercha d'abord, dans les productions des arts, la vérité de l'imitation. Le goût voulut ensuite la beauté des formes. Les circonstances qui enseignèrent aux Grecs à apprécier la beauté du corps humain, n'agirent nulle part avec la même énergie.

C'est l'amour, qui est devenu parmi nous le juge suprême de la beauté. Riches des machines que le hasard ou les sciences nous ont données, nous avons négligé le principal agent de nos volontés, le corps sensible, agile, robuste, majestueux, dont la Nature a doté l'être qu'elle destinait à l'empire de la terre. L'attrait irrésistible qui force les deux sexes à se rechercher et à s'unir ; ce sentiment impérieux qui veut jouir et ne choisit pas ; où l'amitié, la vanité, l'espoir, la reconnaissance, déguisent, embellissent les défauts qui pourraient glacer le désir ; ce sentiment qui fait tomber sans force la vierge la plus délicate dans les bras d'un satyre brûlant ; ce sentiment par la puissance duquel, en croisant les races, en mêlant et régénérant les formes, la Nature répare ses erreurs, et maintient l'espèce humaine dans sa perfection, mais qui, à cause de cela même, ne porte que des jugements isolés, fugitifs, illusoires, nous le prenons pour le goût qui doit comparer. On dirait que le corps de l'homme n'ait été formé que pour obéir à la loi qui nous commande de nous reproduire. De là l'incertitude de nos opinions, l'impuissance du goût général, et la tyrannie des modes qui le flétrissent.

D'autres idées doivent nous guider dans l'appréciation des beautés du corps humain. Pour porter un jugement éclairé sur cette portion de nous-mêmes, il faut non-seulement l'aveu du cœur et des sens, mais encore le concours de cette intelligence supérieure qui cherche dans tous les êtres la fin de leur création, la convenance de leurs moyens avec leur objet. Nous ne devons pas nous borner à voir les rapports d'un individu à un autre ; il faut sentir l'harmonie qui doit unir chacun d'eux avec l'espèce entière ; il faut voir dans les formes d'un homme l'instrument de ses jouissances particulières, et tout à la fois celui du plaisir, du bonheur de chacun de ses semblables.

Chez les Grecs, chez ce peuple passionné, comme chez tous les peuples du monde, les illusions du cœur et celles de la vanité embellissaient, aux yeux des amants des objets qui n'étaient pas beaux [1]. « On disait du nez camard qu'il était joli ; de l'aquilin, qu'il était noble ; les bruns avaient l'air martial ; les blancs étaient enfants des Dieux ; la pâleur même était couleur de miel [2]. » Mais la nécessité où l'on se trouva de demander au corps humain tous les services auxquels la Nature l'a rendu propre, et de découvrir par conséquent dans les formes de toutes ses parties les signes de leur convenance avec leur destination, établit, sur la beauté, une opinion générale, juste, sentie. Cette opinion ou plutôt ce jugement, avoué par la raison comme par l'amour, fut adopté par les philosophes, solennisé par les artistes, sanctifié par les législateurs : les fantaisies particulières furent impuissantes pour le détruire. Tout jeune Grec pouvait brûler au fond de son cœur pour un objet plus ou moins accompli, mais tous honoraient [3] Vénus ; tous reconnurent Vénus sous les traits de Phryné ; tous adorèrent Phryné dans le chef-d'œuvre de Praxitèle.

[1] Theocr., idyl. VI, v. 18 et 19.

[2] Plat. *De rep.* lib. V.

[3] Plutarch. *Quomodo possit adulator ab amico*, etc.

Non-seulement les Grecs ne connaissaient ni les armes à feu, ni les diverses inventions qui ont été la suite de celle-là ; mais, malgré les prix accordés aux coursiers olympiques, les chevaux furent toujours rares dans leur pays. Il était, en général, trop sec et trop stérile, si l'on excepte la Thessalie et la Béotie, pour qu'il fût possible d'en élever un grand nombre [1].

Ces circonstances physiques qui contribuèrent, suivant l'opinion des philosophes grecs, à déterminer la forme des gouvernements [2], produisirent un effet remarquable sur les mœurs.

Dans les temps héroïques, les princes combattaient sur des chars ; tout le reste des troupes combattait à pied. Les armées étaient peu nombreuses. On ne connaissait pas l'art d'en faire mouvoir, suivant un même plan, les différentes parties. On se battait corps à corps. La vigueur des membres et la justesse des mouvements, en déterminant le succès des combats particuliers, décidaient de celui des batailles.

On avait vu, dans les premiers temps, qu'un homme grand et robuste renversait, suivant l'expression des poëtes, des bataillons de héros ; qu'un coureur rapide portait dans quelques instants l'importante nouvelle d'une victoire. On remarqua bientôt, avec la même facilité, en considérant l'extérieur de ces hommes utiles, que leur force, leur souplesse, leur légèreté, que leur aptitude particulière enfin pour des exercices différents dépendait de la différence de leur conformation. L'instinct avait reconnu le beau ; guidé par la nécessité autant que par l'attrait

---

[1] Xenoph. *De re equestri* ; Id., *Magist. equit.* ; Freret, *Acad. des inscript.*, t. VII, p. 286 et suiv. ; et t. XXV, p. 245 ; Gedoin, *ibid.*, t. VIII, p. 316, 330 et suiv., et t. IX, p. 360 et suiv.

[2] Aristot. *De rep.* lib. VI, cap. 7 ; Strab., lib. X, p. 685 (édit. Amst. 1707) ; Casaub., *ibid.*, ad not.

3.

du plaisir, un jugement éclairé ne tarda point à en apprécier la convenance.

L'intérêt public et l'émulation des guerriers firent attacher un grand prix aux qualités corporelles. Les villes se félicitèrent de posséder beaucoup d'hommes bien faits, c'est-à-dire beaucoup de soldats agiles et robustes [1]. Il fallut honorer la beauté, la faire sûrement reconnaître, en assurer l'heureux héritage de génération en génération. Nous avons vu les effets des malheurs d'un peuple à demi sauvage ; nous voyons actuellement, non point ceux de la distance de son pays aux pôles du monde, mais ceux de la sécheresse, de la pauvreté de la terre qu'il habitait, et des bienfaits des législateurs qui obvièrent à cet oubli de la Nature.

Ici, se rattachent diverses institutions, entre autres une des plus mémorables, les réunions solennelles d'Olympie et de Néméc, et l'éclat attaché aux jeux que l'on y célébrait.

Dans le bel ensemble de la législation des Grecs, chaque institution liée à toutes les autres, devant produire plusieurs biens à la fois, ces fêtes brillantes furent consacrées à honorer la mémoire des héros ; à rappeler à des peuples rivaux, ou éloignés les uns des autres, le souvenir de leur fraternité ; à faciliter quelque commerce ; à réchauffer sans cesse deux passions nécessaires à la chose publique, l'orgueil national et l'amour de la gloire. Mais les jeux auxquels on s'y livrait [2] étaient réellement des exercices militaires ; et ils ne se dégradèrent à la longue que lorsque, la tactique s'étant perfectionnée, et les armées étant devenues plus nombreuses, la beauté du corps cessa d'être estimée sous les mêmes rapports qu'au-

---

[1] Xenoph. *Mem. Socrat.* lib. III, cap. 3 et 5.

[2] Plutarch. *Sympos.* lib. II, quest. 5.

paravant, et qu'ils n'eurent plus que le plaisir pour objet.

On distingua d'abord cinq exercices : la course, qui fut toujours le plus honoré, parce qu'elle avait été regardée longtemps comme le plus utile ; le saut, le disque, le javelot et la lutte. On joignit ensuite à ces cinq exercices le pugilat, et ils furent alors divisés en deux classes : les exercices pesants et les exercices légers.

Le pugilat exigeait plus de masse et de vigueur ; la course et le saut, plus d'agilité ; la lutte, image des combats militaires, plus de moyens réunis.

Il s'en fallait beaucoup que tous les hommes fussent propres à ces exercices différents. « Tous les jeunes gens s'y appliquent, dit un ancien, juge habile dans cette matière, et on n'en voit qu'un petit nombre y réussir[1]. »

Les athlètes s'attachaient particulièrement à celui pour lequel ils avaient le plus d'aptitude, selon la conformation de leur corps[2]. Quand un homme se présentait aux maîtres de palestre : « Déshabille-toi, lui disaient-ils ; montre-moi ta poitrine, tes épaules, tes reins, pour que je voie avec certitude à quoi tu es propre[3]. » Les médecins faisaient la même demande aux malades pour connaître leur constitution[4]. S'il se rencontrait un homme assez bien fait dans toutes les parties de son corps pour remporter tous les prix, on l'appelait *Pentathle*, c'est-à-dire propre aux cinq exercices ; l'admiration et les applaudissements de la Grèce entière se réunissaient sur lui.

En distinguant des qualités utiles pour tous les exercices, des

---

[1] Hippocrat. *De diæt.* lib. I, cap. 17.

[2] Epictet. *Enchir.* cap. 37.

[3] Plat., in *Protag.*

[4] Id., *ibid.*

qualités nécessaires pour chacun, on reconnut avec justesse en quoi consistait la beauté physique en général, et l'on se fit une idée particulière des formes par lesquelles chaque membre était plus ou moins *beau,* c'est-à-dire plus ou moins capable de rendre les services auxquelles la Nature l'avait destiné.

On dit, en regardant un homme dans son ensemble : « Les proportions qui constituent la beauté du corps en font aussi la bonté [1]. La santé et la beauté sont des biens, parce qu'elles mettent en état d'entreprendre et d'exécuter beaucoup de choses [2]. » On dit aussi, en considérant les différentes parties du corps : « Tel genre de beauté est nécessaire pour la course, qui ne conviendrait pas du tout pour la lutte. Ce qui est fort beau à la lutte serait fort laid à la course. L'homme qu'on appelle *beau* dans une chose est *bon* dans cette même chose [3]. » On dit, en général : « Tout ce qui est destiné à un certain usage est beau et bon, s'il est convenablement conformé pour cet usage ; toutes les choses sont laides et mauvaises, quant à l'usage auquel elles ne conviennent point [4]. »

On distingua, par une suite du même principe, relativement aux besoins et aux devoirs particuliers des différents âges, la beauté d'un jeune homme, celle d'un homme fait, celle d'un vieillard [5].

On dit enfin qu'un homme était *très-beau,* lorsque, réunissant plus de qualités, il était *également propre à courir et à se battre* [6].

Les poëtes attribuèrent aux héros un genre de beauté diffé-

---

[1] Aristot. *De rhet.* lib. I, cap. 5.

[2] Id., *ibid.* lib. I, cap. 6.

[3] Xenoph. *Mem. Socrat.* lib. III, § 10.

[4] Id., *ibid.*

[5] Aristot. *De rhet.* lib. I, cap. 5.

[6] Id., *ibid.*

rent, suivant que la tradition les représentait comme plus ou moins célèbres dans tel ou tel exercice du corps. L'ardent Achille eut des pieds légers; Ulysse, une vaste poitrine et des épaules sur lesquelles Minerve avait répandu la grâce et la vigueur; Hercule fut le plus beau de tous les pentathles, c'est-à-dire celui de tous les hommes qui, en présentant le plus de masse, avait aussi le plus de finesse et le plus d'agilité.

On attribua de même aux divinités des caractères physiques, relatifs à leurs différentes fonctions. Apollon, Neptune et le tout-puissant Jupiter furent représentés comme des hommes constitués de la manière la plus convenable : Apollon, pour charmer et pour féconder tous les êtres; Neptune, pour résister aux flots; Jupiter, pour gouverner le monde et pour foudroyer les Titans.

Après avoir embelli les Dïeux de la beauté des hommes, on représenta les héros avec les formes attribuées aux divinités. Agamemnon, le roi des rois, eut, dans les vers d'Homère, la tête et les yeux de Jupiter, la poitrine de Neptune, les reins du dieu Mars [1].

Non-seulement on remarqua la forme que devait avoir chaque partie principale du corps, pour être parfaitement convenable à sa destination, et l'on sentit, comme nous le dirons plus particulièrement dans la suite, l'harmonie qui devait se trouver entre les différentes parties, mais on distingua, dans celles dont l'utilité n'est qu'au second rang, telles que les cheveux, les oreilles, les sourcils, des formes qui correspondaient au caractère particulier de chaque personnage.

Cela n'aurait pas suffi. Que serait une machine sans le ressort qui doit la faire agir ? En quoi notre force trouverait-elle

---

[1] Homer. *Iliad.* lib. II, v. 478; Lucian. *De mod. scrib. hist.*

grâce devant nos semblables, sans les qualités morales qui peuvent la leur rendre utile ?

De même que le feu en activité au dedans des corps se manifeste au dehors par la chaleur qui en émane, de même la flamme divine qui s'agite en nous, perçant l'enveloppe qui la contient, arrive et brille à la surface de tous nos membres. On ne peut douter que l'état habituel de l'âme ne soit visible sur l'extérieur du corps, ne fût-ce que par l'effet des habitudes qu'il lui fait prendre. En vain le méchant se déguise : son regard, son sourire, sa démarche l'ont trahi. On sent dans sa figure un défaut d'harmonie qui annonce qu'il est lui-même en discordance avec le genre humain.

Liés les uns aux autres par des rapports plus nombreux que ceux qui nous unissent entre nous, agités sans cesse par de plus puissants intérêts, plus fréquemment rapprochés dans de turbulentes assemblées, les Grecs avaient plus d'intérêt à se connaître ; ils en avaient aussi plus de moyens. Le droit des gens de la Grèce polie était d'ailleurs le même que celui de la Grèce barbare. Les villes qui laissaient enfoncer leurs murailles étaient livrées au fer et aux flammes. Si les vainqueurs ne les détruisaient pas de fond en comble, s'ils n'en bannissaient pas les habitants, ou s'ils ne les passaient pas au fil de l'épée, ils en dénaturaient les gouvernements, suivant leurs divers intérêts. Socrate et Thucydide furent réduits à vivre sous les trente tyrans[1]; Platon, Phœdon, Diogène, furent vendus comme escla-

---

[1] Corsini dit que Thucydide revint à Athènes par un effet de la loi d'amnistie, rendue la [deuxième année de la XCIV{e} olympiade après l'expulsion des trente Tyrans. (*Fast. attic.*, t. III, p. 278.)

Il cite Thucydide lui-même, liv. V, chap. 26. — Thucydide dit seulement qu'il rentre dans sa patrie après vingt ans d'exil. Raoul-Rochette veut que ce Thucydide soit le rival de Périclès et non l'historien. Il ne

ves[1]. Telle était la position de ces Grecs si voluptueux, si avides de plaisirs, qu'à côté des fêtes, des jeux, des honneurs, des couronnes, des prytanées, ils ne cessaient de voir les extrèmes les plus opposés, la perte de leurs propriétés, l'esclavage politique, la servitude individuelle ; et, s'ils échappaient à ces calamités, les accusations, l'ostracisme et la ciguë.

Exposés à tant de revers, il fallut apprendre à les supporter. Cette nécessité devint utile à la morale. On exerça son âme à la modération dans la joie, à la résignation, au mépris des souffrances et de la mort. On joignit aux efforts de la philosophie pratique les secours de la philosophie spéculative. Les écoles se remplirent d'hommes qui voulaient apprendre l'art d'être heureux malgré la fortune ; et, par une suite des principes que l'on y puisait, on mit au premier rang, parmi les qualités corporelles qu'il fallait admirer, les signes extérieurs d'une âme ferme et généreuse.

Dans tous les temps, l'esclave, l'opprimé, le fugitif, durent chercher à lire sur le visage d'un maître, d'un hôte, d'un vainqueur, quelle destinée ils pouvaient attendre de lui. Suivant un antique usage, attesté par les poëtes et représenté sur divers bas-reliefs, le suppliant portait sa main au menton de l'homme dont il implorait l'humanité. Rapproché de lui par ce mouvement, il lui faisait voir de plus près sa misère, et reconnaissait plus promptement dans ses yeux les mouvements de la cruauté ou ceux de la miséricorde.

La science physiognomonique, si convenable à la sagacité des Grecs, fut portée, par toutes ces causes, au delà peut-être de

rapporte cependant aucune espèce de preuve et ne cite que Pausanias. (*Hist. de l'établissement des colon. gr.*, t. IV, p. 32.)

[1] Diog. Laert., lib. III, in *Plat.* § 20 ; *id.*, lib. VI, in *Diog.* § 29.

ses justes bornes[1]. Platon remarquait dans les mouvements extérieurs du corps une vérité, une certaine grâce, qui était, disait-il, la marque ordinaire d'un bon esprit et d'un bon cœur[2]. Aristote fit un traité pour enseigner à découvrir le caractère moral dans la forme des membres et dans les traits du visage[3]. Anaxagore voyait des signes particuliers d'intelligence dans la forme des mains et dans celle des pieds[4].

Tel fut enfin l'effet de ces diverses opinions, que, pour admirer l'extérieur d'un homme, les Grecs voulurent y reconnaître les signes d'une parfaite constitution physique, de la santé, de la force, de l'adresse, de l'agilité; qu'ils voulurent y reconnaître les signes de la sagesse, sans laquelle la force corporelle d'un homme serait inutile à son propre bonheur; et tout à la fois ceux de la bonté, sans laquelle sa force serait nuisible au bonheur de ses semblables; qu'ils voulurent y reconnaître, pour tout dire en un mot, ces apparences de bien-être, de puissance physique et morale, de dispositions douces et humaines, qui font qu'un homme est agréable à voir, et si agréable, qu'on ne se lasse pas de le regarder[5]. Celui-là seul fut beau, en qui l'on reconnut les signes d'une âme vertueuse dans un corps plein de vigueur[6] : celui-là seul fut beau, en qui la perfection de l'âme répondit à la perfection du corps[7].

Le goût général enfin découvrit deux règles pour apprécier la beauté du corps humain. L'une, dont nous parlerons dans la

[1] Cicer. *De leg.* lib. I, cap. 1.

[2] Plat. *De rep.* lib. III.

[3] Aristot. *De physiognom.*

[4] Plutarch. *De am. frat.* cap. 2.

[5] Aristot. *De rhet.* lib. I, cap. 5.

[6] Lucian., in *Anach.*

[7] Plat. *De rep.* lib. VI.

suite, règle secondaire, quoiqu'elle paraisse s'appliquer plus directement aux arts, déterminait la valeur proportionnelle de chaque partie, relativement à l'harmonie générale et au plaisir de l'œil : elle voulait que chaque membre fût grand, ainsi que l'ensemble, ou le parût par ses proportions, autant et plus, en quelque sorte, que ne le permettait son étendue réelle. L'autre, règle première, dont celle-là n'est, à proprement parler, qu'une application, enseignait que, pour être belle, chaque partie du corps humain devait être conformée d'une manière convenable à sa destination physique et morale.

C'est cette convenance parfaite de la forme des membres avec leur destination que Cicéron, d'accord avec les Grecs, appelait *la beauté*[1]. C'est cette beauté accomplie que Zénon appelait *la fleur de la vertu*, parce qu'il y voyait le signe d'une beauté plus admirable et vraiment divine[2].

On ne s'étonne plus, en considérant cette définition, de l'enthousiasme qu'inspirait la beauté, des honneurs extraordinaires, des hommages religieux que lui rendaient les Grecs. Les Spartiates, tous guerriers, ces mêmes Spartiates qui négligeaient les arts, étaient les appréciateurs les plus délicats de ce genre de mérite[3]. Les habitants de la ville d'Egeste, en Sicile, trouvèrent un Crotoniate, nommé Philippe, si beau, qu'ils lui élevèrent un temple et établirent des sacrifices en son honneur[4]. Les plus graves historiens vantent les hommes pour leur beauté, comme

---

[1] Cicer. *De off.* lib. I, cap. 4 et 28, nos 98 et 100 ; Id., *Tuscul.* lib. IV, cap. 13.

[2] Diog. Laert., lib. VII, *in Zen.* ; Plutarch. *Amator.*, p. 767 ; Maxim. Tyr., dissert. XXV, édit. 1740 (IX, edit. vulg.).

[3] Ælian. *Var. hist.* lib. XIV, cap. 7 ; Athen., lib. XII, cap. 2.

[4] Herodot., lib. V, cap. 47.

font les poëtes. Les philosophes plaçaient la beauté au nombre
des biens, la laideur au nombre des maux [1] qu'on pouvait recevoir de la Fortune. Pythagore était regardé, par ses disciples,
comme un autre Apollon, à cause de la perfection de ses formes [2].
Le *beau* Callias, le *beau* Xénophon, étaient honorés de ces sur-
noms dans les écoles. Les politiques, s'occupant eux-mêmes de
l'art de la callipédie, recherchaient les moyens d'assurer des
générations de beaux enfants [3]. Non, ce n'était pas une passion
aveugle et passagère qui dictait ces jugements des peuples et des
législateurs. Ces hommages étaient rendus à la force corporelle
qui défendait les républiques, aux signes extérieurs des vertus
qui les faisaient chérir. O le plus sage des hommes ! ô divin
Socrate ! tu songeais à l'intention de la Nature dans la formation de son plus bel ouvrage, à la gloire de ta patrie, au bonheur du genre humain, quand tu disais ces paroles, que l'on a
si souvent remarquées : « Je ne puis voir un beau jeune homme
sans émotion. — Mes yeux se tournent vers le bel Autolycus,
comme vers un flambeau qui brille au milieu de la nuit [4]. »

De même que l'admiration pour la beauté était générale, on
ne peut douter que le goût des peuples ne fût uniforme. Cela
est prouvé non-seulement par les jeux athlétiques, mais par les
concours où l'on décernait des prix à la beauté. On célébrait de
ces fêtes singulières jusque dans les plus faibles bourgades.
Dans l'Elide, c'étaient des hommes qui concouraient les uns
contre les autres ; le prix était une armure ; le vainqueur, ac-

[1] Aristot. *De rhet.* lib. I, cap. 5 ; lib. II, cap. 8.

[2] Diog. Laert. *De vir. phil.* lib. VIII ; Pythag., segm. XI.

[3] Aristot. *De rep.* lib. VIII, cap. 5 ; Plut., in *Lycurg.*

[4] Plat. *Amat.* ; Maxim. Tyr., dissert. XXIV, XXV, XXVI, XXVII,
édit. 1740 (8, 9, 10, 11, edit. vulg.).

compagné de ses amis, qui le couronnaient de myrte, allait sur-le-champ en faire offrande à Minerve[1]. C'étaient aussi des hommes qui concouraient à Egium[2], à Isménie[3], à Tanagre[4]. Quoique le prix fût pour les femmes à Sparte[5], à Délos, dans l'île de Ténédos[6] et ailleurs, le but de l'institution n'était pas moins héroïque.

Ces hommages rendus à la beauté n'ayant partout qu'un même but, la beauté que l'on admirait devait être partout la même. La vierge que l'on couronnait à Sparte n'eût pas été sans doute rejetée à Délos. Des jugements supposent des principes certains; et ces principes, en tant qu'ils pouvaient s'appliquer aux arts, étaient même à la portée de tout le monde, et connus de chacun, puisque Socrate disait : « Pour porter un bon juge-ment, soit en peinture, soit en sculpture, il faut trois choses : connaître l'objet imité, connaître s'il est beau, et, en troisième lieu, si l'imitation est fidèle. Mais, lorsqu'on sait que l'ouvrier a voulu peindre ou modeler un homme, c'est une nécessité qu'on soit en état de juger d'un coup d'œil si l'ouvrage est parfaitement beau, ou s'il est défectueux ; car nous connaissons tous ce qu'il y a de beau dans les formes du corps de l'homme et dans le corps de chaque animal[7]. »

La théorie des philosophes s'accordait avec cette opi-

---

[1] Athén., lib. XIII, cap. 2 et 9.

[2] Pausan., lib. VII, cap. 23.

[3] Id., lib. IX, cap. 10.

[4] Id., *ibid.*, cap. 22.

[5] Mus. *De Her. et Leand. amor.* v. 74, 75.

[6] Athen., lib. XIII, cap. 9 ; Meurs. *Græc. feriat.*, in *Thes. Gronov.* t. VII, p. 807.

[7] Plat. *De leg.* t. II, tom. II, p. 669.

nion générale, que le sentiment et la raison avaient établie.

« Rien n'est beau que ce qui est bon; rien n'est bon que ce qui est utile. Tout ce qui nous paraît beau, nous le trouverons bon si nous y prenons bien garde. La connaissance du beau nous serait inutile si elle n'était pas la connaissance du bon[1]. » Telles étaient les maximes de Socrate. « Quels sont, disait-il encore, les ouvrages qu'il faut admirer le plus, de ceux dont on ne peut reconnaître la destination, ou de ceux dont l'utilité est évidente? O Aristodème, ce sont ces derniers sans doute; et cela même nous prouve et l'existence et la bonté des Dieux; car ils ont donné à toutes les parties de notre corps, à notre bouche, à nos yeux, à nos sourcils, à nos mains, à nos pieds, les formes qui pouvaient nous être le plus utiles[2]. »

Les stoïciens disaient de même : « Nous regardons comme beau dans les formes de notre corps ce qui est convenablement disposé pour l'utilité[3]. »

Eh ! comment, en effet, se refuser à ces vérités, quand on recherche le principe de la beauté du corps humain? Qu'est-ce que le corps de l'homme? C'est un instrument destiné à exécuter des volontés bien ordonnées, doué d'organes qui, suivant le degré de leur sensibilité, portent à l'esprit des idées plus ou moins exactes, et soumis à des besoins dont la satisfaction est elle-même une cause de plaisir. Si cet instrument est construit de manière qu'il exécute avec promptitude, avec vigueur, avec justesse et sans embarras, les mouvements que la volonté lui prescrit; si toutes les parties qui le composent, pleines de

---

[1] Plat. *Prim. Alcib.*; Id., *De rep.* lib. IX; Socrat., apud eund., in *Conviv.*; Xenoph. *Mem. Socrat.* lib. III, cap. 19.

[2] Xenoph. *Mem. Socrat.* lib. I, cap. 19.

[3] Diog. Laert., lib. VII, in *Zen.*

sentiment et de vie,' conduisent harmonieusement de nombreuses idées vers son intérieur, il est donc évidemment plus accompli que tout autre, puisqu'il peut se procurer et donner à autrui de plus nombreuses et de plus pures jouissances.

Appliqué aux diverses parties du corps humain, partout ce principe ne fait-il pas reconnaître ou regretter quelque beauté? Si nous voyons un homme dont la partie inférieure s'allonge aux dépens de la partie supérieure de son corps, ne nous semble-t-il pas que ses jambes, semblables à un cheval effréné, vont l'emporter malgré lui? Si, au contraire, la partie inférieure est plus courte que celle qu'elle doit porter, ne paraît-elle pas accablée sous le poids et incapable d'obéir? Cette vaste poitrine, ces épaules fortes et souples, ces hanches serrées et d'aplomb sous le torse évasé qu'elles portent, ces cuisses élastiques, ces pieds légers, toutes ces beautés ne sont-elles pas des biens, comme le disaient les philosophes grecs, puisqu'elles *mettent en état d'entreprendre beaucoup de choses et de les exécuter?* Pourquoi cette main est-elle si belle? Parce que, dans une étendue modérée, tout y est vigoureux et flexible, tout y est nerf et sensibilité; elle s'ajustera moelleusement sur tous les points du corps qu'elle voudra presser, et donnera à l'esprit l'idée d'une multitude de rapports qui demeureraient inconnus si l'agent était moins actif. En quoi des doigts sont-ils beaux, lorsque sur leur extrémité arrondie l'ongle est légèrement entouré de chair? En ce que l'ongle est inanimé et que la chair a du sentiment. Pourquoi l'artiste grec a-t-il donné à l'Apollon une peau fine et transparente? parce qu'une peau fine et transparente rend le sentiment du toucher plus vif et plus exquis.

Quoi donc! je parle des Grecs et de la beauté, ne compterai-je pour rien les vœux de l'amour? Non, la beauté n'est pas une propriété exclusive de celui qui la possède[1]. J'éprouve d'immenses désirs; il faut des plaisirs à mes sens; à mon cœur, de l'amitié; à ma raison, des jouissances. Composé de deux substances, je demande et je veux donner : j'ai besoin des plaisirs de l'homme terrestre et de ceux de l'être divin. Oh ! si le beau et le bon n'étaient, en effet, qu'une même chose ! Beauté parfaite dont nul mortel ne peut méconnaître les charmes; beauté divine à laquelle les Grecs élevaient des autels, daigne donc te montrer à ma vue, et que, le cœur brûlant, les bras tendus vers toi, je me prosterne et je t'adore !...

Le bel Agathon, Agathon, le disciple de Socrate[2], aimait la jeune Hélice, et il disait :

« Hélice paraît belle quand on la regarde comme on regarde la fleur des champs ; aux yeux avides de l'amour, elle est plus belle encore. Sa taille est haute[3], moins cependant que la mienne, car la Nature m'a donné la force pour notre bonheur commun. Aimable pudeur, ne me dérobe pas ses belles épaules, ses épaules inclinées, mais sans mollesse, qu'une douce vallée partage également[4]. Une chair compacte et polie, des os que l'on devine et qu'on n'aperçoit pas promettent au toucher une jouissance réciproque et moelleuse. Quand mon bras se presse autour de sa ceinture, ma main vient retrouver mon cœur. Son corps souple, en cédant à l'étreinte, se ploie comme le jonc liant que Zéphire caresse[5]. Le fuseau ne tournait pas mieux sous la main

---

[1] Aristot. *De rhet.* lib. II, cap. 11.

[2] Plat. *Conviv.*

[3] Theocrit., idyl. XVIII, v. 28; Aristot. *ad Nicom.* lib. III, cap. 3.

[4] Anacr., od. 29; Terent. *Eunuch.*, act. II, scen. IV.

[5] « Cœterum tam concinna, tam delicata Laidis membra, ut pressius attrectans, dicas lenta et ductilia ossa. » (Aristœn., lib. I, epist. I; Theocrit., idyl. VI.

de l'industrieuse Arachné que sous les doigts allongés[1] et rapides d'Hélice. Les Grecs admirent voluptueusement l'élégance des pieds : que de vie, de grâce, d'esprit, dans son pied charmant ! Des malléoles fines et solides portent sans fatigue le poids du corps ; son talon léger effleure à peine la terre[2] ; des doigts librement rapprochés concourent tous à l'élan de sa course[3]. Non, je ne puis exprimer la perfection de ton visage ! Ta tête, légère et presque ronde, est un doux fardeau pour ton cou droit, flexible et poli. Les boucles nombreuses de tes cheveux se partagent au-dessus de tes sourcils faiblement arqués[4], me laissent voir la pureté de ton front et celle de tes regards[5]. Tes sourcils ne sont pas joints et ne sont pourtant pas séparés[6]. Tes yeux, qu'ils animent, grands avec modération[7] et bien enchâssés, sont encore protégés par de longues et pudiques paupières. Que je me plais à n'apercevoir en toi de terrestre que ce qui peut servir à quelqu'un de mes plaisirs ! Ton nez droit et ferme[8], qui n'est

[1] Theocrit., idyl. XVIII, v. 32 et seq.; Catull., carm. 45; Propert., eleg. II, v. 7.

[2] Anacr., od. VI; Ælian. *Var. hist.* lib. I, cap. 1; Aristœn., lib. I, epist. xii et xvi; Philostr., in *Hyacinth.*

[3] Lact. *De opif. Dei,* cap. 13.

[4] Anacr., od. XXIV; Callistr. *Descript. Cupid. Praxitell.*; Philostr. *Icon.* lib. II, 3.

[5] « Coma supra supercilia bifida apparens, puros occulos detegit. » (Callistr. *Descript. stat. Orph.*).— « Vagi crines puris in frontibus errant. » (Propert., lib. II, eleg. xxi.) — Aristœn., lib. I, epist. i.

[6] Anacr., od. XXVIII. — « Confinio luminum pene premixta. » (Petron.)

[7] « Bene natum oportet neque parvos oculos, neque magnos habere. » (Aristot. *De physiogn.* cap. 5.)

[8] Aristœn., lib. I, epist. i.

point aquilin, mais qu'on croirait disposé à le devenir[1] ; le leger intervalle qui le sépare de ta bouche à peine ouverte ; un menton doucement arrondi ; des dents fraîches et brillantes comme des perles de la rosée du matin ; toutes ces parties de ta figure furent modelées suivant ce principe heureux. Tes lèvres élastiques remporteraient, à Mégare [2] et à Phliasie [3], le prix du baiser. Ton haleine est suave comme le parfum du miel [4]. Hélice ! Hélice, ne m'arrête pas ! Tes deux seins, élancés comme des boutons de rose, mais aussi délicats, furent écartés l'un de l'autre avec prudence : tel est l'oreiller de l'Amour, quand le duvet fléchit sous la tête du Dieu. Être accompli ! j'aurais pu admirer tant de beauté et ne point t'aimer encore ! Mais j'ai vu dans tes yeux les rayons prolongés d'un feu céleste, et la douceur, et la pitié, le sourire ingénu sur tes joues, une convenance exquise entre tes moindres mouvements et ton innocente pensée, et j'ai senti mon existence attachée à la tienne. Tu as fixé dans mon âme l'idée de la beauté humaine et celle de la perfection divine [5]. Si Zeuxis eût pu te connaître, il n'aurait pas cherché plusieurs modèles. »

Ainsi parlait le bel Agathon. On voit qu'il avait appris ces maximes de son maître : « Les hommes n'aiment que ce qui est bon. Il n'y a que le bon qui soit l'objet de l'amour des hommes. L'amour est causé par le goût pour la beauté, tant spirituelle que corporelle. La laideur n'est laideur que par sa dissonance

---

[1] « Nasum non aduncum, sed quasi futurum. » Philostr. (in fig. *Achill.*)

[2] Theocrit., idyll. XII.

[3] Lutat. *Not. in Thebaid.* Stat. lib. IX, v. 198.

[4] Theocrit., idyll. VIII, v. 85; Longus, *Pastor*. lib. I.

[5] Lucian. *De imag.*

avec la Divinité[1]. » Si on lui eût demandé : « Agathon, quel est le plus beau de tous les hommes ? » Il aurait infailliblement répondu : « C'est celui qui, par la conformation extérieure de son corps et par les qualités morales qu'elle annonce, est le plus capable d'être utile à soi et aux autres. »

Nous connaissons donc deux causes principales de l'excellence et de la constance du goût des Grecs, relativement aux beaux-arts : l'une fut l'habitude des plaisirs du cœur, qui leur fit désirer des imitations fidèles ; l'autre, l'heureuse nécessité où ils se trouvèrent de chercher dans le corps de l'homme des secours autant que des plaisirs, et d'en apprécier par conséquent les formes sous le triple rapport de l'utilité physique, du sens de l'amour et des jouissances morales.

§ VII

Le système de l'éducation que l'on donnait aux jeunes Grecs doit encore être compté parmi les causes qui perfectionnèrent et conservèrent le goût relativement aux beaux-arts.

On leur enseignait, dès les temps anciens, la grammaire, la gymnastique et la musique[2].

On joignit, dans la suite, à ces études celle du dessin.

On enseignait le dessin dans l'éducation, suivant le témoignage d'Aristote, parce qu'on le croyait propre à diriger le goût *dans diverses spéculations de commerce, dans le choix des meubles et*

---

[1] Socrat. apud Plat. in *Conviv.*
[2] Aristot. *De rep.* lib. VIII, cap. 7.

des habillements. On l'enseignait bien plus encore parce qu'il *facilite la connaissance des formes qui constituent la beauté*[1].

Le dessin était une des connaissances que l'on croyait nécessaires au plaisir de la vie. Il est dans l'ordre, disait-on, non-seulement d'apprendre à bien agir, mais de se préparer des jouissances honnêtes pour le temps du repos[2]. Le repos, en effet, est le terme du travail. Notre travail est souvent pour les autres; notre repos est à nous. Heureux celui qui, également préparé par l'éducation à une vie laborieuse et à une vie tranquille, sait goûter dans un repos vertueux les plaisirs purs que la philosophie, la justice, la tempérance et le sentiment éclairé des beaux-arts lui procurent!

Mais l'utilité des connaissances qui entraient dans l'éducation ne se bornait pas à ces connaissances mêmes. Ce qui était le plus utile aux arts, c'était le lien dont on les avait unies, et les principes qu'elles s'étaient, à cause de cela, communiqués réciproquement.

L'éducation, dans la manière dont la considéraient les politiques, ne renfermait que deux choses : la gymnastique, qui formait le corps, et la musique, dont l'objet était de former l'âme[3].

La gymnastique renfermait les exercices athlétiques et la danse.

On définissait la danse : l'art de régler sur une juste mesure tous les mouvements dont le corps est capable[4]. On la définissait

---

[1] Aristot. *De rep.* lib. VIII, cap. 7.

[2] Id., *ibid.*

[3] Plat. *De leg.* lib. II et VII; Id., *De rep.* lib. III.

[4] Plat. *De leg.* lib. II et VII; Arist. Quintil. *De music.* lib. I, apud Meibom. *Aut. music.*

aussi : l'art de représenter par les mouvements du corps toutes les différentes affections de l'âme [1].

Il y avait, outre les danses sacrées qu'on exécutait dans les temples en l'honneur des divinités, des danses que nous pourrions appeler *politiques*, qui s'exécutaient dans les diverses fêtes, telles que la fête du Printemps, celle de l'Hymen, celle des Funérailles ; à Sparte, celle de l'Innocence, et d'autres encore qu'il est inutile de rappeler. C'étaient des ballets moraux et historiques, qui rappelaient des bienfaits des Dieux ou des héros. Tous les citoyens les plus graves y prenaient part ; tous s'exerçaient avec ambition dans les écoles, pour apprendre à y figurer avec grâce. Les magistrats veillaient avec sollicitude à ce qu'il ne fût rien changé, ni aux figures qui avaient été anciennement inventées, ni aux airs sur lesquels on les exécutait, qui s'appelaient des *nomes* ou des lois [2].

La danse, *qui exprimait les paroles de la muse*, c'est-à-dire la danse imitative, se divisait en trois caractères : la danse noble, qui, suivant les termes de Platon, imitait les mouvements graves et décents des hommes les mieux faits ; la danse ignoble, abandonnée aux mimes et aux esclaves, qui représentait les corps contrefaits dans des attitudes basses et ridicules, et la danse bachique, qui tenait le milieu entre les deux premières, où l'on contrefaisait les satyres et les silènes dans l'ivresse [3].

La danse noble se divisait en deux genres : la danse de la guerre, appelée *memphitique* ou *pyrrhique*, et la danse *emmélie*, ou danse de la paix. La danse pyrrhique représentait les mouvements d'un bel homme, doué d'une âme ferme et généreuse,

---

[1] Plat. *De leg.* lib. VII, in princ. et in fine.

[2] Id., *ibid.*

[3] Id., *ibid.*

à la guerre et dans d'autres circonstances pénibles et violentes. Elle imitait les inflexions d'un guerrier qui porte ou évite des coups, qui se jette de côté, qui recule, saute, se baisse, décoche une flèche, lance un javelot, ou reçoit des blessures. La danse de la paix représentait un homme sage dans la prospérité. On s'attachait à imiter et à distinguer, dans cette espèce de danse, et le plaisir vif de celui qui passe de la peine au bonheur, et le plaisir tranquille de celui de qui le bien-être se continue et s'augmente, et la modération d'une âme ferme qui sait contenir les transports de sa joie[1].

La danse, tenant à l'imitation, à la mesure, à l'harmonie, rentrait par là dans le domaine de la musique.

La musique était de tous les arts celui pour lequel la Nature semblait avoir particulièrement formé les Grecs. « Les Dieux qui président à nos fêtes, disait Platon, nous ont donné, avec l'amour du plaisir, le sentiment de la mesure et de l'harmonie[2]. » Les Romains ne leur disputaient pas cette espèce de prééminence : *Graiis dedit ore rotundo musa loqui.*

On sait jusqu'où les porta leur enthousiasme pour cet art enchanteur.

La musique les avait policés ; la musique leur avait fait goûter les premiers éléments des sciences ; ils rapportèrent tout à cette grande source de leurs plaisirs. Dans le moral, dans le physique, dans les ouvrages de l'homme et dans ceux du Créateur, tout ce qui est beau se trouvant en harmonie avec soi-même, en harmonie avec tous les êtres qui font partie du même tout ; la beauté du corps humain, la justice, la tempérance, le bonheur des sociétés, les mouvements du ciel, l'ordre enfin de

---

[1] Plat. *De leg.* lib. VII.
[2] Id., *ibid.*, lib. II.

l'univers, n'existant que par des rapports harmonieux de mesure et de nombre, l'imagination de ce peuple poëte retrouva la musique partout. Dans la Nature entière, ils entendirent un concert, une harmonie universelle, où chacun des êtres bien ordonnés se trouvait en concordance avec tous les autres. Par une suite de cette idée poétique et religieuse tout à la fois, la connaissance et l'amour du beau et du bon furent justement considérées comme la fin de toutes les études de l'homme. Toutes celles qui pouvaient le rendre meilleur, la science des mesures et du calcul, l'astronomie, la politique, la grammaire elle-même devinrent, ainsi que les beaux-arts, des parties de la musique[1]. Les termes de *bien chanter* et de *bien danser*[2] furent synonymes de celui de se bien conduire[3]. La morale était regardée comme la science unique. Le vrai philosophe, le vrai sage était le seul *parfait musicien*[4].

Ce système d'éducation ne fut pas utile aux sciences, mais il le fut beaucoup aux arts. On sent d'abord qu'il obligeait les artistes à de hautes études, que nous avons malheureusement cessé de regarder comme indispensables. Vitruve voulait que l'architecte sût la musique dans ses parties et dans son universalité[5]. Plutarque voulait que le musicien proprement dit étudiât la philosophie : « S'il y a doncques homme qui veuille bien, et avec droict jugement user de la musique, qu'il imite l'ancienne manière, mais cependant qu'il la remplisse encore des

---

[1] Quintil., lib. I, cap. 12 ; Plutarch. *De music.* cap. 68.

[2] On connaît cette inscription : *Le peuple a élevé cette statue à Elation, parce qu'il avait bien dansé dans le combat.* (Lucian. *De salt.* cap. 14.)

[3] Plat. *De leg.* lib. II ; Lucian. *De salt.* cap. 14.

[4] Plat. *De rep.* lib. III et IX.

[5] Vitruv., lib. I, cap. 1.

autres sciences, et qu'il apprenne la philosophie pour le conduire comme par la main [1]. » Le même maître enseigna la musique à Socrate [2], et la politique à Périclès [3]. Paul-Émile ayant demandé aux Athéniens un peintre pour représenter son triomphe, et un instituteur pour ses fils, ils ne lui envoyèrent qu'un seul homme, l'artiste Metrodore [4]. Le peintre Diognétes donna des leçons de philosophie à Marc-Aurèle. « Il m'a appris, disait cet empereur, à voir les objets tels qu'ils sont [5]. »

Ces danses publiques, dont j'ai rappelé les divers caractères, où tous les citoyens étaient acteurs et spectateurs tour à tour, renfermaient d'ailleurs des leçons de morale et des leçons de goût.

Réunis dans le même ensemble musical, tous les arts d'imitation, la poésie, la danse, la musique proprement dite, la peinture, la sculpture, l'architecture furent soumis aux mêmes règles, pour arriver au but moral que ces divers arts se proposaient de concert. Ce but, relativement à la musique et à la danse, consistait à faire sentir par la beauté des chants et de l'harmonie musicale, par la décence et la grâce des formes et des mouvements du corps, le prix de cette beauté, de cette harmonie, de ces grâces, qui embellissent les actions de l'homme vertueux.

On voit le rapport qui existait à cet égard entre la musique proprement dite, la danse et l'Art Statuaire.

Quelles étaient les règles principales qui devaient conduire ces différents arts au terme de leurs efforts ? La première, celle à

1 Plutarch. *De music.* cap. 47.

2 Plat. *De rep.* lib. III.

3 Plutarch. *in Pericl.*

4 Plin. lib. XXXV, cap. 2.

5 J. Capitolin., in *M. Aurel.* cap. 4 ; M. Aurel. *De rebus suis,* lib. I ; Salmas. in not. ad Jul. Capitol.

laquelle se rapportaient toutes les autres, consistait, suivant les termes de Platon, en ce que les artistes ne devaient offrir dans leurs ouvrages que des modèles *de mœurs véritablement belles et bonnes* [1]. « Nous ne serons jamais excellents musiciens, si nous ne nous familiarisons avec les idées de la tempérance, de la force, de la générosité, de la grandeur d'âme, et des autres vertus qui sont les compagnes de celles-là ; si nous ne les reconnaissons partout où elles se trouvent, soit dans la réalité, soit dans des images [2]. — Les mouvements de l'homme sage sont tranquilles, ceux du lâche sont emportés et irréguliers [3]. — Toute figure, toute mélodie, qui exprime les bonnes qualités de l'âme et du corps, soit en elles-mêmes, soit en quelque image, est belle ; celle qui en exprime les mauvaises qualités, ne l'est point [4]. — Jeunes hommes, apprenez à vous présenter avec décence dans les chœurs des hommes vertueux. Etablissez une parfaite harmonie entre les parties de votre corps, pour annoncer et pour maintenir celle qui doit régner dans votre âme? Telles sont les règles de la belle danse [5]. »

Qui ne reconnaît, dans ces leçons des philosophes, les principes des statuaires grecs, sur la pose et le mouvement des figures, sur le choix et l'expression des passions ? N'étaient-ils pas savants dans les règles de la *belle danse*, les artistes qui ont posé dans des attitudes si décentes et si nobles toutes les figures antiques, je ne dis pas seulement les plus belles, telles que la Vénus de Médicis, le Mercure, dit Méléagre, l'Apollon, et le

1 Plat. *De rep.* lib. III.
2 Id., *ibid.*; Id., *De leg.* lib. II.
3 Id., *De leg.* lib. VII.
4 Id., *ibid.*, lib. II.
5 Id., *ibid.*, lib. VII.

Laocoon même, malgré ses cruelles douleurs, mais celles qui sont le moins remarquables par le mérite de l'exécution?

Nous développerons dans la suite la théorie des artistes grecs, relativement au choix des mouvements du corps, au choix et à l'expression des affections de l'âme. Remarquons seulement à présent les effets des lois, des usages et de l'opinion des philosophes sur cette partie de l'art.

§ VIII

Les antiques mœurs, avons-nous dit, avaient porté le peuple grec à rechercher dans les ouvrages de l'Art Statuaire une imitation fidèle de la Nature. La religion contraria-t-elle cette première disposition du goût? Jusqu'à quel point contribua-t-elle au perfectionnement de l'art? Quelle fut enfin son influence?

Il faut distinguer plusieurs époques dans la religion des Grécs, et, en quelque sorte, plusieurs religions.

A peine sortis de l'état de sauvages, ils adoraient le soleil, les astres et les éléments [1]. Ils croyaient aussi à des esprits ou génies [2], dont les uns, attachés au soleil et aux différentes étoiles, en dirigeaient les mouvements et en déterminaient l'influence, tandis que les autres, répandus sur la terre, présidaient aux opérations de la Nature, et s'occupaient du bonheur des mortels [3].

---

[1] Plat. *Cratil.*

[2] Emeric David a écrit à la marge de son exemplaire : « Erreurs de ma jeunesse. » Ce passage, en effet, ne concorde plus avec le système théogonique qu'il a développé plus tard dans ses ouvrages de mythologie comparée.   (*Note de l'Editeur.*)

[3] Herodot., lib. II, cap. 52.

Le culte de ces divinités n'exigeait point d'*idoles* [1]. Un tronc d'arbre mal façonné, une pierre élevée sur une autre pierre, suffisaient pour rappeler l'existence ou les bienfaits des êtres supérieurs. Cette religion ne créa pas les arts, elle les vit naître ; elle ne les favorisa point, et n'en retarda pas les progrès.

Les Egyptiens et les Phéniciens ayant apporté dans la Grèce une religion fondée sur celle-là, dans laquelle ils prétendaient expliquer le système de l'univers et la fécondité de la Nature, par les aventures qu'ils attribuaient aux Dieux, cette religion dut s'établir avec d'autant plus de facilité qu'elle n'était qu'un développement des opinions anciennes. Pour rendre sensibles les idées allégoriques dont elle se composait, il avait fallu imaginer les signes les plus bizarres. Avec le règne des nouvelles divinités, s'établit le culte de leurs barbares idoles. Ce fut alors que les Grecs, imitateurs d'un peuple avili, façonnèrent ces figures qui semblent déshonorer leur goût, l'Isis égyptienne, et l'Isis pélagienne [2], la Vénus d'Amathonte, qui portait la barbe [3] ; l'Apollon Amycléen, représenté sous la forme d'une colonne, avec des pieds, une tête armée d'un casque, et des mains qui tenaient un arc et un javelot ; le Jupiter Patroüs, qui avait trois yeux [4], et d'autres figures également énigmatiques que je pourrais encore rappeler. Tels furent les ouvrages de l'esprit religieux ; tels furent les ouvrages de l'imagination. Si la tyrannie de cette religion se fût maintenue, non-seulement elle aurait étouffé les arts, mais bientôt la Grèce, devenue semblable à la triste Egypte, aurait eu, avec les mêmes opinions, les mêmes maîtres et les mêmes lois.

[1] Bannier, *Explicat. des fabl.*, liv. III, chap. 4.

[2] Pausan., lib. II, cap. 4.

[3] Servius, ad Virg. *Æneid.* lib. II, v. 632 ; Macrob. *Saturn.* lib. III, cap. 8 ; Larcher, *Mém. sur Vénus*, p. 46 et 47.

[4] Pausan., lib. II, cap. 24.

Heureusement, secondé par les arts, le goût général demeura vainqueur de ces Dieux bizarres. De nouvelles fables, plus conformes au génie de la nation, firent oublier celles que des étrangers avaient enseignées. Des hommes bienfaisants s'étant rendus célèbres par de grandes actions, on se persuada que des êtres divins les avaient engendrés, ou que les Dieux eux-mêmes s'étaient revêtus de corps humains, pour s'occuper de plus près du bonheur des hommes. Cette idée brillante changea tout le système religieux. L'orgueil national et la politique se créèrent, sous des noms anciens, des divinités nouvelles. Ces Dieux, enfants de l'imagination des Grecs, ressemblèrent au peuple qui les adorait : ils furent orgueilleux, passionnés, turbulents, comme lui. On dit qu'ils préféraient la Grèce à tout le reste du monde, qu'ils y étaient nés, qu'ils y avaient déposé leur dépouille mortelle, qu'ils avaient aimé les filles des Grecs, qu'ils avaient lutté les uns contre les autres aux champs *éléens*, qu'ils habitaient des palais resplendissants sur le sommet du mont Olympe.

Sujets aux passions et aux faiblesses des mortels, ils durent aussi être doués des formes humaines. L'opinion générale leur attribua surtout la beauté, car ils n'auraient pas été des Dieux pour les Grecs, si leurs corps n'eussent pas offert des modèles accomplis de force, de souplesse, de grandeur et de majesté.

On dirait que la Théogonie d'Hésiode renferme non-seulement l'exposition et l'histoire de la religion, mais encore l'histoire des arts et du goût. De même que Saturne avait détrôné l'antique Uranus, Jupiter détrôna Saturne. Il foudroya les Titans, et précipita cette race monstrueuse dans le Tartare. Cottus, Gygès, Briarée, quoiqu'ils eussent combattu pour le grand Jupiter, furent relégués dans des palais profonds, au-dessous des gouffres de l'Océan, aux extrémités du monde. Apollon, Mercure, Mars aux reins vigoureux, le joyeux Bacchus, les Muses aux tresses d'or, les Grâces aux joues brillantes, la fraîche Hébé, Trittogène aux yeux bleus, Proserpine aux beaux bras, Diane aux belles jambes, et d'autres déesses, toutes également propres à enflammer le désir [1], naquirent après cette révolution.

Ces fables riantes ne rappellèrent-elles pas, avec le triomphe des nouvelles Divinités, celui des arts et de la beauté qui devait en maintenir l'empire?

Quoi qu'il en soit, ce fut un dogme fondamental de la religion poétique, où, pour parler plus exactement, de la religion populaire, que les Dieux *avaient des formes semblables à celles du corps humain* [2]. C'était là, suivant le témoignage d'Hérodote, un des caractères qui distinguaient la religion des Grecs d'avec celle des Egyptiens et des peuples orientaux. Prométhée avait modelé le corps de l'homme à la ressemblance des Dieux, et c'était pour l'en punir que Jupiter jaloux l'avait enchaîné sur le Caucase [3]. Qu'est-il besoin de rappeler la fable du berger Pâris et toutes les autres? Homère, dans ses énergiques exagérations, ne s'était point écarté de ce dogme essentiel. Les Dieux, disait Epicure, étant des êtres parfaits, ne pouvaient choisir entre les formes du corps humain que ce qu'elles offrent de plus admirable; mais, par cela même qu'ils sont des êtres parfaits, souverainement sages et souverainement heureux, ils ne pouvaient aussi choisir d'autres formes que celles qui sont devenues propres au corps humain. « Quand nous cherchons dans notre esprit, disait encore ce philosophe, ce que la Nature a produit de plus achevé, pouvons-nous concevoir autre chose que les ressorts, les

---

[1] Hesiod. *Theog.* v. 881 et seq.

[2] Herodot., lib. I, cap. 131 ; Larcher, *ibid.*, ad not.

[3] Lucian., in *Prometh.*

proportions et la grâce du corps de l'homme? Y a-t-il quelqu'un, disait-il enfin, qui, en songe ou autrement, se soit jamais représenté les Dieux sous une autre forme [1]? »

Non-seulement on attribuait aux Divinités les formes du corps humain, mais la religion avait déterminé le genre de beauté propre à chacune d'elles, relativement à leurs fonctions, à leurs inclinations et à leurs habitudes.

La religion favorisa donc les progrès des arts : mais de quelle manière le fit-elle? Ce ne fut pas, sans doute, en excitant les artistes à chercher des modèles hors de la Nature pour composer les figures des Dieux. Il est évident, au contraire, que ce fut en les obligeant à étudier, à comparer ce que le corps de l'homme offre de plus accompli, pour représenter dignement ces êtres divins, que l'esprit ne pouvait concevoir que sous les formes humaines.

Nous ne dirons donc pas que les idées religieuses, en enflammant l'imagination des artistes, en les élevant au-dessus de la sphère des sens, leur firent concevoir ce beau parfait, qui est le triomphe de l'art, et dont le modèle ne se trouve pas sur la terre.

Nous ne dirons pas que, chez le peuple du monde dont le goût fut le plus pur et le plus délicat ; que, dans le temps même de la perfection de l'art, on ait tenté d'embellir les figures des Dieux, en confondant sur le même visage les formes majestueuses de l'homme et les traits des animaux. Non-seulement cette opinion n'est appuyée sur aucun monument historique, mais encore elle répugne au sens et à la raison.

En puisant dans la religion des Egyptiens, ainsi que dans les monuments de leur sculpture et de leur architecture, ce qu'il y

---

[1] Cicer. *De nat. Deor.* lib. I, cap. 46, 47, 48.

avait de grand, et, on peut dire, de sublime, les Grecs surent rejeter ce qui était indigne d'eux.

Après l'établissement de la théogonie d'Hésiode et d'Homère, les artistes adoptèrent cette opinion importante, que, dans les attributs donnés aux Divinités, dans les accessoires placés auprès de leurs figures, dans leurs vêtements, dans l'arrangement et le caractère de leurs cheveux, dans les formes et les traits propres à chacune d'elles, tout devait être significatif. C'est parce qu'ils demeurèrent fidèles à cette règle ingénieuse que, dans leurs ouvrages, tout parle à l'esprit, tout est poétique, tout a une vie, et qu'ils inspirent un si grand intérêt. Mais cette règle ne pouvait porter atteinte au principe fondamental de la ressemblance des Dieux avec le corps de l'homme. Il ne s'agit jamais, pour eux, que de choisir : la religion leur aurait défendu de créer, si le bon goût leur eût permis de le faire.

Nous parlerons avec plus de détails, dans la seconde partie de cet ouvrage, des traits particuliers et de la beauté des Dieux.

Diverses causes politiques associent ici leur influence à celle des opinions sur la nature des Dieux. Il ne faut pas considérer seulement, dans la religion des Grecs, ce qu'elle offrait en quelque sorte de divin ; mais encore la nature des cérémonies religieuses, et les règlements civils par lesquels ce qui tenait à la religion était soumis à la loi.

Il y avait dans la Grèce un nombre infini de prêtres, de prêtresses, de temples, et de Dieux rivaux. Ces prêtres ne formaient point une corporation particulière et indépendante : il n'y avait entre eux aucune relation d'intérêt [1]. Le culte s'exerçait à leur profit. Plusieurs sacerdoces étaient attachés à des maisons an-

---

[1] *Mém. de l'Acad. des inscript.*, t. XVIII, p. 72 ; *Anachars.* cap. 21, et les auteurs qui y sont cités.

ciennes et puissantes, où ils se transmettaient de père en fils.
Dans quelques villes, où se trouvaient des temples célèbres, une
partie même des habitants étaient employés dans les cérémonies,
avaient part aux victimes, et vivaient de l'autel.

On sent combien cet intérêt personnel établit d'émulation
entre les prêtres, relativement à la décoration des temples et à
la pompe des fêtes religieuses.

L'oracle lointain de Dodone s'était, dès la plus haute antiquité,
attiré la confiance des peuples et les présents des rois. D'autres
s'établirent, et s'efforcèrent, non-seulement par la subtilité de
leurs réponses énigmatiques, mais par l'attrait des plaisirs les
plus variés et les plus conformes aux goûts de la nation, d'attirer à eux les croyants et leurs offrandes.

On enrichit les temples. On appela les arts au secours de
chaque Dieu ou plutôt de ses ministres. A Éleusis, on joignit à
l'attrait de la curiosité les plaisirs du luxe et de la galanterie.
A Delphes, on établit des concours de musique, de poésie, ensuite
de peinture. Bientôt, pour faire au Dieu des présents dignes de
lui, il fallut lui envoyer des ouvrages plus riches encore par le
travail que par la matière. Le temple de Delphes étant un asile
inviolable, chaque État y construisit un édifice particulier, qu'il
appela son *trésor*, où il déposa les tableaux qui représentaient
ses victoires les plus célèbres, les statues des hommes qu'il
voulait particulièrement honorer [1]. L'émulation s'établit entre
les artistes, comme entre les prêtres, les rois et les peuples. Le
génie se trouva lui-même en concurrence avec l'héroïsme qu'il
immortalisait.

Il faut remarquer que, soit par un motif d'intérêt bien en-
tendu, soit aussi par la force de l'esprit public qu'ils étaient

---

[1] Pausan., *var. loc.*

obligés de respecter, les prêtres grecs furent les bienfaiteurs des
arts, et ne s'en firent jamais les arbitres. Ce fut au temple d'E-
phèse, où l'on voulait placer cinq statues d'amazones, que, pour
fixer le rang de chacune, on prit, par la forme de jugement la
plus ingénieuse, l'opinion des artistes mêmes qui en étaient les
auteurs : fait intéressant que nous aurons occasion de rappeler
dans la suite.

De plus, des ambassades, composées des jeunes hommes les
plus beaux et des jeunes filles les plus belles de chaque pays,
allaient offrir en pompe aux Divinités les tributs des peuples
effrayés ou reconnaissants. Les villes mettaient de la vanité à ce
que ces jeunes gens fussent très-beaux, *afin de donner une
haute idée de leur république* [1]. Comme, dans ces longues marches, on portait l'orge, les gâteaux, les instruments nécessaires
aux sacrifices, ce fut un nouveau motif pour que les ustensiles
qu'on y employait prissent la forme la plus commode, et par
conséquent la plus élégante. Un même principe servit à juger, et
la convenance de l'instrument, et la beauté de la vierge à qui
on l'avait confié. Des corbeilles qu'on devait poser sur la tête
s'effilèrent vers le fond. L'anse gracieuse d'un vase s'allongea
vers la main qui devait en être chargée. La Nature avait offert
les modèles primitifs de tous les vases ; le goût les avait adoptés ;
la religion déclara qu'ils étaient agréables aux Dieux, et par un
effet de cette consécration, au milieu de mille variations ingé-
nieuses que se permirent les artistes, on ne les abandonna
jamais.

C'est encore ici un des bienfaits de la religion des Grecs
envers les arts. Elle opposa son immutabilité à l'excessive légèreté de la nation. Elle sanctifia, si je puis m'expliquer ainsi, le

---

[1] Plat. *De leg.* lib. XII.

bon goût, et l'empêcha de céder au caprice. Le bienfait fut réciproque : la religion, en s'unissant avec le bon goût, en assura la conservation, et elle affermit si bien sa propre durée, qu'elle semble vivre encore dans les chefs-d'œuvre qu'elle nous a laissés.

§ IX

A tant de causes générales qui formèrent le goût, et excitèrent l'émulation, ajoutons cette institution célèbre, cet immense foyer de gloire, qui échauffait et vivifiait toute la Grèce, les jeux Olympiques. Comment exprimer leur effet sur les esprits? Nous le comparerions à celui des rayons ardents du soleil qui frappaient sur les Grecs rassemblés dans le stade d'Olympie, entre le mont Saturne et le fleuve Alphée, et nous n'en présenterions qu'une faible image. Toutes les villes grecques accouraient à Olympie, remplies de leurs jalousies et de leurs inimitiés réciproques. Chacune d'elles y amenait ses plus beaux athlètes, ses pentathles les plus accomplis. Ce n'étaient pas les hommes qui concouraient dans ces jeux solennels, c'étaient les républiques elles-mêmes. Les poëtes y chantaient leurs hymnes, les historiens y lisaient leurs écrits, les peintres y exposaient leurs chefs-d'œuvre. L'honneur était commun entre le vainqueur, ses amis, ses maîtres, son père, et surtout son heureuse patrie. Quand le vainqueur était ramené dans la cité qui s'enorgueillissait de l'avoir vu naître, un pan de mur s'abattait pour lui livrer passage [1]. Polyclète ou Myron modelaient son image pour la postérité ; Pindare enfin chantait sa victoire ;

---

[1] Plutarch. *Sympos.* lib. II, cap. 5.

Pindare consacrait, au vainqueur, à ses aïeux, à la Grèce entière,
des palmes plus durables que le marbre et l'airain. Non, jamais
le génie de la législation n'embrasa l'âme des mortels par
une institution aussi sublime.

Telles furent les causes générales qui excitèrent et ennoblirent
l'émulation , qui formèrent, dirigèrent et conservèrent le goût.
Mais la Grèce présente un phénomène plus étonnant encore
que la perfection où elle porta les arts : c'est l'indifférence de
la plus grande partie des peuples qui la composaient pour ces
mêmes arts qui nous paraissent aujourd'hui faire la gloire de
la Grèce entière.

SECTION II.

§ 1

Est-ce donc le climat, est-ce la paix, les richesses, la liberté,
qui, donnant l'essor, parmi les Grecs, au génie des arts, et di-
rigeant sa main créatrice, firent naître les chefs-d'œuvre que
nous semblons désespérer d'égaler? Si telles étaient les causes
principales de la perfection où les arts s'élevèrent, d'où viendrait
la différence qu'on ne peut s'empêcher de remarquer entre les
efforts, entre les succès des divers peuples de la Grèce, différence frappante, et qui, toute légère qu'elle pût être, prouve-
rait encore assez que ces causes générales agissaient faiblement,
que la volonté des gouvernements agissait sans comparaison
davantage? Pourquoi verrait-on les temples de l'Elide et ceux
de la Laconie, ceux de la Phocide, de la Béotie, de la Thessalie,

et de la Sicile même, en grande partie, peuplés de statues que produisirent la ville d'Argos toujours pauvre, la ville de Sicyone toujours faible, Œgine, rocher stérile, Athènes à qui la Nature avait tout refusé, de qui le génie et la volonté créèrent tout, et qui donna à la Grèce presque entière les images de ses héros et de ses Dieux?

Il n'existait pas sans doute, dans ces contrées, une différence de climat capable de produire des effets aussi dissemblables; le climat, au contraire, était le même. Faut-il recourir à la paix? Eh! quelle est l'époque à laquelle les Grecs en aient savouré le bonheur? La paix, fruit délicieux, ne rafraîchit, pour ainsi dire, jamais leurs lèvres ardentes. Ne les voit-on pas tourmentés sans relâche, et jamais rassasiés de guerres et de révolutions? Le siècle le plus brillant de leur histoire fut le siècle des désordres et des calamités. Les richesses! Elles furent bien plutôt le produit des arts et de l'industrie que l'industrie et les arts ne furent le produit des richesses. La liberté enfin! Que faut-il entendre par ce nom? Quoi donc! Les arts ne prospéraient-ils pas à Sicyone, sous Aristrate et Cypsélus ; à Athènes, sous Hippias ; à Samos, sous Polycrate ; à Syracuse, sous Denis et sous Gélon? Les Spartiates ne jouissaient-ils pas de la liberté, quand ils bannissaient Timothée, et qu'ils repoussaient même les arts mécaniques? Platon ne fondait-il pas un gouvernement libre, quand il éloignait de sa république Homère et Phidias?

Il est d'autres causes dont il faut nécessairement reconnaître ici la puissance. L'abondance et la beauté des fruits de la terre sont la récompense des travaux et de la sagesse du cultivateur: il en est de même des productions du génie.

Ce sont les honneurs qui font vivre les arts: cette antique maxime est écrite sur toutes les pages de leur histoire. Mais des honneurs proprement dits, c'est-à-dire des récompenses accordées aux artistes, ne suffisent même pas pour les conduire à la perfection. Les arts exigent encore, et des travaux capables d'inspirer de nobles idées, et une saine théorie que le goût général ait sanctionnée, que le goût général protége, que les opinions particulières ne puissent altérer. Pour apprécier les causes de leurs progrès, pour connaître celles de leur décadence, celles de leur nullité, quelquefois remarquables, dans les climats les plus heureux, au sein des richesses, des lumières et même de la liberté, il faut donc examiner principalement si, dans le pays que l'on considère, ils sont honorés, protégés ou abandonnés à leurs propres efforts; asservis ou laissés libres; réduits à flatter des goûts frivoles ou dirigés par le gouvernement lui-même vers l'utilité publique et la gloire de l'Etat.

Ces causes sont plus puissantes que le climat, que les richesses, que la paix et que la liberté. Mais ces causes dépendent de la volonté des législateurs.

Avant d'en étudier le développement et les effets chez les Grecs, remontons plus loin. Recherchons d'abord par quels motifs certains législateurs de la Grèce s'occupaient des arts avec sollicitude; par quels motifs d'autres les négligeaient ou avaient cru devoir les proscrire.

Les Grecs sont aussi célèbres par leurs dissensions que par leurs chefs-d'œuvre. L'esprit de rivalité qui avait agité les anciennes peuplades n'avait rien perdu de son énergie au milieu des nombreux Etats qui leur avaient succédé. Les législateurs avaient voulu rendre utile ce principe dangereux d'émulation; il ne paraît pas qu'ils eussent voulu le détruire. Les lois des divers peuples étaient différentes; les caractères, fixés par les lois, ne se ressemblaient point; la jalousie et la haine seulement étaient égales. Mais cet esprit de rivalité, qui répandit sur la nation des malheurs sans nombre, enfanta, d'une autre part, les merveilles sans nombre qui nous étonnent. Tout avait un caractère prononcé, tout était grand dans un petit espace, parce que les passions développaient parmi les Grecs toutes les facultés humaines. On voit des guerres sur terre et des guerres maritimes ; des armées, des flottes rapidement détruites, incessamment renouvelées ; des victoires dont on ne peut trop s'étonner, et des historiens plus étonnants encore. Il semble, en lisant l'histoire de l'Attique, de la Béotie et du Péloponèse, que l'on soit occupé de celle d'un pays immense, et l'on peut dire de celle du monde entier.

Toutes les contrées de la Grèce n'étaient pas également fertiles. Sparte, Thèbes, Larisse, sillonnaient une terre profonde, qui donnait avec abondance à ses habitants tous les biens nécessaires à la vie ; Athènes cultivait un sol maigre et pierreux, incapable de suffire à la subsistance des siens. Cette différence de position divisa les peuples grecs en deux classes, ceux qui s'appliquaient au commerce et ceux qui ne l'exerçaient point. Les uns l'honoraient, parce qu'il leur était nécessaire ; les autres le croyaient inutile, et en exagéraient les conséquences funestes.

Le commerce ne pouvait convenir à des hommes orgueilleux, tels que les Thessaliens, les Béotiens, les Spartiates. Ce n'était pas seulement le commerce de détail que l'on avait flétri dans quelques Etats, c'était le commerce en général, parce qu'il procurait, disait-on, des richesses factices et dangereuses[1]. On voit la cause de ces opinions différentes. Les peuples dont le territoire était pauvre considéraient le commerce comme un moyen d'accroître leur puissance ; les peuples favorisés par la Nature y voyaient un principe de destruction.

______

[1] Aristot. *De rep.* lib. I, cap. 5, 6, 7.

Nous avons dit que les premiers gouvernements furent composés de royauté, d'aristocratie et de démocratie. Cette heureuse balance de trois forces rivales ne subsista pas longtemps. Les rois, ayant abusé de leur pouvoir, furent détrônés. Dans quelques pays, les nobles s'emparèrent de l'autorité par la violence ; dans d'autres, ce fut le peuple. De là tant de guerres intestines, tant de massacres, tant de révolutions et de réactions toujours nouvelles. Aristote avait compté jusqu'à cent cinquante-huit espèces de gouvernements, existant la plupart ou ayant existé au sein de la Grèce.

Les Doriens et les Ioniens enfin ne cessèrent point de se regarder comme deux peuples différents. Ce fut une nouvelle cause de haines, une nouvellé cause de diversité dans les lois. Les Doriens reprochaient aux Ioniens la politesse recherchée de leurs mœurs ; les Ioniens reprochaient aux Doriens leur rudesse. Les uns s'enorgueillissaient de leur ancienne conquête [1] ; les autres, de leur plus ancienne liberté [2]. Sparte protégeait les Doriens et l'oligarchie ; Athènes, les Ioniens et la démocratie [3]. Ces divisions funestes, fomentées par les ambitieux du dedans et par les ennemis du dehors, par les rois de Perse, par Philippe, par les Romains, semblèrent s'accroître dans la décadence de la Grèce, et finirent par en opérer la destruction.

Il est évident que, dans cette opposition constante des esprits, les arts ne pouvaient pas être appréciés partout de la même manière. Il est évident que, n'étant pas également utiles dans tous les gouvernements, ils ne devaient pas en recevoir les mêmes faveurs.

---

[1] Thucyd., lib. I, cap. 124, et lib. V, cap. 9.

[2] Id., lib. II, cap. 36, et lib. VII, cap. 69.

[3] Id., lib. III, cap. 82, et *var. loc.*; Aristot. *De rep.* lib. V, cap. 7.

Nous sommes obligé de faire là-dessus quelques réflexions, ou plutôt de rappeler quelques faits.

Il semble, dans l'opinion commune, que le commerce et les beaux-arts soient inséparables. On voit cependant, en étudiant l'histoire des villes commerçantes, que ces deux sources de richesses ne se trouvèrent pas toujours réunies. Le commerce, lorsqu'on l'abandonne à ses propres inclinations, cultive peu les beaux-arts ; on dirait même qu'il ignore les bienfaits qu'il en reçoit. Des combinaisons trop importantes attachent l'esprit du commerçant, pour qu'il ait le loisir de s'en occuper. Entouré de matières brutes, ce n'est pas toujours sans quelques efforts que son génie s'élève vers des régions supérieures. Qui voudra d'ailleurs se livrer à des études longues et pénibles, à des travaux peu lucratifs et peu considérés, entouré de moyens de fortune qui paraissent trop souvent prompts et faciles ? Les arts ne prospèrent donc pas dans un Etat commerçant par le seul effet du vœu et des lumières des hommes exerçant le commerce. Il faut, au contraire, pour les y établir, une vigilance et des soins particuliers du législateur, qui souvent sont en opposition avec l'esprit général.

Mais le commerce entraîne des maux auxquels il faut opposer des contraires. Instigateur du luxe, il polit les mœurs et les détruit [1]. Riche en propriétés mobilières, il incline vers le cosmopolisme. Telle était l'opinion des philosophes grecs. On connaît à ce sujet la sévérité de leur doctrine. « Les arts, disaient ces philosophes, seront donc nécessaires dans les pays commerçants, non-seulement sous le rapport des manufactures, pour éclairer et diriger le goût, mais sous un rapport moral, pour faire vivre l'amour de la vertu et pour réchauffer le patriotisme. En dé-

[1] Montesq., liv. XX, chap. 1.

corant la terre natale par de superbes monuments, en embellissant les fêtes publiques, en immortalisant les grandes actions, en fixant sous les yeux du peuple des images vraies et pures de la véritable beauté, ils ennobliront les idées ; ils contribueront à faire naître et à nourrir l'orgueil national ; ils feront aimer la patrie par l'attrait de la gloire ; ils mettront des passions généreuses à la place de la cupidité. »

Platon rejetait de sa république et le commerce et les arts : mais c'était avec une restriction importante. « Si le commerce doit s'introduire dans notre république, disait-il, il faut que les arts y viennent avec lui. Nous les appellerons, nous chercherons des ouvriers habiles, nous aurons l'œil sur eux, afin que les citoyens reçoivent de salutaires impressions, de tous les objets qui viendront frapper leurs sens, et que, dès leur enfance, tout les porte insensiblement à aimer la droite raison, à établir entre elle et eux un parfait accord [1]. »

« En voyant chaque jour, disait-il encore, des chefs-d'œuvre de peinture, de sculpture et d'architecture, pleins de noblesse et de correction, les génies les moins disposés aux grâces, élevés parmi ces ouvrages, comme dans un air pur et sain, prendront le goût du beau, du décent, du délicat. Ils s'accoutumeront à saisir avec justesse ce qu'il y a de parfait ou de défectueux dans les ouvrages de l'art et dans ceux de la Nature, et cette heureuse rectitude de leur jugement deviendra une habitude de leur âme [2]. »

En ce qui concerne les gouvernements, comment accorderaient-ils aux beaux-arts les mêmes faveurs, s'ils n'en attendent pas les mêmes secours ?

[1] Plat. *De rep.* lib. III.
[2] Id., *ibid.*

Les beaux-arts, devant faire aimer la patrie par l'attrait des récompenses, sont peu utiles dans l'oligarchie. Si elles les emploie, c'est à regret [1]. Elle bâtit quelquefois d'immenses édifices, mais elle s'occupe peu de statues et de tableaux. Le patriotisme des chefs est excité par des intérêts trop puissants, pour que de tels objets y ajoutent quelque chose. Si le gouvernement est fondé sur la justice et la vertu, il y voit le danger du luxe ; s'il est tyrannique, le danger des lumières et de l'émulation. Des honneurs qui se partagent entre le héros et l'artiste, s'ils devenaient nécessaires dans ce gouvernement, annonceraient la faiblesse des lois et en feraient présager la ruine. Caton refusa l'honneur d'une statue [2] : ce fut par orgueil ; cela peut être ; mais ce fut aussi par système. Dans l'opinion de Caton, tout patricien devait repousser, comme lui, cette récompense.

Tous les beaux-arts, au contraire, s'accordent avec le gouvernement monarchique. Le trône ne saurait briller de trop d'ornements et de richesses. La puissance du prince s'accroît par l'éclat imposant dont les arts l'environnent. Que n'ont-ils pas ajouté à la gloire, à la majesté de François Ier, de Léon X et de Louis XIV ? Si l'influence des goûts particuliers ne leur permit pas toujours, sous ce gouvernement, des succès durables, des faveurs bien dirigées ne leur ont-elles pas fait obtenir, à des époques remarquables, des suceès dignes de l'admiration de tous les siècles ?

Quant à la démocratie, je veux dire aux gouvernements où la démocratie prédomine, on a trop souvent confondu la liberté politique dont peuvent y jouir les artistes, avec l'importance qu'on y attache quelquefois aux beaux-arts, avec l'occasion

---

[1] Plat. *De rep.* lib. VIII.

[2] Plutarch. *Reip. ger. præcept.*

et les moyens que ce gouvernement leur donne de se perfectionner.

L'Etat sera riche ou pauvre, commerçant ou sans commerce. S'il est pauvre, de peu d'étendue, loin de la mer, heureux dans leur simplicité, riches du nécessaire, ah! que les habitants de cette terre fortunée se préservent des secours dangereux qui embrasent les passions! Puissent-ils les ignorer toujours!

Veut-on allier, au contraire, le commerce et la liberté, les mœurs et les richesses? Entreprise difficile! chef-d'œuvre du génie de la législation! Il faudra faire aimer la patrie, non-seulement au riche, au noble, au commerçant, mais à ce peuple nombreux qui ne connaît les richesses que pour sentir qu'il en est privé, les honneurs que par ceux qu'il rend aux autres; qui, loin des emplois, néglige l'intérêt commun, presque toujours en sépare le sien propre; à qui son insouciance est encore plus funeste que ses erreurs et son impétuosité. Frapper son imagination par des monuments majestueux et impérissables; l'entretenir sans cesse, par des statues et des tableaux, de ses hauts faits et de sa grandeur, de la gloire et de l'antiquité de ses ancêtres; immortaliser pour lui son histoire; créer de magnifiques propriétés communes pour ceux qui sont pauvres de biens personnels [1]; concourir enfin à faire naître et à nourrir cet orgueil national qui est un des signes les plus infaillibles de la bonté des lois et de la possibilité de leur durée, voilà le but des arts dans ce gouvernement. C'est là que l'on peut dire, comme Solon : « O Anacharsis, si l'on arrachait l'amour de la gloire du cœur des citoyens, que deviendrait la patrie [2]! »

L'importance de leur destination appelle sur les arts, dans ce

---

[1] Xenoph. *De Athen. rep.*
[2] Lucian., in *Anach.*

gouvernement, les bienfaits du législateur. Ils y trouvent encore une cause de perfection : c'est que la plupart de leurs ouvrages devant être placés sous les yeux du public, et servir à la gloire de la nation entière, ils sont obligés de prendre pour guide le goût général.

Ces deux causes réunies leur font obtenir des succès éclatants et durables. Mais la liberté, dans ce gouvernement même, ne suffirait pas pour les faire prospérer. A-t-elle besoin de leur secours ? c'est ce qu'il faut chercher. La loi les protége-t-elle ? c'est ce qu'il faut connaître. Les arts sont semblables aux plantes fragiles qui exigent une culture raisonnée et des soins assidus. Ils résistent aux orages, aux frimas, aux guerres, aux révolutions : ils périssent par l'indifférence ou les erreurs de la main qui doit les protéger.

Les faits soutiennent cette théorie.

Nous avons vu que les peuples grecs étaient divisés en deux classes, ceux qui exerçaient le commerce et ceux qui ne s'y appliquaient pas. Les arts suivirent la même division. En général, les peuples adonnés au commerce les cultivèrent davantage ; en général, les peuples qui ne s'appliquaient pas au commerce les cultivèrent moins. Il y a des nuances à saisir : elles étaient produites par la différence des gouvernements. Chez les peuples qui ne s'appliquaient pas au commerce, quelle que fût la nature du gouvernement, les arts furent négligés, ils furent même prohibés et bannis. Chez les peuples commerçants, dont le gouvernement était oligarchique, ils jetèrent de faibles racines et ne s'élevèrent qu'au second rang. Chez les peuples commerçants et gouvernés par des rois, et plus constamment encore chez les peuples commerçants dont le gouvernement était démocratique, ils arrivèrent à la perfection. Ce fut principalement chez ces derniers qu'ils produisirent les merveilles qui excitent notre étonnement. Voilà une échelle proportionnelle qui, si je ne me trompe, peut servir à mesurer les progrès non-seulement des Grecs, mais de tous les peuples anciens, et qui peut servir encore à mesurer ceux des peuples modernes.

Au milieu des chefs-d'œuvre de la Grèce, fidèles à leurs antiques mœurs, les Arcadiens estimaient les arts et ne les cultivaient point[1]. Que fallait-il de plus, en effet, à leur bien-être que le lait de leurs troupeaux, le miel de leurs abeilles, et leurs chansons bucoliques, inconnues à la postérité, parce qu'elles étaient improvisées par des esprits sans culture, enviées des Grecs opulents, parce qu'elles présentaient l'image d'une inaltérable félicité?

Sur les bords d'une mer hérissée de rochers et d'écueils, et par là moins navigable que celle des autres côtes de la Grèce, constamment pauvres et constamment vertueux, les Achéens ignoraient tout commerce et presque toute industrie[2]. Religieusement attachés à un gouvernement fraternel, qu'avaient-ils besoin des secours de la peinture et de la sculpture?

Dans les montagnes poétiques de la Phocide, des peuples grossiers, ou plutôt des peuples sages, voyaient les chefs-d'œuvre rassemblés à Delphes, et n'avaient pas l'ambition de les imiter, vivaient aux champs, cultivaient les lauriers sacrés, sans en rechercher les couronnes. C'est le portrait qu'en fait Pausanias. C'est le portrait qu'en fait ce philosophe moderne, ce peintre aimable et vrai, qui, en traçant les mœurs des Grecs, a versé dans ses écrits tout le miel du mont Hymette[3].

Je laisse les Macédoniens, peuple sans instruction et sans

---

[1] Polyb., lib. IV, cap. 5.

[2] *Id.*, lib. VI, cap. 7; Plutarch., in *Arat.*

[3] *Anacharsis*, chap. 22, t. II, p. 469.

commerce, habitant un pays fertile, du sein duquel, avant Philippe, il ne sortait pas même de bons esclaves. Je laisse les Thessaliens, dont le gouvernement ressemblait à la turbulente oligarchie de la Pologne ; et les Etoliens, peuple de brigands, que
Polybe appelle des bêtes féroces plutôt que des hommes [1].

Lycurgue, qui, en conservant une ombre de royauté, voulut
asseoir l'aristocratie (ou le gouvernement des sages) sur des
fondements inébranlables [2], Lycurgue défendit aux Spartiates de
cultiver les arts [3] : il fit plus, il leur donna des plaisirs auxquels
les arts étaient inutiles. « Point de théâtre, point de commerce,
leur dit ce législateur, point de peintres, de statuaires ni d'é-
trangers parmi vous. N'altérez pas cette musique antique qui
vous conduit à la victoire. Une corde de plus à vos lyres, et vos
mœurs et votre force seraient perdues pour jamais [4]. Votre ville
est un camp : adorez Vénus, mais qu'elle soit armée. »

Telles étaient les lois de la fertile Crète, et dans la Crète,
comme à Lacédémone, ces lois eurent plus de puissance que le
climat, l'abondance et le génie naturel des peuples. La Crète
vendait des soldats aux autres peuples ; elle produisit des poëtes,
des musiciens, des historiens ; elle inventa des danses que l'on
exécutait dans toute la Grèce ; mais de combien de peintres,
ou de statuaires célèbres la Crète pourrait-elle justement s'honorer [5] ?

---

[1] Polyb., lib. IV, cap. 2.

[2] Plat, *De rep.* lib. VIII ; Aristot. *De rep.* lib. II, cap. 7 ; Polyb.
Hist. lib. VI, cap. 44.

[3] Plutarch., in *Lycurg.*; Id., *Instit. Lacon.*; Nicol., apud Stob.
serm. 42 ; Cragius, *De rep. lacedæm.* lib. III, tab. 8, instit. 2 et 5.

[4] Plutarch., *Instit. Lacon.*

[5] Pline dit que Dipœnus et Scyllis étaient nés en Crète, vers la

Riche de son terroir[1], Thèbes méprisait le commerce. Il fallait l'avoir quitté depuis dix ans pour être élevé aux fonctions administratives[2]. Son gouvernement éprouva diverses révolutions, mais il était essentiellement oligarchique[3], et l'oligarchie s'y soutint avec force, si ce n'est au temps d'Épaminondas, parce que Sparte la favorisait, et par inclination, et pour tenir en guerre les Thébains et les Athéniens. Cette ville, et la Béotie qu'elle dominait, où les hommes étaient les plus beaux et les plus forts de toute la Grèce[4]; qui donna naissance à Hésiode, à Pindare, à Corinne; qui présenta pour modèles aux artistes Glycère et Phryné, produisit à peine quelques statuaires peu connus. C'est là que l'on fit un règlement pour condamner à des peines pécuniaires les peintres qui feraient de mauvais portraits[5]. Strabon pensait que la lourdeur de l'esprit des Béotiens tenait plus au défaut de leur éducation qu'à la nature[6]; ajoutons

LVe olympiade (lib. XXXVI, cap. 4*). Mais, suivant Pausanias, ils étaient élèves de Dédale de Sicyone, et on les croyait même ses fils, nés de la fille de Gortys, que Dédale avait épousée. Ils travaillèrent pour la ville de Sicyone. C'est peut-être parce que leur mère était fille de Gortys qu'on les crut nés en Crète, dans la ville de Gortyne. (Pausan., lib. II, cap. 15.)

[1] Strab., lib. IX.

[2] Aristot. *De rep.* lib. III, cap. 3, et lib. VI, cap. 7.

[3] Aristot., *loc. cit.*; Id., *ibid.*, lib. V, cap. 6; Thucyd. lib. V, cap. 31; Diod. Sicul., lib. XV, cap. 40. (Edit. 1746. t. II, p. 32.)

[4] Diod. Sicul., lib. XII et XV, *passim*.

[5] Ælian. *Var. hist.* lib. IV, cap. 4.

[6] « Quod incolæ non uterentur institutione ac disciplinæ. » (Strab., lib. IX.)

* Voir le Classement chronologique des sculpteurs grecs, p. 27. Emeric David dit qu'ils florissaient vers la L^e olympiade (l'an 580 avant notre ère). Ce qui ferait une différence de vingt ans. (*Note de l'éditeur.*)

que ce défaut d'éducation provenait lui-même de la forme du gouvernement et du vice des lois.

Tout était trafic dans l'opulente Corinthe : le luxe, les arts, la beauté. On y fabriquait, par spéculation, des vases élégants, qui se vendaient dans tout l'univers[1]. On y avait fait peindre les portraits des prêtresses de Vénus, et leur temple attirait à la ville un concours d'étrangers et des profits immenses[2]. Mais, à côté du tombeau de Laïs, à côté des statues de quelques athlètes, on cherchait vainement celles des sages et des héros. L'auteur d'*Anacharsis* se demande pourquoi cette ville célèbre, où l'on dut employer tant d'artistes, n'avait produit, à l'époque où il place son récit, aucun de ceux qui faisaient le plus d'honneur à la Grèce[3]. Nous croyons pouvoir répondre : c'est que le gouvernement fut constamment aristocratique[4]. Corinthe, qui donnait des législateurs à la Grèce, se consola sans doute de lui donner peu d'artistes. Elle s'attachait principalement au commerce de transport, que favorisait sa position ; mais supposons cette ville à cent lieues d'Athènes ou de Sicyone, son commerce d'industrie eût été perdu.

Voyez Carthage, où une balance imparfaite mettait toute la puissance dans la main des riches[5]. La loi, attachant les honneurs à la fortune, fit de la nation entière un peuple d'avides spéculateurs. Cela devait arriver ; car le bien le plus estimable dans l'opinion d'un peuple, c'est celui qui est le plus estimé des

---

[1] Strab., lib. VIII.

[2] Id., *ibid.*, p. 581. (Edit. Amst. 1707.)

[3] *Anach.*, chap. 57, t. III, p. 429.

[4] Herodot., lib. V, cap. 92 ; Aristot. *De rep.* lib. V, cap. 6 ; Plutarch., in *Dion.* cap. 67.

[5] Aristot. *De rep.* lib. II, cap. 8 et 9.

premiers de l'Etat[1]. Carthage cultiva si peu les lettres et la philosophie, qu'un philosophe carthaginois passait pour un prodige[2]; elle cultiva si peu les beaux-arts, qu'on reconnait à peine la place où elle a existé. On ne retrouve pas même les éléments de la langue punique.

Par quels débris remarquables de statues ou de monuments Marseille, sa rivale, nous rappelle-t-elle son antique célébrité? Elle fit, dans les sciences, d'admirables découvertes; guidés par leurs connaissances astronomiques, ses intrépides navigateurs pénétrèrent jusque dans les glaces du Nord[3]; ses écoles d'éloquence et de poésie transportèrent Athènes au sein des Gaules[4]. Quoi donc, le génie ardent et poétique de ses habitants était-il moins propre aux beaux-arts qu'aux spéculations de commerce, à la politique, aux sciences et aux lettres? Ce phénomène moral est expliqué lorsque l'on considère que son gouvernement, justement renommé d'ailleurs par sa sagesse, était aristocratique[5], comme celui de la plupart des peuples doriens, de qui elle tirait son origine.

Rome enfin, que son sénat gouvernait, malgré la turbulence des tribuns, Rome, dont le génie orgueilleux chargeait la terre d'immenses et imposants édifices, ne reçut qu'à regret la peinture et la sculpture des Grecs. Ces deux arts y devinrent, vers

[1] Aristot. *De rep.* lib. II, cap. 8 et 9.

[2] Cicer. *Tuscul.* lib. III, n° 54; Rollin, *Hist. anc.*, t. I, p. 225.

[3] Montucla, *Hist. des mathém.*, part. I, liv. III, § 22 ; Bailly, *Astron. anc.*, liv. IX, § 16; Bougainville, *Dissert. sur Pythéas* (Acad. des inscript., t. XIX, p. 146).

[4] « Massiliæ sedes ac magistra studiorum. — Athenopolis Massiliorum. » (Tacit. *Vit. Agric.* cap. 4; Cicer. *pro Flac.* cap. 26 ; Justin., lib. XLIII.)

[5] Aristot. *De rep.* lib. V, cap. 6 ; Cicer. *pro Flac.* cap. 26.

la chute de la république et sous les empereurs, un sujet d'a-
musement et d'ostentation ; mais la législation qui avait tout
fait pour les conquêtes, n'ayant pas disposé l'esprit de la nation
à se les approprier, l'habitude de les voir exercer par un peuple
vaincu, les fit toujours regarder comme le travail des esclaves.
Caton les proscrivait, comme il proscrivait la philosophie, dont
en secret il faisait ses délices[1]. Cicéron affectait en public de ne
les point estimer, et même de n'y rien connaître[2]. Salluste,
l'attique Salluste, en peignant la corruption de l'armée conduite
dans la Grèce par Scylla, place le goût que les soldats avaient
pris pour les beaux-arts au même rang que l'ivrognerie et la
débauche[3]. Le patricien Antistius Labeo, qui vivait sous Auguste,
excita le mépris et la risée de ses pairs, parce qu'il s'y appliquait[4]. Virgile rappelait aux Romains qu'ils ne devaient pas
ambitionner de faire respirer l'airain et le marbre ; et jusqu'au
temps de Néron, Sénèque, par un reste de patriotisme consu-
laire, demandait si la peinture et la sculpture étaient des arts
libéraux[5].

Citons encore un exemple ; je ne puis les rappeler tous.

Sous un ciel constamment serein, riche d'un sol qui ne s'é-
puisait jamais, entourée de montagnes et de déserts qui lui assu-
rèrent longtemps une tranquillité profonde, l'Egypte aurait dû
porter l'art statuaire à la plus haute perfection, si l'abondance
et la paix, si la pratique même de l'art, suffisaient pour opérer
ce prodige.

Qu'importe que les hommes y fussent plus ou moins beaux ?

---

[1] Tit. Liv., lib. XXXIV, cap. 4; Plin., lib. XXXIV, cap. 8.

[2] Cicer., in *Verr.* V, cap. 4, 5, 13, 33 et *al. loc.*

[3] Sallust. *Bell. Cat.* cap. 11.

[4] « In risu et jam contumelia erat. » (Plin., lib. XXXV, cap. 4.)

[5] Senec., epist. LXXXVIII.

Ne peut-on pas dans tous les pays imiter la Nature telle qu'on la voit? N'a-t-elle pas une vie, une souplesse, qui, fidèlement imitées, suffisent pour produire des chefs-d'œuvre? C'est cependant à cette naïve imitation de la Nature que les Égyptiens ne parvinrent jamais.

Sous une vaine royauté, le gouvernement était théocratique, c'est-à-dire que les prêtres formaient une oligarchie portée au plus haut degré d'intensité. On n'y connaissait pas le culte des héros. On n'y représentait point d'autres images que celles des rois et de leurs familles, celles des pontifes et de leurs divinités monstrueuses [1]. Les prêtres étaient si effrayés du ressort que les arts, en imitant la Nature, auraient pu donner aux esprits, que d'antiques lois avaient déterminé les modèles de toutes ces figures. Ces modèles étaient déposés dans les temples, et il était défendu aux artistes de s'en écarter en rien, ni pour les formes, ni pour les mouvements [2].

Il me paraît même certain, quoique ce fait n'ait pas été remarqué, que les prêtres, qui étaient seuls médecins, géomètres, astronomes, rédacteurs et conservateurs des actes publics et des chroniques de la nation, avaient encore voulu maîtriser l'imagination du peuple, en étant peintres et statuaires, et même seuls peintres et seuls statuaires. On pourrait le conjecturer, de ce que la peinture n'étant qu'une écriture hiéroglyphique, les scribes sacrés devaient seuls la tracer [3], et de plusieurs autres circonstances; mais Synésius, évêque de Cyrène, l'affirme d'une manière positive, en disant [4] que « les prêtres de la classe des prophètes ne permettaient pas que des mains viles et sordides

---

[1] Herodot., lib. II, cap. 162, 163, 164; Strab., lib. XVII, p. 1158.

[2] Plat. *De leg*. lib. II.

[3] Diod. Sicul., lib. IV, cap. 1.

[4] Synesius, *Calvitii Encom.*, in ed. op. Paris, 1633, p. 73.

7.

travaillassent aux figures des Dieux, dans la crainte qu'on ne violât en quelque chose les lois et les anciennes coutumes. »

Il ne faut donc pas s'étonner de lire dans Platon qu'au temps où ce philosophe écrivait, la peinture et la sculpture, exercées en Égypte, suivant lui, depuis dix mille ans, ne produisissent rien de plus beau qu'au commencement de cette longue suite de siècles [1].

Rendons à l'Égypte l'honneur qu'elle mérite, et n'allons point au delà. Le génie de la domination produit aussi ses chefs-d'œuvre. L'observation des mouvements du ciel avait donné aux prêtres égyptiens de vastes idées. Pour que leur puissance fût impérissable, ils voulurent que tout fût éternel chez eux. Les lois, les usages, les danses, les chants, les plaisirs étaient toujours les mêmes [2]. De là les épithètes d'*amère* et de *mélancolique* si souvent données à l'Egypte. Rien ne devait se détruire ni s'altérer, pas même les corps des morts. Ils voulaient suspendre les révolutions de la Nature, épuiser les efforts du temps. Cette pensée profondément politique, et qui renfermait quelque chose de sublime, détermina la forme et le caractère des monuments. Le but des arts n'était pas de toucher le cœur, mais d'épouvanter et d'accabler en quelque sorte l'imagination. Les édifices ressemblaient à des roches amoncelées ; les colosses portaient leurs têtes jusqu'aux cieux. L'architecture adopta des

---

[1] Plat. *De leg.* lib. II. — L'écrivain élégant, vraiment poëte et peintre, qui vient de publier son bel ouvrage sur l'Egypte, confirme cette observation de Platon. « Un laps de temps, dit-il, avait pu amener chez les Egyptiens quelques perfections dans l'art ; mais chaque temple est d'une telle égalité dans toutes ses parties, *qu'ils semblent tous avoir été sculptés de la même main* ; rien de mieux, rien de plus mal ; point d'élans à part d'un génie plus distingué. » (M. V. Denon, *Voyage dans la basse et la Haute Egypte*, in-fol., p. 138.)

[2] Herod., lib. II, cap. 79 ; Plat. *De leg.* lib. II.

formes carrée, lourdes, qui garantissaient l'immortelle durée de
ses ouvrages. Ce style, par la force des masses, par l'étendue et
la régularité des lignes, avait de la grandeur et une sorte de
majesté, quoique, suivant le jugement des Grecs, il fût dur et
barbare[1]. Mais la sculpture, ayant suivi le même principe que
l'architecture, par cela même n'arriva pas au même degré de
beauté. Cette sculpture architecturale, si je puis m'exprimer
ainsi, ne produisit que des figures roides et incapables de se
mouvoir. On découvre dans ses ouvrages un des principes du
beau ; le beau n'y est point. On y voit à peine la première étin-
celle du feu qui devrait les animer.

Quelles sont, au contraire, les villes de l'antiquité qui ont porté
les arts à la plus haute perfection? Ce sont celles qui étaient
commerçantes et tout à la fois ou démocratiques ou régies par
des princes. C'est Argos, dont le gouvernement fut constamment
démocratique[2], mais qui, ayant moins de commerce que les
villes ses rivales, fut aussi célèbre par l'excellence de ses artistes, et moins par le nombre de ses monuments. C'est Samos[3],
Sicyone[4], Rhodes[5], Agrigente[6], Syracuse[7]. C'est Athènes, ce

[1] « Sicut memphi, barbarica fabrica (βαρϐαρικὴν ἔχων τὴν κατα-
σκευὴν), nam præterquam quod columnæ multæ sunt, et ingentes,
multiplici ordine, nihil elegans habet (οὐδὲν ἔχει χαρίεν), sed potius
vanum quemdam laborem præ se fert. » (Strab., lib. XVII, p. 1159. B.)

[2] Thucyd., lib. III, cap. 51 ; lib. V, cap. 60, 81, 82 ; Diod. Sic.,
lib. XII, cap. 34, et lib. XV, cap. 15.

[3] Id., lib. I, cap. 95 ; lib. VIII, cap. 48, 54, 75.

[4] Id., lib. III, cap. 9 ; lib. V, cap. 81 ; lib. VIII, cap. 5 ; Aristot.
De rep. lib. V, cap. 12 ; Diod. Sic., lib. XV, cap. 11.

[5] Aristot. *De rep.* lib. V, cap. 3 ; Diod. Sic., lib. XIV, cap. 24.

[6] Diod. Sic., lib. XIII, cap. 24.

[7] Thucyd., lib. VI, cap. 38, 39, 40 ; Diod. Sic., lib. II, cap. 23 ;
lib. XVI, cap. 22, 23.

sont enfin ses colonies, ses villes commerçantes, dont la constitution était le plus démocratique, et où la démocratie ne fut
interrompue que par le règne de quelques princes élevés par le
peuple lui-même.

Ainsi donc, rien ne fut le produit du hasard. Partout les arts
s'élevèrent, suivant la volonté des législateurs. On se reposerait
donc vainement sur le commerce et sur la liberté même, pour
les conduire à la perfection. Le commerce et la liberté ne leur
sont utiles qu'en ce qu'ils déterminent le législateur à leur
accorder des faveurs particulières, et ce sont ces faveurs qui
leur assurent des triomphes durables. Tel est, nous l'avons vu,
le tableau que présente leur histoire chez les anciens : à Sparte,
à Rome, à Marseille, l'austérité républicaine les repousse ; à Carthage, l'ignorance les néglige ; à Athènes, au contraire, la politique les encourage ; à Sicyone, à Syracuse enfin, la sagesse et
la magnificence des princes les font prospérer. Il faut donc revenir toujours à ce principe : dans tous les climats, le sentiment
des arts est donné par la Nature ; dans tous les climats, comme
dans tous les gouvernements, leurs succès sont un bienfait des
lois.

§ II

Il est aussi des époques où l'esprit humain semble particulièrement disposé à produire de grandes choses ; où il se dirige
avec une ardeur extraordinaire vers les sciences et les arts, soit
parce que des raisons d'État obligent alors les législateurs à des
soins dont ils reconnaissent mieux l'importance, soit encore
parce que leurs bienfaits se répandent sur une terre mieux préparée pour en profiter.

Certes, si la discorde et les fureurs des partis épouvantaient le génie des arts, n'aurait-il pas fui l'Attique, pays tourmenté sans cesse par des révolutions ; mis en cendres par les Perses ; soumis à la tyrannie par Pisistrate et ses fils ; affligé, pendant trente ans, de tous les fléaux d'une guerre non interrompue et désastreuse ; réduit en servitude par Lysandre ; arraché à ses tyrans par Trasybule ; opprimé par les Macédoniens ; ravagé par Scylla ; impitoyablement dévasté enfin par les Romains, dans une paix plus funeste que la guerre ? N'aurait-il pas fui, parmi les modernes, cette ville célèbre, l'émule savante de l'antiquité, la patrie de Léonard de Vinci et de Michel-Ange, cette belle et malheureuse Florence, dont le pavé de marbre fut si souvent inondé du sang de ses habitants ; tourmentée pendant trois cents ans par des dissensions intestines et des guerres extérieures, et qui cependant, au milieu des plus sanglantes révolutions, appela les arts du sein de la Grèce, où ils n'avaient pas cessé de vivre, produisit des chefs-d'œuvre qu'à peine Raphaël, qu'elle instruisit, put surpasser ou égaler, et que les empires les plus florissants lui envient encore ?

C'est, au contraire, dans les discordes civiles que l'homme, pressé par la nécessité, agité par de violentes passions, développe des facultés jugées prodigieuses dans les siècles tranquilles, et fait voir jusqu'où peuvent aller et sa bassesse et sa grandeur. C'est à ces époques effrayantes qu'au sein des périls, et souvent des pertes les plus cruelles, les nations invoquent les sciences directrices des combats, les arts guerriers et les arts réparateurs ; c'est alors que le besoin d'entretenir l'enthousiasme d'un peuple fougueux, de lui faire aimer, malgré ses pertes, la patrie et les lois, remplit les villes de monuments, renversés quelquefois, il est vrai, par des factions, relevés quelquefois par d'autres, mais au milieu desquels le goût se forme, au milieu desquels les arts encouragés font de rapides et d'étonnants progrès.

Si enfin, après tant de désordres, un homme puissant et magnanime s'élève ; s'il parvient à réunir les factions ennemies, aussitôt l'esprit altier de la nation, qui ne trouve plus d'aliment dans les troubles et dans la guerre, se porte, avec toute l'ardeur qu'il conserve encore, vers les sciences, vers les lettres, vers les arts. Mille chefs-d'œuvre paraissent, enfants de la paix, enfants de la guerre qui l'a préparée. La gloire d'un siècle paisible est le riche héritage de l'âge malheureux dont il fut précédé. Quand un torrent, qui se précipite en grondant du haut des monts où ses branches turbulentes se rassemblèrent, parvient dans la plaine, ses eaux écumeuses se calment, elles se divisent, elles se répandent sur une terre avide de s'en abreuver, la chargent de verdure, de fleurs et de fruits : telle est la puissance du génie que les guerres civiles ont réveillé ; tel est le bienfait de la paix qui vient après ces dissensions horribles.

Je pourrais invoquer de mémorables exemples à l'appui de cette assertion. Les merveilles des siècles d'Alexandre, d'Auguste, de Jules II, d'Henri le Grand, de Richelieu, de Louis XIV, en offriraient des preuves évidentes. Que dis-je ? ne pourrais-je pas aussi parler de nous-mêmes, et peindre les nouveaux triomphes qui déjà succèdent à nos divisions ? Dans les sciences, dans les arts, combien d'efforts heureux, combien de découvertes immortelles !

Mais n'anticipons pas sur ce que nous avons à dire des siècles modernes. Quelles furent ces faveurs particulières que les arts obtinrent dans quelques Etats de la Grèce ? Athènes, Argos, Sicyone ! d'où vient l'éclat surnaturel dont ces villes ont brillé ?

Athènes nous servira d'exemple.

§ III

Toutés les circonstances qui pouvaient faire aimer, employer, honorer les beaux-arts parmi les Grecs, se trouvaient réunies chez les Athéniens, et elles n'agirent nulle part avec la même énergie.

Nous avons déjà dit que l'Attique, lors de l'invasion des Doriens, avait offert un asile aux Ioniens, forcés d'abandonner le Péloponèse. C'était en mémoire de cet acte de bienfaisance des anciens habitants qu'on avait élevé sur une place publique l'autel de la Pitié.

Comment assurer la subsistance de cinquante mille personnes libres et de quatre cent mille esclaves qui habitaient un pays de soixante-seize lieues carrées? L'Attique avait peu de blé, peu de prairies: de l'orge, de l'huile, du miel, des chèvres errantes sur des roches arides et parfumées, voilà ses ressources.

Comment animer d'un même esprit tant d'hommes attachés à leurs intérêts différents? Il fallait créer le commerce et l'empêcher de nuire à l'esprit public. Il fallait entretenir l'ardeur militaire, alimenter la passion de la gloire, et empêcher que ces généreux sentiments ne nuisissent à l'esprit de commerce.

La religion, la poésie, les beaux-arts furent appelés, à cet effet, au secours de la patrie.

Les législateurs instituèrent des fêtes nombreuses et brillantes. Quatre-vingts jours de l'année se passaient en réunions fraternelles et en plaisirs. Les chefs-d'œuvre des arts contribuaient, avec la danse, avec la poésie, à l'ornement et à la joie de ces jours solennels. Combien de temples, d'autels, de trépieds, de vases, d'instruments de toute espèce, dont les formes simples, élégantes, majestueuses, trouvées dans la Nature, consacrées par la religion, ennoblissaient les idées du peuple et donnaient aux artistes l'occasion d'exercer leur génie, sans s'écarter des règles du goût !

Voulut-on faire aimer une terre stérile, on dit aux habitants : « Elle est chérie des Dieux ; elle est célèbre par leurs bienfaits, libre par leur puissance ; » on éleva aux Dieux d'innombrables statues, comme pour y fixer leur demeure, et le peuple, qui croyait voir les Dieux eux-mêmes dans leurs images, adora la patrie qui lui était commune avec ces divinités bienfaisantes.

Plus l'Attique était faible par elle-même, plus elle avait besoin de grands talents et de grandes vertus : on récompensa toutes les vertus, tous les talents ; la peinture, la sculpture, furent, comme la poésie, destinées à ce noble ministère, et Athènes, malgré les injustices d'un peuple inquiet, ne se lassa jamais d'enfanter de grands hommes.

Les Arts, avons-nous dit, sont enfants de l'Amour. Ils furent employés à soutenir, à diriger l'esprit public, en favorisant les inclinations les plus douces de la Nature. Pour former de vertueux citoyens, il fallait former des fils religieux, de généreux pères, de fidèles amis. Les législateurs avaient reconnu jusqu'à quel point la vue des statues et des portraits des pères, le récit de leurs généreuses actions, la réunion des couronnes qu'ils avaient conquises, pouvaient faire aimer à leurs enfants les lieux qu'ils avaient habités, la cité qu'ils avaient honorée, les lois pour lesquelles ils avaient combattu. N'est-ce pas, en effet, dans l'étroite union des familles qu'on apprend d'abord à chérir son pays ? Eh ! comment aimer ceux qui sont loin de nous, si nous n'aimions pas tendrement nos proches ! Chaque famille eut ses Dieux particuliers, ses fêtes religieuses et périodiques, ses porraits, ses tableaux, ses statues. Les laraires, où s'exerçait ce culte, foyers des vertus domestiques, renfermèrent encore plus d'images et de peintures que les portiques et les temples des Dieux.

Arts bienfaisants, arts consolateurs, que vos fonctions sont augustes, quand vous excitez la passion de la gloire et que vous répandez sur les grands hommes l'éclat de l'immortalité ! Qu'elles sont touchantes et religieuses, quand vous paraissez vous borner à servir l'amitié, l'amour filial, la reconnaissance ! Arts bienfaisants, amis de la vertu, combien de généreux sentiments vous savez faire naître ! Ah ! recevez mes actions de grâces ! Quels trésors vous m'avez donnés ! L'image de l'auteur de mes jours et celle de ma douce mère, sans cesse présentes à mes yeux, en nourrissant ma tendresse, me rappellent tous mes devoirs. Puis-je, quand je les considère, oublier tant de sublimes exemples et tant d'éloquentes leçons ?

Athènes, affectant le premier rang parmi des villes rivales, devait chercher à l'emporter sur elles par la magnificence et la perfection de ses monuments. Du sommet de la citadelle, du milieu du Parthénon, la statue colossale de Minerve, riche d'ivoire et d'or, défiait le génie de tous les artistes de la Grèce. En vain la ville d'Argos, consacrée à Junon, s'enorgueillit de la statue de la déesse, chef-d'œuvre de Polyclète ; en vain, à Olympie, centre de réunion pour les Grecs, Jupiter paraît prêt à ébranler le ciel et la terre ; en vain, au temple de Delphes, Apollon se montre dans toute sa majesté, environné de chefs-d'œuvre et de trésors : Athènes ne se laissera pas surpasser. Plus de trois mille statues embelliront ses portiques et ses places publiques[1]. Elles s'élèveront à côté des habitations modestes des citoyens, comme les fleurs argentées du printemps sur la ver-

---

[1] On en comptait encore trois mille, suivant le témoignage de Pline, après les rapines de Néron.

dure des prairies, Monuments de la gloire d'une ville célèbre, si quelques-unes rappellent les erreurs du peuple, elles attesteront aussi son repentir. Elles feront vivre, habiter à jamais au sein d'une ville immortelle l'innombrable, la glorieuse famille de ses sages et de ses héros.

Qui peut lire sans émotion la description que Pausanias fait de l'Attique? Chaque pas, chaque monument, chaque ruine rappelle ou des actions éclatantes, ou des actes de piété. Partout vous voyez la vertu récompensée, la postérité honorant les morts; vous marchez parmi des tombeaux, des colonnes, des inscriptions, qui éternisent autour de vous la gloire de plusieurs siècles. Oh! quelle manière sublime d'écrire l'histoire! Est-ce Pausanias qui a écrit avec tant d'éloquence celle d'Athènes? Non; elle est tracée sur d'innombrables monuments. Le génie d'Athènes fait entendre sa voix, du milieu de leurs débris. Le modeste Pausanias n'a fait que décrire les ouvrages des artistes.

Entraînés par la vérité des tableaux que cet auteur nous présente, cédons à une illusion plus agréable encore: persuadons-nous que nous allons visiter la patrie de Socrate et de Phidias, que nous en parcourons la vénérable enceinte, à une époque où tant de chefs-d'œuvre subsistaient encore dans leur entier. Que dis-je? je crois y arriver. Mon imagination me devance; mon cœur tressaille.

Je venais, en effet, de Corinthe; je venais d'Eleusis, où j'avais admiré le vaste et magnifique temple construit par les soins de Périclès. J'accompagnais un des plus grands hommes qui aient honoré les arts, le peintre Métrodore, cet artiste philosophe que les Athéniens envoyèrent dans la suite auprès de Paul-Emile, et qui instruisit dans les sciences et dans la vertu le jeune Scipion. Déjà nous pouvions distinguer les colonnes du Parthénon

et l'aigrette éclatante du cas que de Minerve[1]. « Lisez ces inscriptions, » me dit Métrodore : elles étaient gravées sur un grand
nombre d'hermès élevés dans les campagnes et sur les bords des
chemins ; elles nous rappelaient ou des faits glorieux, ou des
leçons de sagesse[2].

Tandis que nous approchions de la ville, des tombeaux, toujours plus nombreux, frappaient nos regards et captivaient
nos pensées. « Voilà celui de Périclès, me dit Métrodore ; vous
voyez ceux de Ménandre, d'Euripide, de Trasybule, de Léosthè-
nes, de Tolmidès, d'Apollodore[3]. Vous voyez les cénotaphes de
tous les braves Athéniens qui ont péri dans les combats. Voilà
ceux des Thessaliens, des Argiens, des Cléoniens, qui vinrent au
secours d'Athènes durant la guerre du Péloponèse[4]. Voilà ceux
des esclaves généreux qui sont morts dans diverses batailles en
défendant leurs maîtres. Ce bas-relief honore la mémoire de
deux cavaliers, Mélanopus et Macartus[5]. Athènes, qui eut toujours de vaillants fantassins, avait besoin d'encourager par des
récompenses la cavalerie. »

Toutes les villes de la Grèce sont environnées de tombeaux.
Athènes me semblait riche d'un plus grand nombre de ces monuments. « Une lionne, me disait Métrodore, ne veille pas avec
plus d'inquiétude à la garde de ses nourrissons que le peuple
d'Athènes à la conservation des tombeaux de ses pères. Vous
voyez une des causes principales de notre passion pour la gloire,
de notre attachement pour les opinions de nos aïeux, peut-être de

---

[1] Pausan., lib. I, cap. 28.

[2] Plat. *Hipparc.*; Diod. Sicul., lib. XIII, cap. 2 ; Suid., in Ἑρμ.

[3] Pausan., lib. I, cap. 2, 23, 27, 29.

[4] Id., lib. I, cap. 29.

[5] Id., *ibid.*

la constance de nos goûts, et surtout de cet amour d'une terre sacrée, qui, après plusieurs générations, fait encore éprouver, aux familles qui en sont éloignées, le besoin d'y revenir[1]. »

Je m'inclinai devant les dieux qui veillent à la garde des portes. La figure de Mars est au dehors ; celle de Minerve est en dedans : il est facile d'entendre cette éloquente allégorie.

Je visitai avec transport le pœcile, le théâtre, la citadelle. De nombreux et vastes portiques, élevés pour la commodité du peuple, étaient chargés des boucliers qu'il avait enlevés à ses ennemis[2], et couverts de peintures qui lui rappelaient sa propre histoire. Ce n'étaient pas les hauts faits des Babyloniens, des Egyptiens ou de quelque nation plus ancienne encore, que les peintres y avaient représentés sous ses yeux, c'étaient les siens. Combien d'intéressants tableaux destinés à immortaliser les actions héroïques des grands hommes de la Grèce[3], et plus encore celles des citoyens d'Athènes ! Nous vîmes la prise de Troie, peinte à fresque par Polygnote ; la bataille de Marathon, peinte par Panœnus, où l'on reconnaissait les portraits des chefs des deux armées[4] ; la victoire que le peuple avait remportée sur les Lacédémoniens à Œnoé[5] ; le combat de cavalerie de Mantinée, où Gryllus, fils de Xénophon, attaqua les Thébains et blessa mortellement Epaminondas ; Olympiodore chassant les Macédoniens d'Athènes et rappelant la liberté ; le poëte Eschyle faisant des prodiges de valeur à Marathon[6].

[1] Athen., lib. XIV, cap. 7.

[2] Pausan., lib. I, cap. 15.

[3] Id., lib. I, cap. 22 et *al. loc*.

[4] Id., *ibid*.

[5] Plin., lib. XXXV, cap. 8 ; Pausan., lib. I, cap. 15.

[6] Pausan., lib. I, cap. 3, 21, 25, 26, et lib. IX, cap. 15.

Dirai-je les statues qui me frappèrent le plus? Je remarquai celles de Solon, de Thésée, de Calliadès, de tous les hommes qui, par de sages lois, ont assuré la gloire d'Athènes[1].

La ville entière me paraissait un temple rempli des statues des Dieux.

Je vis Pindare; je crus l'entendre. Il était assis, tenant un écrit sur ses genoux, une lyre dans sa main, le front orné d'un diadème[2]. « Tel il chantait à Delphes, me dit Métrodore; Pindare était Thébain; il célébra cependant la gloire d'Athènes : Athènes l'en a récompensé[3]. »

Je vis la statue d'Esope, admirable ouvrage de Lysippe. Sous le vêtement d'un esclave, que de candeur, de finesse et d'élévation dans sa physionomie ! « Lisez l'inscription, me dit Métrodore : CETTE STATUE EST ICI, AFIN QUE TOUT LE MONDE SACHE QUE LES ATHÉNIENS HONORENT LES TALENTS ET LA VERTU DANS TOUS LES RANGS[4]. »

Des sentiments différents nous agitaient tour à tour. Je considérais une statue de bronze : quelle gravité ! quel noble vieillard ! « Venez, venez, me dit Métrodore en gémissant; ô mon ami, c'est Phocion ! Combien d'illustres victimes ! Tenez, voilà Socrate : Lysippe l'a représenté[5] tenant en main la coupe où il but la ciguë. »

Comme il achevait ces mots, je voyais la statue d'OEnobius. « Quelle est donc, lui dis-je, l'action héroïque qui a valu tant d'honneur à ce citoyen, dont le nom ne m'était pas connu ? — Il fit rappeler Thucydide d'exil, me répondit mon ami satisfait.

[1] Pausan., lib. I, cap. 3.

[2] Æschin., epist. IV ; Pausan., lib. X, cap. 24.

[3] Pausan., lib. I, cap. 8.

[4] *Anthol.*, lib. IV, cap. 33 ; Phœdr., lib. II, Epilog.

[5] Diog. Laert., lib. II, in *Socrat.*

Pouvions-nous moins récompenser l'orateur qui nous fit reconnaître notre injustice envers un si grand homme [1] ? »

Nous vîmes une foule de guerriers, Xantippe, Callias, Phormion, Diitrephès, Iphicrate. « Quels sont ces deux héros placés l'un à côté de l'autre ? — C'est Conon et son fils Timothée : jamais, avant ces deux grands hommes, le peuple jaloux n'avait élevé une statue au fils, après en avoir décerné une au père [2].— Ne verrai-je pas Chabrias ? — Le voilà. Les statuaires sont poëtes ; ils sont historiens : le bouclier du guerrier est appuyé contre le genou qu'il incline ; il tient sa lance en avant. Il nous apprit à résister dans cette attitude à la cavalerie des Lacédémoniens [3]. »

Nous remarquâmes deux statues d'Isocrate : son fils lui en a élevé une ; l'amitié de Timothée lui a consacré l'autre [4].

Avec quel enthousiasme je reconnus celle de Démosthènes ! On avait gravé cette inscription sur la base : Si tes forces, o Démosthènes, eussent égalé ton génie, jamais les armées des Macédoniens n'auraient triomphé de la Grèce [5]. « Est-il vrai que ses descendants doivent être nourris à perpétuité dans le Prytanée ? — Oui [6] ; en récompensant ainsi les pères dans leurs enfants, nos lois mettent à profit et la tendresse paternelle et l'orgueil filial. »

---

[1] Pausan., lib. I, cap. 23.

[2] Corn. Nep., in *Timoth.*; Pausan., lib. I, cap. 3 et 24.

[3] Corn. Nep., in *Chabr.*; Diod. Sicul., lib. XV, cap. 32 (t. II, p. 27, édit. 1746).

[4] Plutarch., *Vita decem Orat.*, in *Isocrat.*; Pausan., lib. I, cap. 18. — Celle que Timothée lui éleva était consacrée dans le temple d'Eleusis : je ne me suis pas arrêté à cette légère différence.

[5] Plutarch., in *Demosth.*; Pausan., lib. I, cap. 58.

[6] Id., in *Demosth.*

« Au milieu de tant de personnages illustres, pourquoi, disais-je, a-t-on placé la figure d'une lionne ? — On a voulu, me dit Métrodore, représenter la courtisane Lééna, qui se coupa la langue, pour ne pas trahir le secret d'Harmodius et d'Aristogiton. La pudeur de nos aïeux leur défendait d'élever une statue à une courtisane ; leur reconnaissance ne leur permit pas de laisser tant de courage sans récompense[1]. Mais voyez, à côté de la lionne, cette figure de Venus[2]. Le peuple athénien est le même partout : en rendant hommage à la grandeur d'âme de Lééna, il n'a pas oublié que la courtisane était belle.

J'aurais voulu ne me séparer jamais de Métrodore. « Ne me quittez pas, me dit-il : une fête de famille m'appelle ; vous y prendrez part. Je vais chez Gryllus ; il célèbre aujourd'hui la naissance[3] de l'historien Xénophon, son bisaïeul. Il prononce l'éloge de ce grand homme, en présence de ses enfants et de ses amis réunis. Je m'honore d'être du nombre de ces derniers, et je ne puis me lasser ni d'admirer les ouvrages de notre muse attique[4], ni d'en entendre répéter les louanges. » Comment n'eussé-je pas partagé les sentiments de Métrodore ! J'allai avec lui chez Gryllus.

Appliqués à tant de travaux, utiles à la religion, à l'amour, à l'orgueil, à la politique, chargés d'embellir la ville de Minerve, et de l'élever par leurs ouvrages au-dessus des villes ses rivales, combien les arts durent faire d'efforts pour se montrer dignes du peuple qui les employait, et, si j'ose le dire, de l'espèce de magistrature qui leur était confiée !

---

[1] Plin., lib. XXXIV, cap. 8 ; Plutarch. *De loquac.*

[2] Pausan., lib. I, cap. 23.

[3] Plutarch. *Symp.* lib. VIII, quæst. 1 ; Diog. Laert., lib. X, in *Epicur.*

[4] Diog. Laert., lib. II, in *Xenoph.*

Il faut faire une distinction importante entre les ouvrages exécutés pour de simples citoyens et les monuments entrepris pour l'utilité générale des villes ou des peuples.

Quand les artistes reçoivent des gouvernements la noble mission de contribuer à maintenir la morale publique, d'immortaliser par des monuments l'histoire d'une nation entière, de faire aimer les lois ; l'idée qu'ils se forment à juste titre de l'importance de leurs chefs-d'œuvre,' l'intérêt que le public prend à leurs succès, le jugement impartial qu'ils sollicitent et qu'ils appréhendent, tous ces motifs élèvent des génies ardents au-dessus d'eux-mêmes. Ce sont les grands sujets qui font naître les grandes pensées. Il faut exciter l'admiration de la génération présente ; il faudra étonner et émouvoir encore les générations à l'avenir. L'artiste, son pays, son siècle même, recevront, du monument qui va s'élever, ou un long mépris ou une gloire immortelle : quelles causes d'émulation !

Les travaux exécutés pour de simples citoyens s'embellissent par un effet de la perfection où sont parvenus les **arts** ; les travaux publics les conduisent à cette perfection.

Athènes enfin est la ville du monde où les arts furent dirigés vers l'utilité générale avec le plus de sagesse et le plus de magnificence. Nous avons vu que les monuments qui embellissaient cette ville célèbre n'avaient pas pour objet une vaine ostentation ; qu'ils devaient servir, au contraire, au maintien de l'esprit public, aux jouissances et à l'instruction du peuple, à la pros périté de l'Etat.

Athènes est, par conséquent, la ville du monde où les arts durent s'élever à la plus haute perfection : elle dut répandre la lumière sur les autres villes de l'ancienne Europe ; elle dut la répandre dans tout l'univers.

§ IV

Quand on considère la noble destination que les Athéniens avaient donnée à la peinture et à la sculpture, on ne peut ni s'étonner des progrès que ces deux arts avaient faits parmi eux, ni douter des honneurs qu'ils accordaient aux artistes.

La ville d'Athènes ne fut, dans ses commencements, que le lieu d'assemblée des magistrats de l'Attique, et la demeure des artisans nécessaires aux habitants des campagnes. Une des plus anciennes fêtes qu'on y eût instituées, était celle qu'on appelait *Chalkèia* ou la fête de *l'Airain*. Cette fête était consacrée à Vulcain; on la célébrait le treizième jour du mois *Pyanepsion*. Elle s'appelait aussi *Pandèmon* ou *la Réunion de tout le peuple*[1], parce que la population de l'ancienne Athènes avait été principalement composée d'artisans. Peut-être faut-il remonter à cette haute antiquité, pour voir la première cause de la prépondérance que la classe des ouvriers eut constamment dans la balance du gouvernement, et celle de l'estime dont jouirent le commerce et les arts en général, durant toute la durée de la république.

On ne s'était pas borné, relativement aux arts, à ce culte que l'on rendait à Vulcain, considéré comme protecteur de tous les genres de fabrications. Les Athéniens furent les premiers, suivant Pausanias, qui honorèrent Minerve, sous le nom d'Erganè[2], c'est-à-dire de directrice des grands ouvrages, de

---

[1] Meurs. *Lect. attic.* lib. IV, cap. 24; Id., *Grœc. fer.*, in Χαλχεῖα; Sam. Petit, *Leg. attic.* lib. V, tit. vi.

[2] Pausan., lib. I, cap. 24.

conseil de la classe des artistes dont le génie devait agir autant que la main.

A ce premier honneur dont jouissaient les arts, d'être mis sous la protection spéciale des Dieux, il faut joindre le système des récompenses accordées à tous les hommes utiles, à tous ceux qui obtenaient des succès éclatants ; aux poëtes, aux artistes, pour leurs chefs-d'œuvre, comme aux héros et aux sages pour leurs vertus.

L'art des récompenses a sa théorie. Les honneurs accordés par les Athéniens étaient gradués de telle manière que l'émulation ne s'arrêtait jamais. Combien de récompenses différentes dont leur histoire présente des exemples ! — Proclamation au théâtre du nom de l'homme qu'on voulait honorer ; proclamation dans les jeux publics. — Couronne décernée par le sénat ; couronne décernée par le peuple ; couronne donnée dans la fête des Panathénées [1]. — Portrait placé dans un palais national ; portrait placé dans un temple [2]. — Bouclier suspendu dans un temple, portant le nom du guerrier auquel il avait appartenu, et le motif de l'inauguration [3]. — Nourriture dans le Prytanée ; nourriture accordée au père, à ses enfants après lui, à ses descendants à perpétuité [4]. — Statue sur une place publique ; statue dans le Prytanée ; statue au temple de Delphes. — Tombeaux ; jeux publics et périodiques célébrés sur les tombeaux. Ajoutons ces honneurs suprêmes, rares dans les jours de la liberté, prodigués seulement durant la servitude : le nom d'un

---

[1] Demosth. et Eschin. *De coron.*; Sam. Petit, *Leg. attic.* lib. III, tit. vi.

[2] Pausan., lib. I, cap. 3 et 21 ; Id., lib. X. cap. 23.

[3] Id., lib. X, cap. 21.

[4] Meurs. *Athen. attic.* lib. I, cap. 8.

héros donné à la statue d'un Dieu, son image peinte sur le voile de Minerve que l'on portait dans les Panathénées[1]. Ce n'est là qu'une partie des récompenses auxquelles il était permis d'aspirer successivement. Peut-être faut-il pardonner à un peuple enthousiaste une loi qui faisait la balance de ce code rémunérateur ; peut-être l'ostracisme était-il nécessaire à côté de l'apothéose.

Les artistes pouvaient obtenir la plupart de ces honneurs ; on faisait même un reproche aux Athéniens de ce qu'ils récompensaient de la même manière un chanteur et un général d'armée.

Nous avons remarqué parmi les tombeaux des hommes célèbres, ceux de Ménandre et d'Euripide ; nous aurions pu rappeler encore celui du poëte Eubulus, celui du peintre Nicias, celui du philosophe Zénon[2], celui du médecin Mnésithée[3], celui de l'acteur Théodore[4].

Les magistrats faisaient quelquefois graver eux-mêmes, à côté d'une belle figure, le nom de l'artiste qui l'avait faite. Voulaient-ils par là honorer l'auteur ? voulaient-ils faire remarquer l'ouvrage ? Ils faisaient véritablement l'un et l'autre. On voyait dans un temple de Cérès trois belles statues, une de Cérès, l'autre de Proserpine, la troisième de Bacchus. Il était écrit sur le mur voisin : *C'est Praxitèle qui a fait ces ouvrages*[5].

Parrhasius, qui se faisait appeler le *prince* des peintres,

---

[1] Aristoph., in *Equit.*, act. I, scen. vi, v. 562 ; Suidas, in Πέπλος ; Meurs. *Panath.* cap. 18.

[2] Diog. Laert., lib. VII, in *Zen.*; Pausan., lib. I, cap. 29.

[3] Ce médecin Mnésithée avait consacré des statues à différentes divinités.

[4] Pausan., lib. I, cap. 57.

[5] Id., lib. I, cap. 2.

portait, en signe de cette royauté, un manteau de pourpre, un bâton incrusté d'une spirale d'or, et une couronne d'or sur la tête [1]. Il paraît que l'opinion publique ne désapprouva pas cet orgueil.

Quand Polygnote eut peint à Delphes la prise de Troie, les amphictyons lui firent des remercîments solennels, et décrétèrent qu'il aurait sa nourriture dans tous les Prytanées de la Grèce [2]. Il reçut des Athéniens le droit de cité [3].

On élevait aussi des statues aux statuaires, et cet honneur devenait plus remarquable quand ces statues étaient placées à côté des plus beaux ouvrages de ces artistes. On voyait à Argos celles de Xénophile et de Straton [4], auprès des figures d'Esculape et d'Hygéia, qui étaient un de leurs chefs-d'œuvre [5]; à Tégée, celle de Chirisophus, auprès d'une statue d'Apollon, qu'il avait exécutée [6]; à Sicyone, celle d'Alexanor, qui était honoré comme un antique statuaire, et révéré comme un héros [7].

Il y avait à Athènes une loi particulière, relative aux beaux-arts, conçue en ces termes : QUE LE PLUS HABILE DANS CHAQUE ART, SOIT NOURRI AU PRYTANÉE, ET QU'IL OCCUPE LA PREMIÈRE PLACE [8]. C'est à cette loi qu'Aristophane fait allusion,

---

[1] Plin., lib. XXXV, cap. 9 et 10 ; Œlian. *Var. hist.* lib. IX, cap. 11 ; Athen., lib. XII, cap. 11.

[2] Plin., lib. XXXV, cap. 9.

[3] Id., *ibid.*; Suid., in verb. Πολύγνωτος.

[4] Quatremère doute que ces deux figures représentassent, en effet, Xénophile et Straton. Il suppose qu'elles représentaient plutôt Nachaon et Padalère (*Jupit. Olymp.*, p. 354).

[5] Pausan., lib. II, cap. 23.

[6] Id., lib. VIII, cap. 53.

[7] Id., lib. II, cap. 11 et 23.

[8] Sam. Petit, *Leg. attic.* lib. V, tit. VI.

au sujet d'Eschyle et d'Euripide, quand il fait juger, dans les enfers, auquel de ces deux poëtes doit appartenir le siége d'honneur à côté de Pluton [1].

La durée de cette distinction dépendait de celle de la supériorité du mérite. La même loi disait encore : S'IL S'ÉLÈVE UN ARTISTE PLUS HABILE DANS LE MÊME ART, LE PRÉCÉDENT LUI CÉDERA LA PLACE [2].

L'émulation était ainsi établie et ranimée tous les jours entre les plus habiles artistes, par un honneur que Socrate regardait comme le plus grand qu'un mortel pût obtenir [3]. Une autre récompense les attendait encore, c'était les éloges que leur prodiguait la renommée ; c'était l'orgueil des villes qui se glorifiaient de les avoir fait naître.

§ V

Tant de travaux et tant d'honneurs auraient pu ne pas suffire encore. Des honneurs illégitimes, des travaux publics, confiés à des hommes incapables d'honorer leur pays, auraient étouffé l'émulation au lieu de la faire naître, égaré le goût au lieu de l'éclairer. Il fallait un juge, précurseur de la postérité, qui prononçât souverainement et sur la beauté des ouvrages, et sur la justice des récompenses : ce juge, quel était-il ?

[1] Aristoph., in *Ran.*, act. III, scen. I., v. 775.

[2] Id., in *Equit.*, act. IV, scen. I, v. 1224, 1247 et seq.; Id., act. V, scen. ult., v. 1401 et seq.; Sam. Petit, *loc. cit.*, ad not. et lib. III. tit. VI.

[3] « Qui honos apud Græcos maximus haberetur. » (Cicer. *De orat.* lib. I, cap. 54.)

On ne peut douter que les statuaires ne voient dans les statues, et que les peintres ne voient dans les tableaux, des beautés et des défauts qui ne frappent pas les autres hommes[1]. Il suit de là que leurs lumières sont indispensables, quand il s'agit d'apprécier avec justesse un bel ouvrage. Mais il ne faut pas en conclure qu'ils doivent seuls être juges des productions des arts. S'il était vrai qu'ils eussent seuls les connaissances nécessaires pour juger sainement, ce ne serait pas une raison suffisante. Il ne faudrait pas resserrer les lumières, il faudrait les répandre; il faudrait exercer le goût, afin de le former.

Il est aussi des amateurs savants, mais chez la nation la plus éclairée on n'en rencontre qu'un petit nombre. Si les arts ont à craindre, d'une part, les fausses doctrines et les préjugés d'école, ils ont à craindre de l'autre les caprices, les modes et les préjugés de société. Ces fléaux même, pour l'ordinaire, se réunissent; car, aussitôt que l'artiste attend sa réputation et sa fortune des caprices d'un amateur, il se livre, pour l'étonner, aux inventions les plus bizarres. Alors des erreurs, toujours applaudies parce qu'elles sont nouvelles, inondent et désolent le domaine du goût. Plus de principe sacré, plus de règle reconnue pour certaine; le public qu'on habitue à juger sur parole, applaudit le bien et le mal indifféremment. Telle était à Rome la situation des arts au temps de Vitruve, qui en prévoyait les suites[2]. La décadence, en effet, ne se fit pas longtemps attendre.

Entre les artistes, les amateurs et les Mécènes, il est un modérateur nécessaire, un juge dont les arrêts prévaudront tôt ou tard; ce juge, c'est le public.

---

[1] Cicer. *Quæst. acad.* lib. IV, cap. 7.
[2] Lib. VII, cap. 5.

Quoi ! les lumières réunies des artistes et des hommes polis,
ne doivent-elles pas suffire? Faut-il interroger aussi l'aveugle
instinct de la multitude? L'opinion des anciens sur cette question n'est pas douteuse.

«Quand je traite, disait Cicéron, de l'art des orateurs et de ses
règles difficiles, je préfère sans doute, ô Atticus, l'approbation
de Brutus et la vôtre à celle du peuple; mais quand je prononce
moi-même des discours, c'est l'approbation du peuple que je
recherche et que j'ambitionne. » — « Non, disait encore ce grand
génie, le peuple et les hommes instruits ne furent jamais d'un
avis différent sur le mérite d'un bel ouvrage. Celui qui force
l'admiration de la multitude, obtient nécessairement celle des
connaisseurs les plus délicats. O éloquent orateur ! que demandez-vous de plus? Le peuple s'émeut en écoutant votre discours ;
vous maîtrisez ses affections ; vous l'abreuvez en quelque sorte
de plaisir : il se réjouit, il pleure, il aime, il méprise, il s'indigne, il craint, il espère, il admire. Que désirez-vous encore, et
qu'avez-vous besoin du jugement des savants [1] ? »

Ce que Cicéron disait de l'éloquence, ne pouvons-nous pas
l'appliquer aux beaux-arts? O habile artiste! quels nouveaux
éloges demandez-vous? La multitude, profondément émue, applaudit à votre ouvrage avec transport ; elle se réjouit, elle
pleure, elle s'indigne, elle espère, elle tremble, elle admire :
n'est-ce pas la voix de la Nature qui est sortie de sa bouche
naïve? Si la beauté des formes, si la décence des affections de
l'âme, frappent le peuple avec moins de promptitude que
l'imitation de la vie, que la justesse et l'énergie de l'action, bientôt, n'en doutons pas une attention que le chef-
d'œuvre aura commandée redoublera son admiration, en lui

---

[1] Cicer. *De clar. orat.* cap. 49 ad 54.

faisant sentir ce mérite qu'il n'avait pas remarqué d'abord.

« La multitude, disait Aristote, est le juge le plus sûr des productions des beaux-arts : l'un saisit une beauté, l'autre un défaut, et ces jugements réunis apprécient parfaitement tout l'ouvrage. La multitude juge aussi bien que les hommes instruits ; elle juge peut-être mieux [1]. » — « L'homme savant critique, l'homme simple jouit, disait Quintilien, voilà toute la différence [2]. » Le peuple admire quelquefois un ouvrage médiocre : mais que l'on place un très-bel ouvrage à côté du premier, il n'hésitera point [3]. « O artistes ! disait encore un ancien, si vous n'obteniez les applaudissements de la multitude, quelle pourrait être votre célébrité [4] ? »

Le goût général se forme de la théorie des artistes, des lumières et de la délicatesse des hommes instruits, de la sensibilité vive, du jugement droit et franc de la multitude. Voilà le juge souverain, le juge trop souvent tardif et timide, dont il faut solliciter les décisions, qu'il faut encourager, qu'il faut honorer. Sa conscience ne ment jamais. Si les modes ont pu le séduire, si une fausse doctrine a pu l'induire en erreur, la comparaison des beaux ouvrages le ramène infailliblement à la vérité. On s'égare, quand on opprime le goût général ; on est près de s'égarer, quand on le néglige. C'est lui qui a donné aux arts leurs règles sévères ; c'est lui qui maintient ces règles ; c'est lui qui les rappelle, quand on a pu les oublier ; elles ne changeront point. C'est ce jugement des peuples et de la postérité qui rassurait le Dominiquin, persécuté par des écoles

---

[1] Aristot. *De rep.* lib. III, cap. 7.

[2] Quintil. *Inst. orat.* lib. IX, cap. 4.

[3] Cicer., *loc. cit.*

[4] Symmach., lib. I, epist. xxiii, et lib. VIII, epist. xxii.

rivales, le Poussin dans la détresse, Phidias dans l'exil et Socrate buvant la ciguë.. Devant ce juge suprême, toutes les théories ne sont que des doutes, et, quelque gloire qui l'environne, tout orgueil doit fléchir.

Il est une cause qui a retardé partout les progrès des arts ; c'est qu'on voulut rarement connaître le goût général, lui donner des moyens faciles de comparer, de s'éclairer et de prononcer avec solennité ses décrets.

L'exemple des Grecs a prouvé la sagesse de ce guide. On sait que les artistes grecs avaient coutume de consulter l'opinion du peuple, en exposant leurs ouvrages dans les places publiques et sous les portiques.

Phidias lui-même, après avoir modelé son Jupiter Olympien, appela le public pour le juger. Le public trouva des défauts dans la figure, quelque belle qu'elle dût être. L'artiste célèbre se soumit à ce jugement. Renfermé de nouveau dans son atelier, il corrigea son ouvrage d'après les observations de la multitude. « Il ne crut pas, dit Lucien, devoir négliger le sentiment de tant de personnes réunies ; il reconnut que le plus grand nombre voyait mieux qu'un seul homme, cet homme fût-il un Phidias [1].»

Il y avait, outre ces expositions, des concours publics, où les plus célèbres artistes luttaient les uns contre les autres. L'esprit d'émulation était un des traits distinctifs du caractère des Grecs. Nous en avons déjà rappelé la cause première. Aucun peuple ne peut leur être comparé sur ce point. Une foule d'institutions avaient fait de cette émulation une sorte de passion générale. Le Jugement de Pâris, la Lutte des Dieux à Olympie [2], le groupe placé au temple de Delphes, représentant Apollon et

---

[1] Lucian. *Pro imag.* cap. 14.
[2] Pausan., lib. V, cap. 7.

Hercule qui se disputaient un trépied [1], et tant d'autres semblables inventions des artistes et des poëtes, contribuaient à
enflammer les esprits. L'usage s'était établi d'appeler à des concours les hommes qu'on voulait honorer publiquement. Non-
seulement les poëtes et les artistes, mais les philosophes, les
guerriers, les tribus de chaque ville, les villes elles-mêmes, disputaient dans des concours solennels le prix de la valeur et celui
du génie.

Les concours des artistes étaient de deux sortes : les uns servaient à choisir les ouvrages qui devaient devenir une propriété
nationale ; les autres faisaient connaître la supériorité des
artistes, avaient pour objet l'instruction publique et les progrès
des arts.

Les historiens rapportent plusieurs exemples de ces concours.
Il est inutile de les rappeler. On connaît, entre autres, celui de
Phidias et d'Alcamène. Il s'agissait d'une statue de Minerve
qu'on devait poser sur une colonne. On compara les deux
figures, en les plaçant à la hauteur du monument : cette pré-
caution et la publicité de l'épreuve eurent un plein succès [2].

Nous ne savons qu'imparfaitement quelles étaient la forme
et la solennité des jugements.

Quelquefois on prenait l'opinion des artistes mêmes qui se
présentaient au concours. C'est ce qui arriva au temple d'E-
phèse : Phidias, Polyclète, et trois autres statuaires y présen-
tèrent chacun la statue d'une Amazone. Il s'agissait de fixer
l'ordre dans lequel on placerait ces figures. On consulta les
cinq concurrents. Chacun mit, dans son scrutin, sa figure au
premier rang : cette voix fut nulle. La figure de Polyclète, qui

---

[1] Pausan., lib. X, cap. 13.
[2] Tzetzès, *Hist.*, chilias VIII, v. 193 et seq.

avait obtenu le plus de suffrages pour la seconde place, fut la première ; celle de Phidias, qui en avait obtenu le plus pour la troisième, fut la seconde, et ainsi des autres [1].

Dans les temps anciens, le jugement [2] des ouvrages de poésie, de peinture, de sculpture et de musique, était abandonné à la multitude. Celui des concurrents pour qui le plus de mains s'étaient levées en signe d'approbation, était déclaré vainqueur. Cet usage fut sagement réformé : on nomma des juges [3]. Mais il resta de l'ancienne coutume ce qu'il était bon d'en conserver, je veux dire la présence du peuple à l'examen des ouvrages et à la proclamation des jugements. La multitude, qui prenait le plus vif intérêt à ce spectacle, se passionnait, il est vrai, quelquefois, et formait des partis. Platon, justement indigné d'ailleurs des excès de la démocratie, s'en plaignait avec éloquence et avec amertume. Aristophane, par des sarcasmes sanglants, se moquait, devant le peuple lui-même, de la turbulence et des erreurs du peuple [4]. Mais l'expérience prouva que cet abus, quelque condamnable qu'il pût être, avait des avantages qui en surpassaient les inconvénients. La lumière se manifestait dans le choc des opinions contraires. Les juges prenaient les Dieux à témoin qu'ils prononceraient suivant leur conscience [5]. S'ils devaient, d'une part, résister avec fermeté aux acclamations de la multitude, ils avaient à craindre, de l'autre, l'opinion de ce public, qui pouvait, par ses arrêts suprêmes, censurer leurs

---

[1] Plin., lib. XXXIV, cap. 8.

[2] Thémistocle obtint le prix de la valeur, après la bataille de Salamine, par un jugement rendu dans cette forme ingénieuse.

[3] Plat. *De leg.* lib. II.

[4] Aristoph , in *Ran.*, act. III, scen. i, v. 783 et seq.

[5] Plat. *De leg.* lib. II.

décisions. Le peuple, les artistes et les juges s'éclairaient en même temps, ou par l'opposition réciproque, ou par l'enthousiasme simultané du peuple, des artistes et des juges. La présence du public ajoutait à la majesté du tribunal; elle donnait aussi plus d'éclat au triomphe.

En ce qui concerne particulièrement la peinture et la sculpture, nous savons que les juges n'étaient pas nécessairement choisis parmi les artistes. Ce fait est prouvé par un mot du philosophe Anacharsis, qui « s'étonnait de ce que chez les Grecs, c'était des artistes qui disputaient les prix, et que ce n'était pas des artistes qui jugeaient leurs ouvrages[1]. » Il serait dangereux de suivre cet exemple; mais il ne faut pas oublier que nous parlons des Grecs, d'une nation chez laquelle la connaissance du beau, répandue dans toutes les classes de la société, tenait aux mœurs publiques.

Peut-être ces juges étaient-ils les mêmes que ceux qui prononçaient sur les pièces de théâtre, ou que ceux encore qui adjugeaient les prix des jeux gymniques et des jeux musicaux dans les Panathénées. Les premiers étaient au nombre de cinq ou de sept[2], les autres au nombre de dix[3]. Tous étaient tirés au sort[4]. Les juges des jeux musicaux étaient pris, un dans chaque tribu. Ils étaient confirmés par le peuple, par le premier des archontes, ou par quelque autre magistrat, et ils exerçaient leurs fonctions pendant quatre ans[5].

---

[1] Diog. Laert., lib. I, in *Anach.*

[2] Lucian. *Harm.*; Bulleng. *De theatr.* lib. I, cap. 30.

[3] Meurs. *Panath.* cap. 7.

[4] Plutarch. in *Cim.*; Sigon. *De rep.*; Athen., cap. 4 et 7; Faber, *Agon.* lib. I, cap. 26.

[5] Pollux, *Onom.* lib. VIII, cap. 9, sect. vi; Meurs., *loc. cit.*

Quoi qu'il en soit, ce qu'il est le plus important de remarquer dans ces concours, c'est, comme nous venons de le dire, la solennité dont ils étaient accompagnés, c'est la présence du peuple, l'instruction qu'il en recevait, l'amour qu'il y prenait pour les arts, l'émulation que ses applaudissements excitaient parmi les artistes, l'influence de sa sensibilité sur leur goût, celle de leur habileté sur le sien propre.

Cette solennité des concours fut cause qu'on ne se lassa jamais d'une institution aussi utile. On voit les concours établis au temps de Zeuxis ; on les retrouve au temps de Lucien. Ils commencèrent avec les lumières ; ils se perpétuèrent avec les lumières ; ils servirent à les conserver et à les propager.

Nous avons vu les effets des lois et des mœurs ; nous avons vu comment se forma, s'épura, se maintint, ce goût noble, naïf, décent, délicat, ce goût grec, pour tout dire en un mot, qui nous a légué tant de chefs-d'œuvre.

Entrons maintenant dans les ateliers : étudions les procédés de nos maîtres ; voyons ces hommes sages se créer une théorie conforme à la Nature et à ce goût qui caractérisait leur nation.

DEUXIÈME PARTIE.

SECTION I.

§ I

Quoique la plupart de nos grands maîtres modernes se soient formés avant l'institution des écoles gratuites, quoique ces écoles nous aient enseigné longtemps une fausse théorie, nous devons de la reconnaissance aux hommes prévoyants qui les ont fondées. Sans l'attrait que cet enseignement a pour les parents, combien d'hommes, heureusement nés, auraient toujours ignoré leur génie, ou se seraient découragés par la difficulté de s'instruire !

Mais ce secours nécessaire, quand il n'existe pas d'ailleurs des causes suffisantes d'émulation, cesse de l'être toutes les fois que les artistes sont assurés d'obtenir les travaux et les honneurs qu'ils ambitionnent. Il y a même sur ce point une remarque importante à faire : quand la profession des arts est honorée, quand les grands maîtres sont employés et dignement récompensés, il s'en forme toujours assez de nouveaux ; au lieu qu'en multipliant directement les élèves, contre l'ordre naturel des choses, ou s'expose à voir une foule d'hommes médiocres corrompre le goût et enlever peut-être au vrai talent les travaux et les honneurs qu'il devait seul obtenir.

Les Grecs n'avaient point d'écoles gratuites pour les arts du dessin [1]. Il en fut de même pour l'éloquence et la philosophie, jusqu'au règne d'Antonin [2]. Chaque élève payait son maître. Ces hommes judicieux avaient pour maxime que les leçons qu'on achète valent mieux que celles qu'on reçoit gratis dans des écoles publiques [3]. » La coutume de ces temps-là, dit Vitruve, était que les maîtres n'instruisaient que leurs enfants, et leurs parents, ou ceux qu'ils croyaient capables des grandes connaissances nécessaires à un artiste [4]. »

Le second Dédale, fils et disciple de Patrocle, établit une école de sculpture à Sicyone, sa patrie [5]; Onatas en ouvrit une à Egine ; Agéladas, à Argos ; Phidias, à Athènes. Pamphile, successeur d'Eupompe, dans l'école de Sicyone, ne recevait point d'élèves à moins d'un talent pour dix années de leçons [6]. Le talent attique valait environ quatre mille sept cents livres de notre monnaie. Apelle et Mélanthe lui avaient payé chacun cette somme.

Cet usage des Grecs avait plusieurs bons effets. Il diminuait le nombre des artistes, ou plutôt il le laissait se régler de lui-même sur la somme des travaux que les arts pouvaient raisonnablement se flatter d'obtenir. La multiplicité des écoles entrete-

---

[1] Plat., in *Protagor.*; Id., in *Prim. Alcib.*

[2] Lucian. *Eunuch.*; J. Capit., in *Anton.*; Dion. Cass., lib. LXXI, cap. 31.

[3] Philostrat. lib. I, *De vit. Soph.*

[4] Vitruv., lib. I, in Proem.

[5] Pausan., lib. II, cap. 15, et lib. VI, cap. 3.

[6] « Docuit neminem minoris talento, annis decem. » (Plin., lib. XXXV, cap. 10.)

nait une utile rivalité. L'unité de maître assurait aux élèves l'unité des principes de l'enseignement. L'artiste, pour se faire une science à lui, n'était pas obligé d'oublier, après de longues études, des leçons disparates et quelquefois vicieuses. Des principes simples et liés entre eux s'épuraient en passant d'un maître à l'autre, de même que la séve des beaux fruits s'élabore par l'effet des greffes successives. L'art ne rétrogradait jamais.

L'élève s'honorait de son maître, et le maître de son élève. La gloire était commune entre eux. S'ils travaillaient ensemble à un même ouvrage, quelquefois tous les deux y mettaient leur nom. Le lien qui les unissait était si étroit, que l'élève appelait le maître *son père*. Il arrivait de là, que lorsqu'un artiste, en écrivant son nom sur son ouvrage, y mettait aussi celui de son père, on pouvait douter si l'homme qu'il désignait par ce nom sacré était, en effet, son père ou son maître [1].

L'opinion publique attachait une grande importance à cette filiation des maîtres et des élèves. La tradition en perpétuait le souvenir. Toutes les fois que Pausanias nomme un artiste, il en indique le maître, ou bien, si le maître ne lui est pas connu, il se croit obligé de le dire [2]. « Cette figure, dit-il, en parlant de celle d'un athlète, est de Démocrite le Sicyonien, qui, de maître en maître, tenait son art de Critias d'Athènes ; car Critias fut le maître de Ptolychus, Ptolychus d'Amphion, Amphion de Pison, et Pison de Démocrite [3]. » — « Cette Vénus, dit-il ailleurs, a été faite par Cléon de Sicyone, disciple d'Antiphane, qui avait eu pour maître Périclète, élève de Praxitèle d'Argos [4].

---

[1] Plin., lib. XXXVI, cap. 5.

[2] Pausan., lib. III, cap. 18 ; lib. V, cap. 22, et *al. loc.*

[3] Id., lib. VI, cap. 3.

[4] Id., lib. V, cap. 17.

Cette statue est de Pantias, fils et élève de Sostrate, et en qui l'art et l'habileté d'Aristocle de Sicyone avaient passé comme de main en main, car il était le septième maître sorti de cette école [1]. Celles-là sont d'Entélidas et de Chrysothémis ; l'inscription porte qu'ils étaient tous deux d'Argos, mais elle ne dit pas dans quelle école ils s'étaient formés [2]. »

§ II

Il devrait être inutile de dire que les artistes grecs étudiaient l'anatomie. Mais, quand on cherche à détruire des erreurs dangereuses, on est réduit à tout démontrer.

Certes, la preuve la plus convaincante que les artistes grecs étudiaient l'anatomie, est dans la beauté de leurs ouvrages.

L'artiste le plus instruit dans cette science distingue à peine, sur l'homme vivant, le jeu des parties intérieures dont il doit exprimer les effets. Combien d'aspects, toujours différents, occasionnés par des affections différentes ! Tous les jours, durant un long travail, tandis que l'artiste considère une partie du corps de son modèle, et qu'il croit en saisir la forme, le plus léger mouvement efface ce qu'il allait imiter : chaque fois que le modèle respire, tout est changé. L'ennui, la lassitude, l'impression du froid et du chaud, la pudeur d'une jeune fille qui se voit nue pour la première fois, ont opéré une vibration presque insensible ; cela suffit pour que le muscle qu'il observait disparaisse : une ondulation fugitive en indique à peine la trace.

[1] Pausan., lib. VI, cap. 3.
[2] Id., lib. VI, cap. 9.

Qui osera entreprendre de représenter ces ressorts intérieurs, sans en avoir auparavant étudié la disposition, en soulevant le voile qui les couvre ?

Non, quelque force que l'on suppose aux Grecs dans l'organe de la vue, jamais ils n'eussent produit tant de chefs-d'œuvre, si, armés d'un fer studieux, ils n'eussent porté les yeux sur les secrets les plus profonds de la Nature.

Distinguons au surplus les époques. On ne doutera pas que, malgré le respect religieux que les Grecs avaient pour les corps des morts, les artistes ne pussent apprendre l'anatomie au siècle des Ptolémées. On sait que ces princes accordaient à Erasistrate et à Hérophile, pour l'étude de cette science, les cadavres des criminels condamnés à mort, et même, suivant le témoignage de quelques auteurs, leurs corps vivants.

Il s'agit du temps de Phidias et de Polyclète. La question ne peut se rapporter qu'à ce temps-là. Mais ces artistes étaient contemporains d'Hippocrate. Ce génie observateur avait déposé un squelette d'airain dans le temple de Delphes [1]. Les écrits qu'il avait composés sur l'harmonie, sur l'usage et la beauté des différentes parties du corps humain [2], sur les os, sur les nerfs, sur les viscères, ne laissent pas lieu de douter des progrès que l'anatomie avait faits par ses observations. Les découvertes, faites depuis cette époque, étaient plus nécessaires à la physique et à la médecine qu'aux beaux-arts.

Il est naturel de croire que la connaissance de l'anatomie formait une partie de l'instruction qu'on achetait dans les écoles. L'amour de l'art avait trouvé sans doute des moyens

---

[1] Pausan., lib. X, cap. 2.

[2] Galen. *De usu part.* lib. I, cap. 8 et 9 (t. IV, p. 289 et 291, édit. Charter.).

d'acquérir les connaissances nécessaires à son objet. La nuit qui prête ses voiles au crime, en couvrit plus d'une fois l'homme utile qui surmontait les préjugés.

Mais faut-il enfin une preuve positive? Le père de la médecine nous la fournit. Il dit lui-même que de son temps on avait déjà, non-seulement fait des études, mais composé des écrits sur l'anatomie, pour l'instruction directe des artistes, ou dont ils pouvaient du moins se servir. Le passage est ainsi conçu : « Quelques médecins et quelques sophistes disent qu'il est impossible de savoir la médecine si l'on ne connaît pas ce que c'est que l'homme, et de quelle manière son corps est construit ; quant à moi, je pense que tout ce que ces médecins ou ces sophistes ont dit ou écrit sur la nature du corps de l'homme, appartient moins à la médecine qu'à l'art de la peinture [1]. »

§ III

Les jeunes artistes grecs étudiaient aussi la géométrie. Le peintre Pamphile enseignait les éléments de cette science à ses élèves [2]. Quel usage en faisaient les statuaires ? Qu'était-ce que les Canons mathématiques qu'ils étaient parvenus à se former ? A quoi s'en servaient-ils ? Il y a sur cette matière importante plusieurs questions à examiner.

[1] Ἧττον νομίζω τῇ ἰητριχῇ τέχνῃ προσήκειν ἢ τῇ γραφιχῇ. (Hippocr. *De vet. medic.* cap. 36.)

[2] Plin., lib. XXXV, cap. 10.

Le mot de *Canon* signifie *règle, mesure*. Les Grecs avaient des canons ou des mesures de poids[1]; des canons ou des règles de direction; des canons ou des règles de proportion, qu'ils appelaient des *canons mathématiques*[2]. Les modèles que devaient suivre les forgerons et les autres ouvriers s'appelaient aussi des canons[3]. Tout modèle est, en effet, le canon ou la règle proportionnelle de l'ouvrage qui doit être fait à son imitation[4].

Frappées de ce que la beauté des statues antiques surpasse celle du commun des hommes, quelques personnes se refusent à croire qu'elles aient été faites d'après des modèles vivants; elles se persuadent que les canons mathématiques des Grecs donnaient la mesure non-seulement des parties principales du corps humain, mais encore de ses moindres subdivisions, et que les belles figures qui excitent notre admiration, furent composées, le compas à la main, sur ces tables générales. Il suivrait de là que nous aurions bientôt la science des anciens, si nous parvenions à découvrir leurs *canons*. Heureux Grecs, semble-t-on dire, comment n'eussent-ils pas produit des chefs-d'œuvre? Ils avaient le canon de Polyclète.

Si l'on s'en rapportait, d'une autre part, à un mot échappé à Diodore de Sicile, en reconnaissant que les statuaires égyptiens

---

[1] Pollux, *Onom*. lib. IV, cap. 24, segm. 171.

[2] Vitruv., lib. I, cap. 1, et lib. V, cap. 3.

[3] Pollux, *Onom*. lib. X, cap. 31, segm. 147.

[4] Le mot de *canon* était aussi employé comme un éloge. Homère était regardé comme le *canon* ou la règle des poëtes; Démosthènes, comme le *canon* ou la règle des orateurs; Parrhasius était le *canon* ou la règle des peintres, relativement aux figures des Dieux et des héros. (Dion. Halic. *De antiq. orat.*, in Demosth. cap. 41 ; Quintil., lib. X, cap. 1, et lib. XII, cap. 10.)

10.

travaillaient réellement d'après des canons mathématiques, on serait porté à croire que les Grecs au contraire n'employaient, pour imiter leurs modèles, que la force du sentiment et le secours de l'œil[1].

Laquelle faut-il adopter de ces deux opinions contradictoires? Ni l'une ni l'autre. La vérité se trouve entre les deux erreurs.

Quand on considère, en effet, l'admirable variété des proportions des figures antiques, la grâce de leurs mouvements, la vie dont elles paraissent animées, comment se persuader que des membres si souples, si bien assortis, aient été modelés et froidement associés les uns aux autres sur des canons mathématiques? Combien de canons différents n'aurait-il pas fallu, pour tant de sujets, tous différents, pour tant d'enfants, de vieillards, de femmes, de dieux, d'esclaves, de héros, dans mille poses toutes variées? Il n'y a pas, dans les nombreux ouvrages des Grecs, deux figures semblables l'une à l'autre : si ces chefs-d'œuvre eussent été composés sur des canons mathématiques, l'invention et l'emploi des canons seraient des prodiges bien plus étonnants encore que la formation des statues sans le secours de ces tables proportionnelles.

L'opinion contraire ne serait pas plus admissible. Si les artistes n'eussent eu pour guide que la force du sentiment et le secours de l'œil, auraient-ils atteint toujours cette vérité précieuse qu'on admire dans tous leurs ouvrages sans exception? Combien de choses à saisir et à imiter? Comment embrasser d'un coup d'œil le modèle vivant tout entier? Comment s'assurer de la proportion des membres, de la valeur des courbes, de l'unité du mouve-

---

[1] Ἀπὸ τῆς κατὰ τὴν ὅρασιν φαντασίας. (Diod. Sic., lib. 1, cap. 98.)

ment? Comment composer et exécuter des groupes? Si, enfin, ils n'eussent travaillé que sur des mesures, ou s'ils n'en eussent pris aucune, les artistes grecs auraient-ils mis tout à la fois dans leurs ouvrages tant de variété, tant de vérité ?

Diodore de Sicile, en opposant les Grecs aux Egyptiens, a voulu dire que ces derniers négligeaient d'imiter la Nature, et que les Grecs, au contraire, s'appliquaient à l'imiter avec toute la chaleur de leur sentiment, avec toute la force de leur génie : voilà tout ce qu'il faut conclure de l'expression exagérée dont il s'est servi.

Il ne s'agit pas, comme l'on voit, de savoir si les anciens employaient des moyens géométriques, pour exécuter des figures en marbre, en copiant des modèles donnés. Ce fait est incontestable. On voit encore, sur le dos d'un Fleuve de la ville Albani, et sur plusieurs autres figures, des points saillants pareils à ceux que les statuaires laissent aujourd'hui sur le marbre. Nous en avons remarqué un nous-mêmes, sur le menton d'une des figures de *Montecavallo*. Il eût d'ailleurs été impossible d'exécuter, sans ces procédés et sans quelques calculs, des figures plus grandes ou plus petites que les modèles.

Il s'agit de ces modèles d'une matière molle quelconque, produit précieux et original du talent de l'artiste, où il doit, en contemplant la nature, en exprimer la vie et la beauté. Il nous paraît certain que les statuaires grecs, malgré leur savoir, et malgré le sentiment vif que l'étude avait perfectionné, prenaient des mesures sur le modèle vivant. Nous sommes convaincu encore que les canons mathématiques qu'ils s'étaient composés, ainsi que les écrits des maîtres sur l'harmonie des proportions, qu'ils appelaient la *symétrie*, leur servaient de moyens de comparaison, et rien de plus.

Winckelman, qui parle très-succinctement de la partie mécanique de l'art, fait cependant mention[1] d'une pierre gravée, grecque, du cabinet de Stoch, dont le témoignage est convaincant sur ce qui concerne les mesures. Cette pierre représente Prométhée modelant le corps d'un homme avec le secours d'un plomb[2].

D'autres pierres grecques représentent Prométhée pesant les différents membres du corps d'un homme à une balance[3]. Celles-ci, que nous aurons occasion de rappeler dans la suite, font particulièrement allusion à l'harmonie, qui forme un des caractères de la beauté ; mais elles annoncent aussi des calculs, des règles proportionnelles, et ces règles proportionnelles, ces calculs, avaient autant pour objet la vérité de l'imitation que le choix des formes.

Aristote dit positivement que ceux qui imitaient avec les couleurs et le trait, exécutaient leurs ouvrages, les uns par *certaines pratiques de l'art*, les autres par l'habitude seule, d'autres par ces deux moyens réunis[4]. Qu'était-ce que ces pratiques ou ces secours de l'art ? C'était nécessairement des règles, des plombs, des compas, des mesures.

Un auteur grec, du moyen âge, à la vérité, mais qui rapportait des faits anciens, Jean Tzetzès, dit, dans ses mauvais vers, que les peintres, les statuaires, et notamment ces derniers, *lorsqu'ils modelaient*[5], employaient beaucoup d'instruments et

---

1 *Hist. de l'art*, part. IV, chap. 7.

2 Descript. des pierres gravées du cab. de Stoch, p. 316.

3 *Pictur. antiq. Virgil. cod.* Romæ, 1782, fig. 115 *bis*; Cab. de Stoch, p. 314 et 315.

4 Aristot. *De poet.* cap. 1.

5 Καὶ τῶν Πλαστῶν ὡσαύτως. (J. Tzetz. *Hist. var.* chilias XI, v. 626 ad 636.)

de machines différentes, pour mesurer les longueurs et les épaisseurs.

Si les artistes grecs s'étaient fait des canons mathématiques, ce qui est prouvé par les témoignages les plus respectables, comment étaient-ils parvenus à les composer? Il est évident qu'ils n'avaient pu le faire qu'en prenant des mesures sur un grand nombre de modèles vivants. Or, s'ils avaient mesuré l'homme vivant pour composer des canons, pourquoi n'auraient-ils pas, en modelant une figure, mesuré leur modèle, à l'effet de mettre, dans leurs ouvrages, de la noblesse et de la vérité? L'observation, dans tous les arts, précéda la théorie. Ce fut en mesurant un premier modèle qu'on sentit qu'il serait utile d'en comparer et d'en mesurer plusieurs : il fallut avoir bien connu les proportions d'un seul homme, avant de parvenir à former des tables générales sur un grand nombre.

Pour réformer les proportions du modèle vivant d'après les proportions des canons, il fallait de plus comparer avec exactitude les proportions des canons et celles du modèle. De cela même que l'on employait des canons, il s'ensuit donc que l'on mesurait le modèle vivant.

Remontons à l'origine. Il exista, chez les Grecs, dès les premiers temps des jeux Olympiques, ou du moins à une époque assez reculée, un usage peu remarqué par les écrivains modernes qui ont parlé de l'Art Statuaire. Cet usage dut avoir cependant une grande influence sur les progrès de l'art; il en guida les premiers pas; il en éclaira longtemps la théorie.

L'admiration des Grecs pour les athlètes couronnés à Olympie était si grande, qu'ils élevaient des statues à tous les vainqueurs. Lorsque les athlètes n'avaient été couronnés qu'une fois, leur statue était un simple monument, destiné à rappeler leur nom et celui de leur patrie, plutôt qu'à représenter leur image. Mais, lorsqu'ils avaient été couronnés trois fois différentes, on voulait que leurs statues exprimassent parfaitement *la ressemblance de toutes les parties de leur corps*. Les Grecs trouvaient important de faire connaître le caractère de la beauté qui avait valu à ces athlètes tant de victoires. Les statues de cette espèce s'appelaient, suivant le témoignage de Pline, STATUÆ ICONICÆ, ou des *statues-portraits*[1].

Cette ressemblance de tous les membres était exigée avec rigueur. Les statuaires devaient s'abstenir de toute flatterie, de toute fraude. « Il leur était défendu même, dit Lucien, de faire ces statues iconiques plus grandes que leurs modèles. Les Hellanodices veillaient soigneusement à ce qu'ils ne s'écartassent point de la simple ressemblance. Les statues, avant d'être mises en place, étaient soumises à un examen sévère. Si le sculpteur avait voulu en imposer par des proportions exagérées, son ouvrage était rejeté[2]. »

Myron avait fait la statue iconique de Ladas[3]. Il avait représenté cet athlète courant. Cette figure était d'une vérité admirable, comme tous les ouvrages de Myron. On disait que le souffle agitait les poumons de l'athlète, que la statue allait quitter sa base, qu'elle s'élançait pour saisir la couronne.

La nécessité de rendre ces figures parfaitement ressemblantes aux modèles, dans toutes les parties, et pour les longueurs et pour les différentes proportions, obligea les artistes à s'assurer de quelques mesures. Jamais, sans un tel secours, des

---

[1] « Eorum vero qui ter ibi superavissent, ex membris ipsorum similitudine expressa, quas Iconicas vocant.'» (Plin., lib. XXXIV, cap. 4.)

[2] Lucian. *Pro imag*.

[3] Τοῖον ἐχάλκευσε Μύρων ἐπὶ παντὶ χαράξας σώματι. (*Anthol.*, lib. IV, cap. 2; Pausan., lib. II, cap. 19.)

artistes, dans l'enfance de l'art, n'eussent fait des figures ressemblantes.

C'est vraisemblablement à ce fait, c'est à cette époque, qu'il faut fixer, chez les Grecs, l'art de mesurer le modèle vivant, et l'idée, successivement développée par les divers maîtres, de composer des canons véritablement utiles. Si des artistes plus anciens avaient connu les canons des Egyptiens, ces canons n'avaient pu servir qu'à exécuter des figures égyptiennes, les jambes attachées l'une à l'autre, les bras collés contre le corps. De tels moyens, une telle routine, avaient enchaîné l'art, au lieu d'en accélérer les progrès.

L'entreprise de mesurer les athlètes qu'on voulait modeler, était plus difficile qu'elle n'avait pu paraître d'abord. Le compas et la règle ne sont utiles qu'à l'homme savant. Il ne s'agissait pas seulement de mesurer les longueurs extérieures; il fallait, pour opérer avec justesse, s'assurer de celle des os, saisir leur longueur réelle et leur longueur apparente, dans diverses positions, se rendre compte de la valeur des muscles, de la disposition de leurs couches, de l'effet de leur contraction. C'était l'extérieur qu'on voulait représenter, c'est le dessous qu'il fallait connaître. On dut faire bien des essais infructueux.

Nous pouvons présumer, quant aux moyens, qu'on imagina d'abord de placer le modèle entre deux plombs, semblables à celui qui est représenté dans la figure de Prométhée, ou bien entre deux règles fixes, divisées en un grand nombre de parties égales ; que l'on tira, de l'une à l'autre de ces règles, des lignes parallèles, et que, pour reconnaître la longueur et les épaisseurs de chaque partie, on mesurait la distance qui se trouvait entre les points principaux du corps du modèle et la règle placée à côté de lui. Peut-être aussi formait-on des carreaux entre les règles. Il est très-vraisemblable que les procédés indiqués à ce sujet par Gauric[1] par Léon Alberti[2], et par Léonard de Vinci, ont été originairement des inventions des Grecs, ou plutôt des Égyptiens. Le choix de ces procédés au surplus était indifférent, pourvu qu'on prît des mesures et qu'on sût le faire, et il est constant qu'on y était parvenu.

Plusieurs biens s'opérèrent à la fois. Cette même nécessité d'exécuter des figures parfaitement ressemblantes à des modèles vivants, à des modèles donnés, en enseignant aux artistes à imiter avec précision, les conduisit encore à se faire une juste théorie de la beauté du corps humain. Ces vigoureux athlètes, dont ils devaient transmettre des images ressemblantes aux siècles à venir, se trouvèrent réunis dans les ateliers. La comparaison se fit d'elle-même. Un coureur fut mis à côté d'un coureur; un lutteur à côté d'un pentathle. Les victoires remportées par chacun de ces athlètes indiquaient la convenance de leurs formes avec le genre d'exercices qu'ils avaient choisi. On remarqua des différences entre des hommes de caractères différents, des différences entre des hommes du même caractère. Pourquoi, dit-on, ce nouvel Achille a-t-il trois fois remporté le prix de la course? Voyez ses pieds, voyez ses hanches serrées, voyez l'élasticité de sa cuisse et la noble étendue de sa poitrine. Pourquoi celui-ci ne fut-il couronné qu'une fois? Considérez le premier; considérez le second : là est la beauté parfaite; ici sont les imperfections.

Le génie de l'art conçut l'idée de conserver des mesures, pour retenir sous ses yeux les proportions de ces formes variées, dans lesquelles la Nature avait plus ou moins étalé sa magnificence.

[1] Gauric, *De sculp.* cap. 5.
[2] Leon Alberti, *Della statua.*

On dut former d'abord des tables particulières qui indiquè-
rent les proportions de chaque modèle différent : on composa
ensuite, d'après ces modèles comparés les uns aux autres, des
canons que l'on regarda comme les types de la beauté, ou du
moins comme des tables approximatives sur lesquelles on pouvait la reconnaître.

Nous ignorons jusqu'à quel point on multiplia ces canons relativement aux différents âges et aux divers caractères, mais nous
savons que les artistes s'attachèrent avec soin à cette étude, et
qu'après avoir mesuré le corps de l'homme, ils mesurèrent
encore celui des animaux[1].

Nous avons déjà fait remarquer que les artistes et les philosophes enseignaient également cette maxime : *La beauté du corps
humain consiste dans la convenance de toutes ses parties avec
leur destination.*

Hippocrate composa un écrit où il examinait quelles devaient
être les proportions de toutes les parties du corps de l'homme,
celles des jambes, des bras, de la main, du pied, de l'œil ; il
traitait de la courbure des os, de la valeur des muscles, de la
force de leurs attaches. Ce grand maître prouvait que la santé,
la force, la beauté n'étaient, en quelque sorte, qu'une même
chose ; il avait pour objet de faire admirer la sagesse et la bienfaisance de la Nature dans la formation du corps humain[2].

Polyclète, après lui, fit faire encore un grand pas à la science.
Elève d'Agéladas, émule de Phidias et de Myron, peintre, statuaire, architecte et, de plus, savant écrivain, Polyclète composa
pareillement un traité dans lequel il démontra quelles étaient
les proportions du corps de l'homme, d'où naissaient tout à la

---

[1] Lucian., in *Hermot.*

[2] Galen. *De usu part.* lib. I, cap. 8 et 9 ; lib. II, cap. 16.

fois l'utilité, l'élégance et l'harmonie de ses différentes parties. Il fit voir, suivant les termes de Galien, qui nous a transmis ce fait précieux, dans quel rapport de grandeur devaient être le doigt avec le doigt, les doigts avec le carpe et avec le métacarpe, toutes ces parties avec le bras, le bras avec l'ensemble du corps[1].

Polyclète ne se borna point à ce premier ouvrage. Pour l'élégance et l'harmonie des proportions, qui aurait pu s'égaler à Polyclète[2]? Il lui appartenait de démontrer, par un exemple, ce qu'il savait pleinement. Ce grand homme fit une statue, dans laquelle il suivit les proportions indiquées par son écrit[3]. Les artistes qui ne pouvaient se lasser d'admirer cette belle figure, l'appelèrent le *Canon*, c'est-à-dire le *modèle* ou la *règle* par excellence. Ils en étudiaient et en imitaient les proportions, comme si elles eussent été une sorte de loi[4].

Nous voyons donc ce que c'était que le canon de Polyclète. D'une part, ce grand maître avait composé un traité sur les proportions ; de l'autre, il avait fait une statue que les artistes appelaient le *canon*. On peut croire même, si l'on veut s'en rapporter à ce que dit Galien, que c'était Polyclète qui avait donné le nom de *canon* à sa figure, pour montrer le rapport qu'elle avait avec son écrit[5]. Mais, quand cela serait, un écrit, une statue, pouvaient-ils offrir aux artistes des mesures suffisantes

---

[1] Galen. *De Hippocr. et Plat. placit.* lib. V, cap. 3.

[2] Pausan., lib. II, cap. 27.

[3] Galen., *loc. cit.*

[4] « Fecit et quem canona artifices vocant, lineamenta artis ex eo petentes, velut a lege quadam. » (Plin., lib. XXXIV, cap. 8.)

[5] Δημιουργήσας ἀνδριάντα κατὰ τὰ τοῦ λόγου προςάγματα, καὶ καλέσας δὴ καὶ αὐτὸν τὸν ἀνδριάντα, καθάπερ καὶ τό σύγγραμμα, Κανόνα. (Galen. *De Hippocrat. et Plat. placit.* lib. V, cap. 3.)

pour tous les âges, pour tous les caractères, pour tous les mouvements ?

La supposition de quelques personnes qui voudraient se persuader que Polyclète avait fait et réuni plusieurs statues, et que c'était cette réunion qui formait le *canon*, cette supposition est chimérique. Pline parle, comme Galien, d'une seule statue et non de plusieurs. Lucien dit qu'un beau danseur doit ressembler au canon de Polyclète, n'être ni trop grand, ni trop petit, ni trop gras, ni trop maigre[1] ; ce détail suppose encore une statue unique.

Croirons-nous que cette figure présentât un tableau calculé, une sorte d'échelle qui en fît connaître les proportions ? Il aurait fallu, pour cela, que Polyclète eût mis des points, des chiffres, des signes quelconques sur la figure même, sur les sommités des os, sur les principales saillies des muscles ; il aurait fallu, de plus, qu'il y eût attaché des règles perpendiculaires et des cercles divisés en parties égales, pour donner le moyen d'en reconnaître les mesures et de les comparer. Or, si cette figure eût eu des accessoires aussi remarquables, Pline et d'autres écrivains n'auraient pas manqué de le dire.

La statue de Polyclète appelée le *canon* n'était, par conséquent, qu'un modèle de beauté. Mais ce fait étant reconnu, il est évident que toutes les principales figures antiques qui nous restent sont pour nous des canons, de la même manière que celle-là en était un pour les artistes d'alors. Quelque belle que pût être cette figure, l'écrit de Polyclète et ceux des autres artistes grecs, sur les proportions du corps humain, sont encore plus à regretter ; et tous ces écrits mêmes ne nous donneraient, s'ils existaient encore, que des règles générales, utiles, pré-

[1] Lucian. *De salt.*

cieuses, propres à nous faire apprécier la nature, mais insuffisantes pour la remplacer.

Nous avons donc prouvé que les Grecs s'étaient rendus habiles dans l'art de mesurer le modèle vivant, et d'en rectifier les proportions sur leurs ouvrages, quand il le fallait. Nous avons prouvé qu'ils s'étaient fait des tables ou des échelles géométriques, et qu'ils se servaient de ces tables pour reconnaître la beauté ou les défauts de leurs modèles, pour réformer la nature par elle-même, en la suivant toujours. Voilà en quoi consistaient les canons des artistes grecs ; en voilà le véritable usage. Croire que ces sages artistes, laissant la nature à l'écart, composassent leurs figures sur des canons mathématiques, ce serait s'élever contre les monuments historiques, contre l'évidence et contre la raison.

Ne quittons pas encore ce sujet,

Sans doute des artistes ne croiront pas que l'on puisse se faire une règle de proportions unique, applicable aux deux sexes, applicable à tous les âges et à tous les caractères. Ils ne croiront pas même qu'en se faisant des règles différentes pour les différents âges et les divers caractères, on pût les appliquer à tous les mouvements. Les proportions apparentes d'un homme en action diffèrent à l'infini de celles d'un homme sans action. A chaque mouvement, non-seulement les coupes, mais les longueurs varient. Si un homme se replie sur lui-même, les mesures prises, quand il était debout, ne se retrouvent plus ; les différences sont incalculables. Les canons ne peuvent donner ainsi les proportions que de l'homme sans action et dans une pose simple. Comment calculer, sans la nature, les proportions d'une figure qui représente une action ?

Mais serait-il plus facile d'exprimer, avec l'aide des canons, l'esprit, le feu de la vie ? Vains efforts ! cet esprit, ce feu céleste, on ne le trouve que dans la nature. Oh ! combien de figures composées sur des canons mathématiques dénoncent l'insuffisance des calculs auxquels s'est confié l'artiste ! Il semble, suivant le compas, que toutes les parties devraient se trouver en harmonie, et cependant rien n'est d'accord. La figure est roide et glacée. Quelques détails sont beaux, peut-être ; on regrette le défaut d'ensemble. La pensée est grande, je le veux ; le mouvement n'y répond pas. Les membres sont étrangers l'un à l'autre. Où est la souplesse ? Où est la grâce ? Où est la vérité ? La Nature, quel que puisse être le génie de l'artiste, se venge de l'outrage qu'on osa lui faire ; elle désavoue une vaine et folle imitation, où l'on crut pouvoir se passer d'elle.

Chaque artiste peut, à l'exemple des Grecs, se faire à soi-même des canons. La plus grande difficulté ne consiste pas à les composer ; elle consiste à s'en servir avec fruit.

Dans cette partie de l'art, comme dans les autres, nous ne devons pas nous borner à copier les Grecs ; il faut nous instruire par les mêmes études ; il faut suivre la route qu'ils avaient parcourue.

Jeunes artistes, suivez ce conseil : placez un modèle vivant à côté des belles figures antiques, avec lesquelles il aura le plus de rapports par son âge et par ses proportions. Posez-le debout, les pieds joints, les bras pendants et les mains ouvertes, ou bien les bras et les jambes étendus dans un cercle, dans l'attitude qu'indique à cet effet Vitruve [1]. Mesurez-le avec soin, dans l'une ou l'autre de ces positions, non-seulement sur ses longueurs, mais sur ses différentes courbes. Répétez cette opération autant de fois que vous le pourrez sur un grand nombre de beaux modèles. Formez des tableaux qui vous donnent les proportions de

[1] Lib. III, cap. 1.

11.

ces modèles différents, et rectifiez celles de chaque modèle, en les comparant avec l'antique. Vous découvrirez par là vous-mêmes, ainsi que les Grecs avaient su le faire, le type de la beauté. Votre science sera véritablement à vous. Vous pourrez démontrer votre théorie ; vous pourrez la transmettre. Vous aurez fait un long travail ; mais par combien de jouissances vous en serez dédommagés !

Allez-vous modeler une figure ? Il faut vous faire pour cet ouvrage un canon particulier. Considérez les canons mathématiques répandus dans les écoles, et ceux même que vous aurez composés, comme des termes de comparaison, et rien de plus. Votre modèle est la règle première ; il ne s'agit que de l'embellir. Posez encore le modèle debout, sans mouvement, tel qu'une figure égyptienne. C'est dans les poses simples qu'un modèle cache le moins ses imperfections. Mesurez-le d'abord dans cette attitude. Assurez-vous de la longueur de ses os, et de la valeur de ses courbes principales. Reconnaissez ses beautés et ses défauts, par la comparaison de l'antique. Posez-le ensuite dans le mouvement où vous devez l'imiter ; mesurez-le encore. Déterminez, dans cette nouvelle position, les corrections qu'il convient de faire à ses formes plus ou moins nobles. Fixez-les par de justes calculs, et reportez fidèlement vos mesures sur votre ouvrage : c'est ainsi qu'il convient de se servir des canons. Vous rectifierez, par ce moyen, la nature, et cependant vous l'aurez imitée. Vos changements s'opéreront sur quelques longueurs, sur quelques courbes plus ou moins élevées : le mouvement sera vrai, parce que vous l'aurez saisi sur le modèle vivant ; les emmanchements seront justes ; le choix des formes n'aura pas nui à la vérité ; votre figure, grande et fière, sera souple et harmonieuse ; on la sentira se mouvoir. Nouveaux Prométhées, servez-vous d'un plomb, comme cet ouvrier divin, en modelant le corps de l'homme, et animez-le, comme-lui, du feu du ciel. Cette belle allégorie de nos maîtres renferme une grande leçon : si, dès le commencement de l'ouvrage, vous n'appelez à votre aide de sages procédés pour mettre de la justesse dans votre figure, le feu de la vie n'y pénétrera jamais.

§ IV

Les Grecs avaient souvent représenté, soit sur des pierres gravées, ou sur des lampes, Prométhée modelant le squelette d'un homme[1]. Cette composition était-elle due seulement au caprice des artistes, ou bien faisait-elle allusion à quelque procédé des statuaires, à quelque partie de leur théorie? C'est ce que nous allons examiner.

Le corps de l'homme, dans la manière de le considérer des statuaires, est formé d'un squelette qui en est le soutien ; de muscles tenant aux os par leurs extrémités appelées des tendons ou des attaches, se croisant et se retenant les uns les autres pour agir utilement en sens opposés ; de ligaments, qui serrent et fortifient quelques-unes des parties, et enfin d'une peau souple, moelleuse, qui voile ces ressorts, sans empêcher que des yeux exercés en reconnaissent l'action et la justesse.

Si l'on considère l'extérieur du corps, les formes qu'il présente peuvent être appelées *le dessus*. Si l'on veut connaître les parties intérieures, il faut soulever le voile ; alors on découvre les

---

[1] *Pict. antiq. Virgil. cod.*, fig. 114 ; Caussei Gemm. tab. 118 ; cab. de Stoch, p. 314. Dans la pierre antique donnée par La Chausse, Prométhée est représenté taillant le squelette avec un ciseau, et, dans les figures du Virgile, le modelant avec la main.

muscles, les tendons, les os, et ceci peut être appelé *le dessous*.

C'est le dessus sans doute que l'artiste veut représenter ; mais, nous le disions tout à l'heure, pour représenter *le dessus* avec fidélité, c'est le dessous qu'il fait connaître : nous disons plus maintenant, c'est *le dessous* qu'il faut imiter, qu'il faut rechercher, voiler ou laisser reconnaître à propos, suivant le caractère de la figure et suivant l'action qu'elle représente.

Les formes variées que *le dessus* offre à nos regards sont produites par la saillie et par l'action des parties intérieures. Il suit de là qu'il y a dans l'Art Statuaire deux manières d'opérer. L'une est celle que les artistes emploient, quand ils travaillent le marbre ; elle consiste à enlever l'excédant du bloc et à dégager la figure qui s'y trouvait en quelque sorte enfermée. L'autre est celle qu'ils mettent en pratique, en travaillant une matière molle, et qu'ils suivent plus ou moins rigoureusement ; elle consiste à former d'abord une charpente ou un noyau qui représente le squelette, à revêtir cette charpente de muscles, à poser ensuite sur les muscles une couche légère, ou bien à terminer finement la surface de toutes les parties pour exprimer la souplesse et le moelleux de la peau.

Cette seconde manière de travailler a été décrite par un ancien. « Les statuaires, dit Hippocrate, font des imitations du corps humain auxquelles il ne manque qu'une âme. Ils emploient de la terre et de l'eau, mouillent ce qui est sec, sèchent ce qui est humide, ajoutent, retranchent, et terminent leurs figures *en avançant du petit au grand*. Ainsi fait la Nature ; elle sèche, elle humecte, elle enlève, elle ajoute, et l'homme, d'abord petit, devient grand par succession de temps[1]. »

C'est évidemment à ce procédé que se rapporte la figure de

----

[1] Hippocrat. *De diet*. lib. I, cap. 15.

Prométhée modelant un squelette. Mais cette composition renferme, comme les deux précédentes, un sujet d'instruction que nous ne devons pas laisser échapper.

Le squelette qui est placé dans le corps de l'homme est le centre des forces et du mouvement. Le squelette par son aplomb établit l'aplomb du corps. Il donne les angles; il établit les plans principaux ; il forme les jointures ; il soutient les grandes masses sur lesquelles reposent les parties secondaires et les détails. Le squelette enfin, par ses proportions et par ses inflexions, est la cause première de la grandeur, de la légèreté, de la grâce de chaque partie.

Qu'est-ce que la peau ? Le vêtement des chairs. Que sont la peau et les muscles ? Le vêtement des os. Le squelette fut le premier ouvrage de la Nature ; après l'avoir modelé, il ne lui resta qu'à le vêtir.

L'artiste, à l'exemple de Prométhée, ne devrait-il pas fixer d'abord les longueurs, les angles, les sommités des jointures du squelette de sa figure, poser ensuite des muscles sur cette base solide, et terminer son travail par la recherche des détails et par la couche délicate qui forme la peau ?

Comment obtenir la vérité de la peau sans la vérité des muscles, et comment donner aux muscles une juste direction, une juste inflexion, une juste valeur, de la finesse et de la fermeté, si l'on n'a pas fixé savamment la direction, les emmanchements, les courbures des os auxquels les muscles s'attachent, sur lesquels ils se ploient et qu'ils font mouvoir ?

L'artiste ne modèle pas une draperie, sans avoir arrêté la forme des membres qui la supportent : ne devrait-il pas suivre le même ordre dans tout son travail ? En allant ainsi du dessous au dessus, des muscles à la peau, il obtiendrait un mouvement vrai ; il établirait des masses justes ; il laisserait paraître ou voilerait les parties intérieures à son gré ; il répandrait par là sur sa figure, suivant sa volonté, de la grandeur et de la finesse ; et, s'il ne lui était pas donné de s'élever à des formes sublimes, il aurait créé du moins un homme vivant.

Je ne dirai pas jusqu'à quel point cet ordre serait facile ou même possible, si on voulait le suivre rigoureusement. Mais que les difficultés de l'exécution n'empêchent pas de reconnaître la vérité de la théorie. Si l'on ne peut pas, en commençant la figure, établir le squelette avec une parfaite exactitude, il faut du moins y parvenir de bonne heure ; il faut s'attacher au squelette en commençant la figure, s'en occuper encore en la terminant, ne jamais la perdre de vue au milieu de toutes les beautés qu'on doit exprimer, au milieu de toutes les difficultés qu'on doit vaincre.

Croirons-nous enfin que les Grecs suivissent rigoureusement ce procédé dont nous parlons ? Rien ne le prouve que la perfection de leurs ouvrages ; rien ne l'indique même, du moins à notre connaissance, parmi les monuments antiques, que cette allégorie prise de la fable de Prométhée. Mais remarquons que le squelette est toujours sain, que le mouvement est toujours juste dans toutes leurs figures, et soyons convaincus qu'ils ne sont parvenus à ce mérite qu'en prenant les moyens les plus propres à y conduire. Aucune preuve historique ne serait plus convaincante que celle-là.

<h2 style="text-align:center">§ V</h2>

On peut supposer, au centre de tous les corps, une ligne qui les parcourt dans leur longueur. Cette ligne fictive ou *ligne du milieu* peut servir de guide aux artistes. Elle leur donne une suite de points fixes, sur lesquels ils portent les yeux ou posent le compas pour prendre des mesures justes.

Mais si l'on considère les corps vivants, et particulièrement le corps de l'homme, on trouve sur la longueur de chaque partie un centre relatif à la masse, un centre relatif à l'action. Il faut, par conséquent, distinguer dans le corps de l'homme deux lignes que l'on peut appeler *ligne du milieu*. L'une est celle qui parcourt chaque membre dans sa longueur à une distance égale des points principaux de la surface. Elle est au centre des coupes; elle marque un milieu purement mathématique. L'autre est la ligne centrale des mouvements et de la force; elle n'est pas au milieu des coupes, elle est au milieu du squelette; elle se continue dans tous les membres, jusqu'à leurs extrémités. Elle passe au centre des emmanchements, elle les accorde, elle les unit. Si elle est rompue, l'harmonie du mouvement n'existe plus. En faisant reconnaître les épaisseurs, le compas donne la première; la nature seule donne la seconde; le compas peut la suivre quand elle est connue; il ne peut pas la donner.

Cette distinction est importante dans la pratique. La ligne du milieu mathématique est un guide souvent utile dans le travail, quand il s'agit de reconnaître des mesures; mais elle n'est qu'un guide pratique; elle est semblable à celle que l'architecte suppose au milieu d'une colonne pour en évaluer les proportions, à celle qu'un jeune élève trace dans le milieu d'un dessin; elle fait voir de combien on s'approche du centre et de combien on s'en éloigne. La ligne centrale du squelette, au contraire, est aussi nécessaire dans une statue que dans l'homme vivant. Elle représente la moelle des os. C'est celle où la vie circule. La figure se glace, la vie s'éteint, si la ligne se brise, si elle cahote, si elle a perdu sa marche franche et naturelle. L'artiste qui, en commençant sa figure, consulte des canons plutôt que la nature, et qui suit la froide ligne mathématique plutôt que cette ligne tracée dans le squelette de son modèle vivant; cet artiste court risque de chercher en vain cette véritable ligne centrale, cette ligne de vie, et de tomber dans tous les vices que nous venons d'énoncer.

Ceci se rapporte à ce que nous avons dit au sujet des canons, à ce que nous avons dit au sujet du squelette. Mais il était nécessaire de donner des éclaircissements sur la *ligne du milieu*. Chaque mot qui peut être un sujet d'erreur doit devenir, s'il est possible, un sujet d'instruction. Notre ouvrage doit être, en quelque sorte, semblable à une figure en ronde bosse : il faut qu'on y reconnaisse la vérité sous tous les aspects.

§ VI

C'est un fait bien connu, que, pour embellir une même figure, les artistes grecs consultaient plusieurs modèles. Personne n'ignore l'histoire de Zeuxis et des cinq vierges de Crotone. Socrate disait à Parrhasius : « Si vous voulez représenter une beauté parfaite, comme il est difficile de trouver des hommes dont toutes les formes soient exemptes de défauts, vous réunissez les beautés de plusieurs modèles pour en faire un tout accompli. — En effet, répondit l'artiste, tel est notre procédé[1]. »

Ce fait exige encore une explication.

« Si nous voulons, disait Lucien, réunir dans la même figure la taille élevée de la Vénus de Praxitèle, les mains de celle d'Alcamène, le cou de l'Amazone de Phidias, le sourire pudique de

---

[1] Xenoph. *Mem*. *Socrat*. lib. III, cap. 17.

la Sosandre de Calamis, il sera difficile de joindre et d'accorder ces beautés différentes dans d'exactes proportions; il faudra tout notre art pour réunir l'harmonie de l'ensemble et la variété [1]. »

Des modèles différents, n'ayant ni les mêmes proportions, ni la même sensibilité, ni la même souplesse, ne peuvent pas saisir avec précision le même mouvement. A peine, quand on n'en consulte qu'un seul, est-il quelques instants semblable à lui-même. L'artiste ne peut donc trouver sur des modèles différents, ni le mouvement, ni les proportions principales de sa figure; il ne pourrait du moins en fixer les proportions par ce procédé qu'après des calculs très-multipliés, avec des difficultés infinies, et peut-être insurmontables. Les Grecs ne pouvaient chercher, par conséquent, ni les proportions ni l'action de leurs figures, sur plusieurs modèles à la fois.

Quel était donc l'objet de Zeuxis? Il est évident qu'il cherchait uniquement à mettre de la noblesse et de l'élégance dans quelques parties considérées séparément, telles que la tête, les mains, les pieds. Déjà il avait déterminé le mouvement de sa figure; il avait établi de justes proportions; l'ouvrage était, par conséquent, bien avancé : c'était alors que l'heureux Zeuxis contemplait avec succès les formes variées de cinq vierges rivales. Une d'entre elles lui avait donné l'ensemble de la figure; chacune des autres lui offrait des beautés particulières : la Nature dirigeait ainsi l'ouvrage tout entier; l'imagination et la mémoire de l'artiste ne pouvaient l'induire en erreur. Il restait encore une grande difficulté : elle consistait à marier des formes de différents caractères, sans blesser l'unité dans aucune partie; mais Zeuxis, n'ayant désormais à s'occuper que de cette difficulté, pouvait parvenir à la vaincre.

---

[1] Φυλάττων ἅμα τὸ συμμιγὲς ἐκεῖνο, καὶ ποικίλον. (Lucian. *Imag.*).

Voilà la seule manière d'expliquer le procédé des artistes grecs. On ne réussirait pas mieux à faire un tout harmonieux sur plusieurs modèles vivants qu'avec des canons mathématiques sans la nature.

Disons donc que les Grecs pouvaient terminer leurs figures avec plusieurs modèles ; disons qu'ils en fixaient les proportions principales et l'action d'après un seul.

§ VII

Il est prouvé par un grand nombre de témoignages, que les statuaires grecs faisaient des modèles avec une matière molle quelconque, avant d'exécuter leurs figures en marbre. Il ne paraît pas qu'ils eussent eu, comme Michel-Ange et notre bouillant Puget, la témérité d'entrer dans le marbre de prime abord, et l'orgueilleuse idée de le faire *trembler devant eux*, suivant l'expression de l'un de ces grands hommes.

On sait qu'ils faisaient souvent ces modèles avec de l'argile.

Il est également certain, quoique ce fait soit moins généralement connu, qu'ils faisaient aussi des modèles avec de la cire. Plusieurs passages d'anciens auteurs font allusion à cet usage.

Un vers d'un poëte inconnu, rapporté par Suidas, dit que *la cire audacieuse s'approprie les formes du corps de l'homme*[1].

« Tel est le mérite de la cire, dit Pline le Jeune ; elle obéit avec complaisance aux doigts savants qui lui demandent de belles formes ; elle représente Mars et la chaste Minerve, et Vénus elle-même, et le fils de Vénus[2]. »

[1] Suid., in litt. A.
[2] Plin. Jun., lib. VII, epist. IX.

« Reconnaissons dans tous les êtres la sagesse du Créateur,
dit Galien : Tels sont les chefs-d'œuvre de Phidias ; qu'importe
la matière dont ils sont formés ! Que les ouvrages de cet artiste
soient de pierre, de cire ou d'argile, ils sont toujours admirables [1]. »

Les sculpteurs étaient appelés des *modeleurs en cire*[2].

Ils faisaient subir à la cire diverses préparations. Ils savaient
la rendre propre à leurs travaux par des mélanges, la macérer,
l'assouplir [3].

Ils mettaient dans leurs figures une charpente qui formait
une espèce de squelette. Cette première charpente s'appelait *kanabos*[4], et la cire préparée pour l'usage des statuaires s'appelait,
à cause qu'elle devait s'attacher au kanabos, *cire kanabienne*[5].

[1] Galen. *De usu part*. lib. III, cap. 9.

[2] Κηροπλάςαι. Pollux, *Onom*. lib. VII, cap. 55.

[3] Id., *ibid*.

[4] Κάναβόι, τὰ ξύλα περὶ ἃ τὸ πρῶτον οἱ πλάσται τὸν κηρὸν τιθέασιν.
(Hesych., in verb. Κάναβαι ; Id., in verb. Κάναβος ; Pollux, *Onom* ,
lib. X, cap. 52.)

Nota. On se servait aussi du nom de *Kanabos*, pour désigner une
chose desséchée. Ainsi, on appelait un homme très-maigre un *Kanabos* ou un squelette de bois. (Hesych., *loc. cit*.) Le *Kinnabos* était le
modèle vivant, *sur lequel les peintres et les statuaires attachaient les
yeux pour faire de justes imitations*. (Suid., in verb. Κιννάβος.)
Winckelmann a fait erreur à ce sujet.

[5] Κανάβιος κηρὸς ᾧ χρῶνται οἱ ἀνδριαντοποιοὶ πρὸς πλάσιν. (Hesych.,
verb. Κανάβιος κηρός.)

Nota. Les sculpteurs florentins employaient divers procédés pour
préparer la cire.

« Si fanno etiamdio modelli picoli di cera, mescolatovi dentro sego,
trementina e farina sottilissima di grano, di quella che vola intorno al
mulino nel macinare il grano, dagli scultori chiamata farina di fus-

L'argile et la cire présentent l'une et l'autre des avantages et des inconvénients.

L'argile, qu'on est obligé d'humecter, a moins de solidité que la cire. Elle sèche tandis qu'on la travaille ; les parties légères sèchent plus rapidement et font plus de retraite ; les parties qui ont le plus de masse, conservant plus d'humidité, se resserrent moins : de là la difficulté de prendre des mesures justes, la nécessité de hâter son travail, et quelquefois la tentation de donner rapidement à la figure, en y promenant un chiffon avec le pouce, un certain esprit, qui séduit d'abord l'artiste, et qui disparaît ensuite sur le marbre.

La cire, plus compacte, donne plus de facilité pour exécuter des figures isolées ; elle s'attache mieux au bois ou au fer qu'on met dans l'intérieur, et forme un tout plus solide. Chaque mesure reste ; le travail n'est jamais perdu. On peut, sans aucun danger, élever la figure, la baisser, la tourner, l'étudier sous tous les sens. L'artiste peut y travailler sans inconvénient aussi longtemps que son goût le demande, et qu'il conserve une précieuse chaleur.

La cire enfin se refuse à la main impatiente qui veut termi-

cello, e cinabrio per dar gli colore ; et alcuni, per che habbia piu nerbo, e sia piu soda quando è secca, e tenga di color nero, vi aggiungono della pece. I qualli modelli sono molto à proposito per istudiarvi sopra, si da altre figure buone, come dal naturale, percioche la cera sempre aspetta, et ad ogn'hora si puo rimuovere quello che non piace. » (Raph. Borghini, *il Riposo*, p. 149.) Gauric conseille de mêler trois parties de cire, une partie d'huile, de suif ou de térébenthine, et quatre parties de poix, de goudron ou de céruse. (*De sculpt.* cap. 1, in *Thes.* Gronov. t. IX.)

Gauric appelle l'art de modeler en cire ἀναγικὴ *à deducendo*. (*Ibid.*, cap. 1.)

ner son ouvrage en peu de temps. L'argile excite à la prestesse ; la cire oblige à la lenteur. Avec la cire on finit moins vite, on finit mieux.

L'argile sera donc préférable pour les figures qu'on doit exécuter avec promptitude, pour les objets de simple décoration ; la cire, pour les statues qui exigeront un long travail, pour celles où diverses parties seront isolées, et principalement pour les groupes.

Laquelle de ces deux matières fut la plus utile aux progrès de l'art ? Par le raisonnement, on pourrait croire que ce fut la cire ; mais si l'on veut s'autoriser par des exemples, il est impossible de prononcer.

§ VIII

L'usage de polir les figures de marbre paraît avoir été général. Apulée dépeint une grotte dont le fond était éclairé par la lumière que réfléchissait une statue[1]. Un philosophe disait qu'il fallait regarder les statues comme les grands, c'est-à-dire de loin. Cette épigramme d'un homme qui avait peu réfléchi sur l'art, semble prouver du moins que les statues, par l'effet du poli, fatiguaient quelquefois la vue, suivant la lumière qui les éclairait.

La poussière et l'eau glissant sur le marbre lorsqu'il est poli, il se dégrade moins que lorsqu'il est mat, et il conserve aussi plus longtemps un ton agréable. Cette manière de le travailler

[1] Apul., lib. II. « Splendet intus umbra signi de nitore lapidis. » (Vid. S. Greg. Nyss. *in Psalm.* cap. 11.)

convenait, par conséquent, à des ouvrages faits la plupart pour être placés au grand air.

Les figures de Monte-Cavallo, celles du Nil et du Tibre, et les autres figures colossales que nous avons pu voir, nous ont paru avoir été polies aussi bien que l'Apollon et la Vénus de Médicis. On le reconnaît sur les parties qui ont été à l'abri des injures de l'air, derrière les oreilles, sous les cheveux, sous la barbe. Nous n'exceptons pas le Laocoon. Les hommes les plus savants ont fait des erreurs : c'est une erreur de Winckelman d'avoir dit que cette figure *a été travaillée entièrement avec l'ou-til, et qu'on l'y a promené avec habileté pour rendre l'épiderme un peu brut*[1].

Lorsque ce groupe fut découvert, on ne connaissait pas l'art d'enlever *la patina* avec des lavages ; on le ratissa pour le nettoyer. Qu'on y regarde avec attention : n'est-ce pas une main bien ignorante qui, faisant grincer son fer sur la tête des deux enfants, y a tracé ces raclures qui vont toutes de la pommette au menton ? On voit la route de l'instrument et la marque des sautillements que les reliefs lui ont fait faire. Est-ce là la *dextérité*, la *sûreté*, les *touches savantes* d'Agésander et d'Athénodore ? Combien de finesses et d'expressions on nous a fait perdre par cette opération inconsidérée ?

Si l'usage de polir le marbre ne fut pas une cause directe de la perfection où s'élevèrent les Grecs, il fut un motif pour les engager à y atteindre.

Le poli, réfléchissant beaucoup de lumière, donne au marbre un caractère de dureté opposé à la nature de la peau. Les ondulations sont plus sensibles, les défauts par conséquent plus apparents. Le poli est aux statues ce que le vernis est aux ta-

[1] *Hist. de l'Art*, liv. **IV**, chap. **7**.

bleaux : il en fait ressortir les couleurs. Le mat est un voile
qui dérobe les finesses et cache en même temps des défauts.
Plus doux à la vue, il trompe l'œil et n'appelle pas autant la
critique. Il peut contrefaire l'épiderme, quand le muscle ou l'os
ne sont pas au-dessous.

Le poli ne produit un bon effet que lorsque la figure est véritablement belle. On ne polit avec succès que lorsqu'on approche
de la perfection. Ces deux choses se trouvaient par conséquent
liées l'une à l'autre : il fallait qu'une figure fût polie pour résister au temps ; il fallait qu'elle fût habilement achevée, parce
qu'on devait la polir.

Emporté par son imagination, le fougueux Michel-Ange re-
grettait quelquefois d'avoir enlevé trop de marbre : il n'était
plus temps alors de polir ; il laissait la trace vive de sa râpe ou
de son ciseau. La pointe brûlante des instruments mettait dans
le marbre une chaleur que le poli aurait pu faire disparaître. Ce
savant improvisateur faisait, même lorsqu'il s'égarait, des choses
admirables. Mais de ce que ce génie extraordinaire ne conduisait
pas toujours ses figures à un degré de perfection où elles pussent être entièrement polies, ne concluons pas qu'il eût pour
système de ne pas les polir.

Prétendons-nous condamner le mat ? Non : tout ce qui parvient à imiter la nature peut être bien. Mais que cet usage ne
devienne jamais une occasion de négligence. Le mat n'est qu'une
gaze à travers laquelle l'ignorance se cache mal. Cette fausse
apparence de chair, qu'on peut obtenir par la râpe ou le ciseau,
ne trompe pas des yeux habiles à juger de la pureté des formes.
Lors même qu'une figure ne doit pas être polie, il faut l'étudier
et l'achever, comme si elle devait recevoir le lustre du poli.

SECTION II.

§ I

Jusqu'ici nous avons marché tranquillement ; nous n'avions à craindre que des contradictions légères. Le sujet change. Après avoir considéré l'art dans ses procédés, il faut le considérer dans sa théorie. Il faut rechercher les principes des artistes grecs sur la vérité de l'imitation, sur le choix des formes, sur le choix et l'expression des affections de l'âme ; il faut traiter des questions difficiles au milieu des systèmes qui les environnent, en combattant des erreurs longtemps accréditées, et qui ne sont pas encore sans partisans.

Oh ! combien nous devons regretter les écrits des peintres et des statuaires grecs, de Polyclète, d'Antigone, d'Apelles, de Protogène, d'Hégésander, de Xénocrate, de ces artistes habiles, qui enseignaient leur art par des traités, après l'avoir illustré par des chefs-d'œuvre ! Combien, s'ils fussent échappés au temps, quelques mots de ces grands hommes auraient épargné d'erreurs aux écrivains et aux artistes modernes !

Privé de ce secours, nous remonterons d'abord à des vérités qui ne puissent pas être contestées. Peut-être, si nous en tirons de justes conséquences, verrons-nous la théorie de nos maîtres se développer d'elle-même devant nous.

C'est une loi fondamentale dans l'ordre physique, que les éléments de même nature tendent continuellement à se rapprocher et à s'unir. C'est pareillement une loi pour les êtres capables de sentiment. Entraînés les uns vers les autres par le même besoin d'agrégation, dans chaque famille, dans chaque espèce, ils se recherchent, s'appellent, se joignent, se marient, et concourent, par cette union intime, à la reproduction des êtres qui doivent leur succéder, et au maintien de l'harmonie de l'univers. L'homogénéité de leurs principes constitutifs est sans doute la première cause de cette attraction réciproque ; mais il en est une autre qui les détermine, qui les entraîne, à laquelle ils cèdent avec volupté, c'est la ressemblance de leurs formes extérieures. L'aigle poursuit l'aigle au sein des airs, l'insecte s'unit à l'insecte sous l'herbe, parce que l'aigle ressemble à l'aigle, parce que l'insecte, enfant de la terre, reconnaît son image dans l'insecte qui s'unit à lui.

Doué de plus de facultés que les animaux, l'homme se trouve lié à ses semblables par des rapports plus intimes et plus nombreux. Mais ces rapports, quels qu'ils soient, ne se manifestent pareillement que par le sentiment d'une commune nature. Les formes extérieures du corps sont le signe nécessaire qui, le premier, les fait reconnaître ou les fait présumer.

Qu'est-ce que la beauté du corps humain ? C'est un état dans lequel les formes humaines se montrent telles que la Nature les a voulues pour l'espèce et dans leur perfection. La beauté du corps de l'homme consiste dans sa parfaite ressemblance avec l'exemplaire original que la Nature s'est donné pour modèle, et qu'elle représente dans ses productions toutes les fois que ses moyens agissent avec une pleine liberté. La beauté du corps de l'homme est le complément ou l'achèvement des formes humaines. Un bel homme est mieux un homme que celui qui n'est pas beau, ou qui l'est moins. De là vient l'empire de la beauté.

Mais la Nature, qui produit rarement des êtres parfaits, sait

nous faire rechercher encore ceux qu'elle négligea d'embellir.
Elle eût été en contradiction avec elle-même si elle nous eût
commandé de nous unir seulement à ses chefs-d'œuvre. Entraînés par la nécessité d'aimer, nous nous précipitons, le plus
souvent, sans avoir le temps de choisir. L'Amour, disaient les
Grecs, est fils de la Pauvreté ; chacun de nous n'est qu'une moitié
aspirant continuellement à se joindre à la moitié qui lui manque[1]. La beauté réunit tant d'attraits ! Devons-nous, faibles
mortels, ambitionner de les rencontrer tous dans l'objet de nos
affections ! Heureusement la critique s'évanouit auprès du désir
impérieux qui nous domine. Quoiqu'un goût épuré puisse nous
faire rechercher la possession d'un être parfait, notre plus pressant besoin est d'aimer et d'attirer à nous un être de notre famille.

Que l'on considère l'attrait mutuel des sexes, l'amitié ou la
pitié qui s'émeut pour l'être souffrant, le principe de nos affections est le même, quelques effets seulement sont différents. Un
être de notre espèce ou d'une espèce voisine de la nôtre nous
intéresse plus vivement qu'un être d'une espèce éloignée. La
beauté donne à la douleur une éloquence irrésistible. Un bel
homme, une belle femme qui souffrent nous semblent devoir
ébranler par leurs plaintes la Nature entière. Mais la première
cause de cette forte émotion est toujours dans les rapports d'une
commune nature. C'est pour l'être qui nous ressemble que l'humanité se soulève au dedans de nous ; c'est vers lui qu'elle nous
entraîne. La pitié, non plus que l'amour, n'attend pas la sanc-
tion du goût pour agir ; et la beauté ne fait encore, en ceci,
qu'ajouter à l'intensité d'un sentiment inévitable.

La santé, l'agilité, la force du corps, la bonté du cœur, la

---

[1] Plat., in *Conviv.*

franchise, le courage, la constance, la magnanimité, toutes ces qualités, constituant la perfection des êtres de notre espèce, nous plaisént par elles-mêmes, nous plaisent nécessairement et toujours. Les passions, au contraire, ne servant à notre bonheur que lorsque la sagesse les modère, la vue des passions irritées a rarement des attraits pour nous; leur turbulence nous alarme. Ce que nous recherchons le plus dans le spectacle qu'elles nous présentent, ce n'est pas de les voir déployer leurs transports, ce ne sont pas les passions elles-mêmes, c'est de voir la vertu les contenir.

En troublant enfin la paix de l'âme, les passions violentes altèrent l'état naturel du corps; en modérant les passions, la vertu entretient l'harmonie de l'un et de l'autre; il arrive de là que lorsqu'un homme se trouve dans une crise douloureuse, si sa beauté se conserve encore, si ses mouvements extérieurs ont de la grâce et de la dignité, nous regardons, sans nous en rendre compte, et pour ainsi dire malgré nous, cette conservation de sa beauté comme un témoignage de l'excellence de ses qualités morales, et c'est cette opinion involontaire qui porte au plus haut degré notre amour et notre pitié pour lui, en joignant à l'intérêt que nous inspire son malheur l'admiration que l'instinct nous commande pour les vertus les plus utiles à l'humanité.

Ce principe dirige tous les jours nos jugements. Des mouvements désordonnés, des contorsions, des cris, des grimaces attiédissent notre pitié, au lieu de la réchauffer, en décelant ou une humeur violente qui repousserait nos secours, ou une âme faible qui les recevrait sans profit. La joie immodérée nous paraît une faiblesse; le rire même nous déplaît lorsqu'il altère la beauté. Nous voulons que dans les tourments les plus aigus, que jusque dans l'agonie, jusqu'après la mort, l'homme conserve sur son extérieur le repos, la sérénité, qui annoncent une âme supérieure à la douleur et à la mort même. Au moral comme au physique, dans les plaisirs comme dans les souffrances, nous voulons enfin que l'homme soit complétement homme, et l'état le plus sublime où puisse s'élever à nos yeux l'âme d'un mortel est cette paix inaltérable que nous regardons comme un apanage de la Divinité.

Ces vérités n'ont pas besoin d'être enseignées; mais on n'en a pas toujours tiré, relativement aux arts d'imitation, de justes conséquences.

Nous plaire, nous émouvoir, perfectionner l'instinct du beau et celui du juste, nous faire aimer avec ardeur un objet aimable, en le montrant revêtu de tous les charmes possibles, exciter en nous des passions généreuses et les diriger vers des objets utiles, tel est le but des beaux-arts, et en particulier celui de la peinture et de la sculpture.

Il suit des principes que nous venons d'exposer, que les artistes ont dû, pour parvenir à ce but, employer trois moyens principaux : premièrement, la vérité de l'imitation; secondement, le choix des formes, et une telle manière de les prononcer et de les accorder que leur aspect frappe et saisisse le spectateur; troisièmement, le choix et les expressions des affections de l'âme.

Mais il suit encore de ces mêmes principes, que ces trois moyens: la vérité, le choix des formes, l'expression des passions, doivent nous plaire dans un ordre différent, et que s'ils sont tous les trois nécessaires pour constituer le chef-d'œuvre le plus accompli de l'art, ils ne le sont pas également, en parlant à la rigueur, pour constituer un bel ouvrage.

.Si les rapports que les divers êtres ont avec nous s'annoncent d'abord à nos yeux par l'aspect des formes extérieures, il s'ensuit que le premier, le plus indispensable des moyens que l'art doive employer pour nous plaire, c'est d'imiter avec vérité.

Il faut d'abord, dans les ouvrages que l'art produit, que chaque chose ait ses caractères spécifiques. Il faut qu'un chêne soit robuste et noueux ; que chaque feuille indique l'espèce de la plante à laquelle elle appartient ; qu'un lion soit un lion ; qu'un homme soit un homme. Sans cette parfaite ressemblance, tous les rapports qui existent dans la Nature entre ces objets et nous sont perdus ; toute sympathie est détruite ; le spectateur demeure indifférent, parce qu'il est, en quelque sorte, égaré dans un monde inconnu.

Si l'admiration que nous font éprouver les êtres de toutes les espèces s'augmente en raison de la perfection de leurs formes extérieures, il s'ensuit que, pour porter au plus haut degré le plaisir que nous donne une imitation vraie, il faut représenter les objets, chacun suivant son espèce, dans toute leur beauté possible. L'art doit tendre sans cesse à représenter la beauté, comme la Nature tend sans cesse à la produire. Mais, d'un autre côté, si la première cause qui porte les êtres d'une même espèce les uns vers les autres est dans le sentiment d'une commune nature ; si les hommes se recherchent et s'aiment entre eux, parce qu'ils sont hommes, avant d'avoir reconnu s'ils sont beaux, il s'ensuit encore qu'il faut indispensablement, dans les ouvrages de l'art, chercher la vérité de l'imitation d'abord et avant toutes choses. Comment parler de beauté du corps humain là où je ne retrouverais pas une juste représentation des formes humaines ?

Si enfin la beauté donne de l'intensité à la pitié, comme elle donne de l'ardeur à l'amour ; si nous voulons reconnaître les signes de la vertu dans la joie, dans la douleur, et en général dans l'expression de toutes les passions humaines, et si un des caractères de la vertu est de conserver, malgré les passions, la beauté du corps et la tranquillité de l'âme, il suit de tout cela que pour produire sur nous une impression profonde de plaisir ou de peine, par la représentation de la joie ou de la douleur de notre semblable, il faut d'abord montrer inaltérable au sein de la joie, comme au sein de la douleur, cette beauté du corps, qui est le signe de la force et de la tranquillité intérieure de l'homme sage ; il s'ensuit encore qu'il faut, dans le choix et dans l'expression des passions, sans nuire à la vérité de celle que l'on veut exprimer, se tenir le plus près du repos qu'il est possible.

Ces principes sont immuables ; ce sont ceux du goût naturel ; nos jouissances autant que nos réflexions nous en démontrent chaque jour la vérité.

Oui, malgré les modes et les systèmes, une figure plaira dans tous les temps, lors même que les formes n'en auront pas été habilement choisies, quand elle sera vraie, quand elle nous offrira une imitation simple mais parfaite de la Nature. Si l'on y trouve, sous tous les points de vue, et la vérité du dessus et celle du dessous ; si les os, les muscles sont sains et entiers ; si l'on reconnaît dans la figure la même possibilité, la même facilité de se mouvoir dans tous les sens, dont jouissait le modèle, mérite si rare parmi les modernes, mérite où les anciens ont constamment excellé ; en vain un goût sévère pourra réclamer sur le choix des formes, des applaudissements éternels immortaliseront l'ouvrage et l'artiste. La figure du *Tireur d'épine* en est un exemple. Le modèle était d'une beauté médiocre, et cette figure n'en paraît être qu'une fidèle copie. Cependant elle nous attire, elle nous captive, on ne se lasse pas de la regarder : qu'est-ce donc qui en fait le charme ? C'est qu'elle est vraie ; c'est qu'on voit réellement un enfant, dans une pose naïve, retirant une épine de son pied.

Une autre figure sera plus admirée encore si, à l'attrait irrésistible de la vérité, l'artiste a joint un choix délicat de formes nobles et élégantes. Telle est la Vénus de Médicis. On y voit réunies là grâce et là pudeur. Quel est l'homme qui, en considérant cette figure charmante, entraîné par une délicieuse erreur, n'ait pris pour une chair divine ce marbre palpitant, ce corps charnu, ferme et voluptueux? Quel est celui qui ne s'est surpris rêvant le bonheur de Pâris, ou croyant contempler du moins le modèle accompli qu'imitait Praxitèle ?

Il semble que l'art soit ici parvenu à son plus haut degré. Une autre figure surpassera cependant encore celle-là. Ce sera celle où toutes les difficultés auront été surmontées par le génie, la science et le goût réunis.

Saisi par d'énormes serpents, qui l'enchaînent, qui l'oppressent, qui sont prêts à l'étouffer ; plein d'une vigueur que la force des serpents surmonte, et qui doit bientôt défaillir, Laocoon, dans cette lutte mortelle, fait voir, par des mouvements énergiques, mais décents et retenus, la grandeur de son âme et son respect pour les Dieux. Les nœuds que forment les serpents autour de ses fils les soulèvent et les attachent contre lui : il ressent leurs souffrances. Ses yeux cherchent le ciel. Sa douleur est profonde ; elle est noble. Il se plaint ; il ne crie pas. Dans le soulèvement et la contraction de tous ses muscles, la vérité, la beauté des formes n'ont été altérées en rien. La vie et la douleur circulent dans tous ses membres, et tous présentent l'image de la beauté. Les sentiments différents qui agitent les enfants et le père produisent des mouvements variés, qui développent partout des beautés nouvelles. L'artiste est arrivé par conséquent au sommet de l'art, puisqu'il a excité la pitié, l'amour et l'admiration, par la représentation fidèle de la vie, de la beauté, de la douleur et de la vertu.

Il y a donc dans ces trois figures, le Laocoon, la Vénus et le *Tireur d'épine,* un mérite différent et un mérite qui est le même. Le Laocoon surpasse la Vénus ; la Vénus surpasse le *Tireur d'épine.* Le Laocoon se fait admirer par les charmes réunis de la vérité de l'imitation, du choix des formes, du choix et de l'énergie des affections de l'âme ; la Vénus, par la vérité de l'imitation et par le choix des formes ; le *Tireur d'épine,* par la vérité toute seule. Mais recherchons en nous-mêmes la première cause de notre admiration. Que serait le Laocoon sans la vérité ? Que serait la Vénus sans la vérité ? Moins que le *Tireur d'épine* avec cette vérité qui en fait tout le charme. Sans la vérité, il n'y a point de beauté ; sans la vérité, il n'y a point d'expression ; avec la vérité toute seule, on arrive au cœur et on le pénètre.

Nous pouvons considérer ces mêmes principes sous un autre rapport.

De même qu'il y a un ordre à suivre pour commencer une statue et pour la terminer, de même il y a dans l'étude de l'Art Statuaire, ainsi que dans toutes les études, une route que la Nature a tracée, et dont on ne s'écarte point impunément. Des trois éléments de l'art, la vérité de l'imitation, le choix des formes, le choix et l'expression des passions, quel sera le premier objet des études et des efforts de l'artiste ? Quel est celui qu'il devra rechercher d'abord, qu'il devra rechercher sans cesse ? Il est évident que ce doit être le plus simple ; celui qui seul peut plaire par lui-même ; celui qui conduit aux autres et auquel les autres ne conduisent pas ; celui qui donne du prix aux autres, et sans lequel les autres ne seraient rien : lequel sera-ce donc ? La vérité de l'imitation.

Cette route est la seule qui n'égare point ; toutes les autres sont dangereuses. L'artiste qui saura d'abord imiter avec vérité, apprendra dans cette étude même l'art heureux de choisir et de représenter avec justesse de belles formes ; il apprendra successivement l'art difficile de juger le caractère des passions et de les exprimer avec énergie, sans nuire à la beauté du corps. Telle est la marche que la Naturè prescrivit à l'art. Celui qui, loin de cette route, recherche l'expression des passions, ou recherche la beauté même avant la vérité, n'aura péniblement poursuivi qu'une chimère.

Nous devons donc conclure enfin de tout ce qui précède, que, si l'on considère l'ordre des études, il faut chercher la vérité de l'imitation avant la beauté des formes, la beauté des formes avant l'expression des passions ; et que, si l'on considère l'ordre des idées et la théorie, il faut rechercher encore la vérité avant l'expression des passions et avant même le choix des formes. Imiter, c'est l'art ; imiter ce qui est beau, après l'avoir choisi, c'est l'art éclairé des lumières du goût ; imiter ce qui est beau, grand et expressif tout à la fois, c'est l'art guidé par le goût et par la philosophie ; mais imiter enfin, imiter avec fidélité, c'est l'art dans son essence même [1].

Sont-ce des principes généraux que nous avons voulu établir ? Est-ce l'histoire des Grecs que nous avons voulu tracer ? Nous avons fait réellement l'un et l'autre.

Si nous supposons un peuple, sortant à peine de l'état sauvage, sensible, ingénieux, poëte, mais isolé, ne recevant de secours, dans l'éducation qu'il est obligé de se donner, que de ses sens et des objets qui l'environnent, sans autres modèles dans les arts que des essais informes, apportés du dehors par des hommes grossiers, ou plutôt sans autre modèle que la Nature ; n'est-il pas évident que, doué de la faculté de sentir la forme

---

[1] Maxim. Tyr., dissert. XXXII, édit. 1740 (XVI, édit. vulg.).

13.

des corps et de la transmettre à la matière qu'il travaille, il imitera d'abord grossièrement les objets qui l'intéresseront le plus, dans l'intention de les imiter avec exactitude? Il écrira, dans les commencements, *ceci est un bœuf, ceci est un cheval*[1]. Il placera des inscriptions au-devant de la bouche des personnages[2]. L'imitation devenant plus exacte, l'amour de l'art deviendra plus vif. De nouveaux progrès seront un nouveau sujet d'admiration. L'enthousiasme sera bientôt général. A peine un artiste aura séparé les jambes d'une statue, on en racontera des merveilles; on l'aura vue quitter le trépied où il la travaillait, et marcher devant lui[3].

Les idées se multipliant, les désirs deviennent plus ambitieux. En copiant la Nature, on apprend à la juger. Le goût qui s'est une fois mis en concordance avec la beauté, la cherche dans les imitations, comme dans les êtres vivants, et ne peut être désormais satisfait que par ce qui la représente. Voilà l'art parvenu au second degré.

Un dernier pas reste à faire. Un philosophe dira enfin aux artistes : « Votre art n'est-il pas une représentation des objets que l'on peut voir? Vous imitez les enfoncements et les saillies, le clair et l'obscur, la mollesse, la dureté, le poli; il n'y a pas jusqu'à la fraîcheur de l'âge et à la décrépitude qui ne soient exprimées dans vos ouvrages : mais, quoi! ce qu'il y a de plus aimable dans le modèle, ce qui lui gagne la confiance et les cœurs, le caractère de l'âme enfin, parvenez-vous à l'imiter, ou faut-il le regarder comme inimitable? — Eh! comment le re-

---

[1] Ælian. *Var. hist.* lib. X, cap. 10.

[2] Æschyl. *Sept. ad Theb.*, act. III, scen. II, v. 474.

[3] Diod. Sicul., lib. IV, cap. 76; Liban., orat. XIX, *Pro salt.*; Themist., orat. XXVI.

présenter, dira l'artiste, puisqu'il ne dépend ni de la proportion ni de la couleur ? — Mais ne remarque-t-on pas dans les regards, reprend le philosophe, tantôt la bienveillance et l'amitié, tantôt l'indignation et la haine ? Il n'est donc pas impossible d'exprimer ces sentiments dans les yeux. La noble fierté, l'orgueil, la modestie, la prudence, la rusticité, la pétulance, la bassesse, toutes ces affections de l'âme ne se font-elles pas remarquer sur le visage et dans le geste ? Ne les reconnaît-on pas dans l'action et même dans le repos ? Il ne doit donc pas vous suffire, ingénieux artistes, de mettre dans vos ouvrages cette expression de la vie, ce choix de formes agréables qui déjà charment le spectateur ; vous devez représenter encore par les formes du corps les divers mouvements de l'âme [1]. »

L'art, excité par une émulation nouvelle, déjà nourri d'une solide instruction, parvient alors à son plus haut degré : il avait commencé par le trait de Dibutade, il produit enfin le Jupiter Olympien et le Laocoon.

Cette progression fut doublement utile aux Grecs. Elle habitua les artistes à imiter avec vérité ; elle fit constamment reconnaître le mérite de la vérité et de l'imitation.

Il nous semble aujourd'hui que pour louer dignement leurs chefs-d'œuvre, nous devions y voir des formes surnaturelles. Nous vantons l'idéal de la beauté, l'idéal de l'expression. Les Grecs étaient plus simples : c'est la vérité qui, la première, obtint toujours leurs éloges ; ils semblaient ne louer que la vérité [2]. Tous les monuments historiques en font foi. Les philosophes, les historiens, les poëtes du goût le plus délicat et le

---

[1] Xenoph. *Mem. Socrat.* lib. III, cap. 17 et 18.

[2] « Nunquam veri species ab utilitate dividetur. » Beauté d'un cheval, d'un athlète. (Quintil. *De orat.* lib. I, cap. 3.)

plus voluptueux, pour vanter l'excellence d'une belle figure, disaient, comme le peuple : « Quel est l'artiste qui a mis tant de naturel et de vérité dans cette figure ? Elle vit ; elle respire ; on la voit se mouvoir ; ce n'est pas une imitation, c'est un être vivant[1]. C'est mon amie ! La cire va parler[2]. »

Nous ne répéterons ni l'histoire de Zeuxis et de Parrhasius, ni celle du cheval d'Apelles[3], ni tant d'autres du même genre qu'on trouve dans les écrits des anciens. Nous ferons cependant une remarque à ce sujet. Que ces récits soient fabuleux, cela peut être ; mais ces fables, ces contes, en les supposant tels, ont été inventés par la vanité des Grecs ; ils ont été accueillis, répétés, lorsque l'art était dans sa perfection : les Grecs mettaient donc un grand prix à l'exacte imitation de la Nature, car on ne se vante que de ce qu'on croit digne d'être vanté.

Myron avait fait une vache. Elle était si vraie, que les troupeaux, disait-on, s'y trompaient. Cet enthousiasme qui dura pendant dix siècles, était-il une erreur populaire ? Que dit Anacréon de cette figure ? « Berger, mène paître tes vaches plus loin, de crainte que tu n'emmènes avec elles celle de Myron[4]. — Non, Myron ne l'a pas moulée ; le temps l'avait changée en métal, et il a fait croire qu'elle était son ouvrage[5]. — Si ses mamelles ne contiennent point de lait, c'est la faute de l'airain ; ô Myron, ce n'est pas ta faute[6] ! »

Que disait-on d'un cheval de Lysippe ? « Voyez ce cheval, prodige d'imitation, sa tête superbe, le feu qui sort de ses na-

---

[1] Theocrit., idyl. XV, v. 80 et seq.

[2] Anacr., od. XXVIII.

[3] Ælian. *Var. hist.* lib. II, cap. 5.

[4] Anacr., epigr. v.

[5] Id., epigr. vi.

[6] *Anthol.*, lib. IV, cap. 7.

seaux ; si un cavalier veut le presser des talons, il va l'emporter dans la carrière, car ce bronze a la vie[1]. »

On disait d'un satyre endormi, modelé par Stratonicus : « Ce satyre n'est pas un ouvrage de Stratonicus ; l'artiste l'a pris tout endormi, et l'a posé sur cette pierre[2]. — Il dort, parles-en tout bas, crainte que tu ne l'éveilles[3]. — C'est le statuaire qui l'a endormi ; pousses-le, tu l'éveilleras[4]. »

Ariane dormait aussi : « Malheureuse Ariane ! Ah, ne l'éveillez pas ! car elle va s'élancer pour chercher Thésée[5]. »

On disait, en général, d'une statue : « Elle trompe le sens, elle fait illusion, comme cela doit être. » On voulait y voir la vie et la respiration[6].

Entre tous les statuaires, on vantait plus particulièrement Lysippe et Praxitèle : eh, pourquoi cette louange particulière ? parce qu'ils s'étaient, disait-on, le plus approchés de la vérité[7].

On faisait dire à Niobé : « Les Dieux me changèrent en pierre; Praxitèle, animant cette pierre, a fait revive Niobé[8]. »

Combien de vers charmants sur la Vénus de Praxitèle, qui n'exprimaient tous que cette pensée naïve : *La pierre est vivante!* — « Qui'donc a vu Cypris sur la terre ? Quel artiste a su animer ce marbre, et mettre dans une pierre tant d'attraits ? C'est

---

[1] Τὴ τέχνη γὰρ ἐμπνέει. (*Anthol.*, ibid.)

[2] Plin., lib. XXXIII, cap. 12.

[3] Philostr. *Icon.*, lib. I, in *Mida*.

[4] *Anthol.*, lib. IV, cap. 12.

[5] Id., lib. IV, cap. 9.

[6] Callistr., in *stat. Bach.*; Id., in *stat. Orph.*; Philostr. *Icon.*, lib. I, in *Mœnec.*

[7] « Ad veritatem Lysippum et Praxitelem optime accessisse affirmant. » (Quintil., lib. XII, cap. 10.)

[8] *Anthol.*, lib. IV, cap. 9.

Praxitèle ; à moins que les cieux ne regrettent Vénus, et que la Déesse elle-même ne soit à Gnide[1]. »

Pour vanter cette figure de Vénus, ainsi que celle de l'Amour du même Praxitèle, on racontait les passions effrénées que l'illusion produite par ces statues avait fait naître[2].

Pour réunir enfin dans une même allégorie le précepte le plus important de l'art et son plus bel éloge, on inventa la fable de Pygmalion.

Aux brillantes descriptions, aux fictions des poëtes, joignons la doctrine des philosophes.

Platon disait : « En ce qui concerne les arts dont le but est l'imitation, la perfection de leurs ouvrages, pour le dire en un mot, dépend de l'égalité qui se trouve entre l'imitation et la chose imitée. C'est la vérité de l'imitation que nous devons principalement y rechercher, car ils ont pour objet la ressemblance[3]. »

Aristote disait également : « Dans les ouvrages de peinture, de sculpture, de poésie, en un mot, dans tout ce qui consiste en imitation, le plaisir qu'on trouve à voir une belle imitation ne vient pas précisément de l'objet imité, mais de cette réflexion que nous faisons en nous-mêmes, qu'en effet il n'est rien de plus ressemblant, et qu'on dirait que c'est la chose même, et non pas une simple représentation[4]. »

Rappelons ce mot de Démocrite : « Eh, comment ne rirais-je pas ! Ils achètent à grand prix des statues, parce qu'elles sont

---

[1] *Anthol.*, lib. IV, cap. 12.

[2] Plin., lib. XXXVI, cap. 5 ; Lucian. *De imag.*; *De amor.*

[3] Plat. *De leg.* lib. II.

[4] Aristot. *De rhet.* lib. I, cap. 11.

faites avec tant de vérité, qu'elles semblent parler ; et ils repoussent les hommes qui leur parlent pour leur dire la vérité[1]. »

Plusieurs siècles après ces philosophes, Longin disait encore : « On demande, dans un discours, des choses surnaturelles et divines, il ne faut dans une statue qu'une juste imitation du corps humain[2]. »

Il faut donc reconnaître, si l'on recherche l'opinion des Grecs, qu'ils regardèrent constamment la vérité de l'imitation comme le premier mérite d'une statue, comme la première loi imposée à l'art, comme son essence même ; qu'ils voulurent que la vérité fût portée jusqu'à produire cette illusion qu'on a de nos jours appelée une chimère. C'est Apelles, c'est Protogènes, c'est Lysippe, c'est Praxitèle, que les anciens croyaient honorer, en disant que leurs ouvrages faisaient illusion ; c'est Anacréon, Socrate, Aristote, Platon, qui leur donnaient cet éloge.

Quelle est douce, disaient-ils, l'illusion produite par les chefs-d'œuvre des arts[3] ! Qu'il est habile l'artiste qui peut nous tromper par cette espèce de prestige[4] !

C'était ce désir de produire une agréable illusion, qui avait fait dorer les cheveux de la Vénus de Médicis, qui l'avait ornée de pendants d'oreilles, ainsi que celle de Praxitèle, et qui avait fait imaginer de mêler de l'argent dans le bronze pour représenter avec plus de vérité la pâleur d'un homme mort[5].

Les Grecs, enfin, n'avaient point fixé de bornes à l'art. Ils ne lui disaient pas : « Si tu me donnes le spectacle d'une forte pas-

---

[1] Hippocrat., *epist. ad Damaget.*

[2] Τὸ ὅμοιον ἀνθρώπῳ. Long. *De sublim.* cap. 36 (édit. Glasg. 1751).

[3] Philostr. Jun. *Icon.*, in *Prœm.*

[4] *Anthol.* lib. IV, cap. 9.

[5] Plutarch. *Sympos.* lib. V, quæst. 1.

sion, si tu me communiques de grandes pensées, je me conten-
terai du vraisemblable dans les formes. » Ils lui disaient : « Imite ;
sois vrai ; trompe-moi, si tu le peux ; que ta figure parle !......
Fais plus encore : qu'elle marche ! »

Nous avons donc trouvé une nouvelle cause de la perfection
où ils s'élevèrent : c'est que, dans l'ordre des idées, comme dans
celui des temps, fidèles à la Nature, ils recherchèrent la vérité
de l'imitation avant la beauté des formes, la beauté des formes
avant l'expression des passions.

Il ne suffit pas, avons-nous dit, pour arriver à la perfection
de l'art, d'être vrai dans l'imitation des formes ; il faut que ces
formes, imitées avec vérité, soient pures et habilement choisies.
Quels furent donc les principes des statuaires grecs sur le choix
de ce beau suprême, qui semble n'exister que dans leurs ouvrages ?

Avant de traiter cette question difficile, il est nécessaire de
fixer nos idées sur quelques termes fréquemment employés par
les artistes : ce sont ceux de sentiment, de génie, de goût, de
style, de beau idéal, riches expressions, où toute la théorie des
arts peut être renfermée ; mots complaisants, qui se sont prêtés
à tous les systèmes. Nous ne prétendons pas considérer sous tous
leurs rapports ces sujets intéressants d'étude ; nous voulons seulement détruire des erreurs qui paraîtraient en opposition avec
ce qui nous reste à dire relativement à la théorie des Grecs sur
le beau.

§ II

L'impression que les objets font sur nos organes est ce que
les métaphysiciens appellent une sensation. La qualité par la-

quelle nous sommes capables de recevoir des sensations, constitue la sensibilité ; et la perception des sensations, ou la modification qu'elles font éprouver à l'âme, est, si je ne me trompe, ce
que ces mêmes philosophes appellent le sentiment.

Dans le langage figuré des artistes, les mots s'éloignent souvent de leur signification première. On appelle *sentiment* dans
les arts la faculté d'éprouver une sensation vive et forte, à la
vue d'un objet, d'en saisir avec énergie les qualités extérieures,
et de pouvoir encore s'en représenter l'idée avec netteté, quand
on ne le voit plus.

Tous les hommes ne sont pas également disposés par la Nature à être fortement affectés par les mêmes objets. Lorsqu'un
artiste saisit avec justesse les ondulations des creux et des saillies, on dit qu'il a le sentiment des formes. Un autre est plus
vivement frappé des accidents et des produits de la lumière et
de l'ombre ; il distingue nettement les teintes variées qui se mê-
lent ou s'avoisinent sur la surface des corps ; on dit qu'il a le
sentiment de la couleur. Un troisième, enfin, en admirant l'éclat
et la variété que présente l'extérieur des corps, voit avec transport le feu qui anime les êtres vivants ; il s'identifie avec eux,
dans leurs mouvements, dans leur joie, dans leurs désirs, dans
leurs souffrances ; il reconnaît les affections de leur âme, leurs
habitudes, leurs pensées même, dans leurs gestes et dans les
modifications de leurs traits : celui-là a le sentiment des formes,
le sentiment de la couleur, le sentiment des passions. Il fut or-
ganisé de manière à pouvoir imiter avec vérité tout ce que la
Nature offre de plus riche, de plus grand, de sublime.

L'artiste est imitateur. Il s'attache à imprimer, sur la matière
qu'il travaille, l'idée dont il est rempli. On peut considérer par
cette raison le sentiment dans l'artiste lui-même, on peut le
considérer dans son ouvrage. Quand une figure ou une partie

d'une figure a tant de vérité, qu'elle paraît sentir et vivre, on dit qu'il y a du sentiment.

Les artistes se passionnent justement pour les ouvrages où l'on a mis du sentiment, pour les hommes doués d'un sentiment énergique. Mais les choses qui sont les plus propres à nous conduire à la perfection, peuvent devenir une cause d'erreur, par un effet de notre faiblesse. Nous avons déjà fait remarquer, en parlant de l'art de mesurer le modèle vivant, que le sentiment ne suffit pas pour que le statuaire parvienne à imiter fidèlement les formes variées et mobiles du corps humain; c'est ici le lieu de le répéter.

Le sentiment s'exerce sur des objets qui nous frappent dans le moment présent ; il s'exerce encore sur des objets qui nous ont frappé dans un temps éloigné. Le sentiment est le premier élément du goût, du génie, du tact, considéré comme une opération de l'esprit; il est aussi le premier élément de la mémoire. Mais les objets éloignés ne pouvant se peindre dans notre esprit avec autant d'exactitude que ceux qui sont présents à la vue, on juge déjà qu'il peut y avoir dans les arts un abus du sentiment qui soit dangereux.

Le sentiment, disons-nous, est le premier élément du goût ; mais le sentiment seul ne forme point le goût ; il ne saurait, au contraire, rien produire de grand et de pur, si le goût ne le dirige.

Le statuaire qui s'abandonne à la véhémence du sentiment, ne voit pas toujours, dans leur ensemble et en même temps, toutes les parties de l'objet qu'il doit imiter. Le Dieu qui l'agite l'entraîne quelquefois et l'égare. Son émotion, ses vives jouissances peuvent l'induire en erreur. Il s'attache avec ardeur à de certaines parties, il ne voit pas les autres. Il néglige les masses, en se passionnant pour des détails. Ici, dans l'ouvrage admirable sans doute, mais imparfait, que l'artiste produisit en se livrant tout entier au sentiment, l'expression de la vie m'émeut et m'étonne ; là, des parties essentielles ne se retrouvent pas dans leur intégrité. La figure palpite, elle souffre, elle crie ; qu'y manque-t-il? Ce que la réflexion et le goût auraient dû y mettre : du choix dans les formes, de la justesse et de la fermeté dans les plans, du liant, de la grandeur, de l'harmonie.

Le sentiment veut trop souvent marcher de lui-même ; il repousse les règles ; elles le gênent, elles l'arrêtent ; il ne veut pas être arrêté. Tel homme brûle, en dédaignant les règles, qui devient froid quand il faut s'y soumettre.

L'homme qui sent vivement, se complaît dans de certaines émotions qui lui conviennent particulièrement par un effet de ses dispositions naturelles : il s'y habitue ; il les cherche, en considérant la Nature ; il ne saisit dans la diversité de ses modèles qu'un même caractère de beauté ; il y revient malgré lui, dans tous ses ouvrages. Il arrive de là que le sentiment lui-même, quand il domine l'artiste, le conduit souvent à une manière. Cette manière sera grande et belle, j'y consens ; mais ce sera toujours une manière, et quelque belle et fière qu'elle puisse être, elle ne représentera jamais la Nature dans sa richesse, elle n'égalera jamais l'antique et sa variété.

Doué du sentiment le plus vif, l'artiste peut s'engouer aussi de formes basses et ignobles.

Il y a même un sentiment juste et un sentiment faux. Le sentiment de l'artiste est juste, lorsque la vibration des nerfs est telle que l'idée qui en résulte est conforme à l'objet qui la produit. Il est faux, lorsque, par l'insuffisance ou par la mauvaise disposition de ses organes, l'artiste ne voit pas l'objet tel qu'il est. Dans les arts, la justesse du sentiment tient à la justesse de l'œil, à l'habitude de voir, à la connaissance profonde des objets que l'on considère. La fausseté ou l'inexactitude du sentiment vient de l'inattention, de la faiblesse de l'œil, d'une certaine ardeur de l'imagination qui trouble le regard, du défaut d'instruction, de l'habitude de créer plutôt que d'imiter.

Mettre du sentiment dans une figure, c'est y rendre la forme du modèle, telle qu'on la sent. Celui qui voit juste, peut imiter avec vérité ; celui qui voit faux, ne peut imiter que ce qu'il croit voir.

Nous ne dirons donc pas enfin, comme on l'a dit quelquefois : *Le sentiment fait tout.* Cette maxime accommodante accorde trop au talent naturel, et ne donne pas assez à l'étude. Elle place l'instinct trop au-dessus des principes. Elle est même dangereuse, en ce qu'elle semble nier qu'il puisse exister des principes certains. Si le sentiment faisait tout, pourquoi quelques modernes n'auraient-ils pas égalé les anciens? Si les Grecs sont parvenus à une hauteur que jusqu'à présent les modernes ne puissent atteindre, cela même prouve l'excellence de leur méthode d'enseignement et celle de leur théorie. Nous dirons donc, au contraire : Sans l'étude, sans les principes, le sentiment, dans l'Art Statuaire, ne produit rien de parfait. Il faut, quelque science que l'artiste puisse avoir acquise, qu'il se livre assez au sentiment, pour imiter la Nature avec justesse ; il faut que, malgré la chaleur et l'énergie du sentiment, il ne cesse jamais de consulter le goût et de se soumettre aux règles.

§ III

Nos erreurs dans les arts, au sujet du génie, viennent d'un abus de mot. Une ancienne fable, embellie par l'imagination des Grecs, y a donné lieu.

On sait que ce peuple poëte se croyait environné d'une foule de divinités, d'esprits, de démons[1]. Les airs renfermaient des esprits tutélaires qui portaient aux Dieux les prières des mortels, et apportaient sur la terre les bienfaits des Dieux. Les bois, les ruisseaux, les montagnes, étaient peuplés d'esprits bienfaisants, prêts à dispenser les richesses de leur domaine aux hommes religieux qui venaient les y adorer. Suivant une opinion qui à la vérité ne paraît pas avoir été générale, chaque homme avait pareillement un esprit familier, qui vivait en lui, qui lui servait de guide, qui ne le quittait jamais[2]. Ces esprits familiers avaient divers caractères : ils étaient doux, timides, impétueux, pacifiques, guerriers, et même intelligents ou bornés ; de là venait la diversité du caractère des hommes, qui étaient eux-mêmes timides, impétueux, intelligents ou bornés, suivant la nature et l'humeur de l'esprit qui les dirigeait[3].

Les Romains, en adoptant cette croyance, à laquelle ils ajoutèrent de nouvelles fables, donnèrent à ces esprits ou démons, le nom de *génies*. Ils formèrent ce nom de *genere* ou *gerere*, *mettre au monde*, parce que le génie, quoique immortel, naissait en quelque sorte avec l'homme[4] et mourait avec lui[5].

---

[1] Emeric David a mis en note sur son exemplaire : « Erreur au sujet des génies, dont je donne la croyance comme trop générale. »

(Note de l'éditeur.)

[2] Euripid. *Iphig. in Taur.*, act. I, scen. III, v. 201 et seq.; Plat., in *Conviv.*, in *Phœd.*, in *Epinom*; Menand., apud Plutarch., *De animi tranquill.*; Apul. *De deo Socrat.*

[3] Plutarch. *De Isid.* cap. 23 et 24; Maxim. Tyr., dissert. XIV, édit. 1740. (XXVI, édit. vulg.)

[4] « Eum (δαίμονα) nostra lingua, ut ego interpretor, haud scio an bono, certe quidem meo periculo, poteris *genium* vocare : quod is deus qui est animus suus cuique, quamquam sit immortalis, tamen quodammodo cum homine gignitur. » Apul. (*De deo Socrat.*)

[5] « Genius natale comes... mortalis in unum quodque caput. » (Horat. Ep., lib. II, epist. II, v. 187.)

14.

On n'était pas d'accord cependant sur la signification du mot *genius*. Quelques-uns, confondant les génies avec les éléments, disaient qu'ils servaient à la formation ou à la composition de tous les corps [1] : cette opinion nouvelle était entièrement contraire à celle des Grecs. D'autres disaient que les génies devaient être ainsi appelés, parce que chacun de ces esprits s'occupait de faire naître l'homme dont il devait partager le sort ; d'autres enfin, parce que le génie de chaque homme s'unissait à lui dès le moment de la naissance, pour ne s'en séparer qu'à la mort [2].

Les génies eurent un culte. On invoquait son génie, on faisait des libations et des sacrifices à son génie.

L'allégorie multiplia ces divinités. Chaque science, chaque art eut un génie particulier. On donna un génie à l'astrologie [3] ; on en donna un à l'éloquence. Un livre dut avoir aussi son génie, et ce n'était que par la puissance de ce génie qu'il allait à l'immortalité :

> Victurus genium debet habere liber [4].

Le mot *ingenium* et le mot *genius* vinrent de la même racine. On distinguait, dans un homme, des qualités acquises et des qualités ou des facultés *innées*. Les qualités innées formaient ce qu'on appelait *ingenium*. Le mot *ingenium* répondait au mot grec εὐφυία, qui signifiait *heureuse nature, disposition naturelle, aptitude apportée en naissant et tenant au caractère des organes*.

Non-seulement, sous ce rapport, un homme avait son génie,

---

[1] Pomp. Fest. *De verb. signif.*, v° *Geniales deos*.

[2] Censorin. *De die natali*, cap. 3.

[3] Juven., sat. VI, v. 561.

[4] Martial., lib. VI, epigr. LX.

mais un enfant, un animal, un arbre, une plante, avaient aussi le leur. Chaque chose avait son génie, c'est-à-dire sa nature, sa forme, ses propriétés [1]. Pétrone admirait des cheveux qui se bouclaient par un effet de leur génie [2]. Florus dit qu'à la bataille de Cannes, Annibal avait rangé son armée, *suivant le génie ou la disposition du terrain (observato loci ingenio)* [3].

Les génies, *genii,* étaient donc, suivant la croyance des anciens, des êtres d'une autre nature que la nôtre, de purs esprits, qui n'engendraient point, qui n'enfantaient point, qui présidaient seulement, suivant l'opinion de quelques Romains, à la formation ou à la naissance des hommes ; et le génie, *ingenium,* n'était, suivant eux, que l'aptitude naturelle d'un homme pour une science ou pour un art, et pour cette science ou cet art, plutôt que pour tout autre.

On sent que ce mot de *génie* ayant été pris par les anciens, tantôt au propre, tantôt au figuré, tantôt dans un sens purement métaphysique, il était facile aux modernes d'en abuser.

Dans un temps encore peu éloigné, où l'on ne reconnaissait parmi nous de grand et de beau que ce qui était extraordinaire, on ne voyait le génie que dans la faculté de créer. Le nom de *génie* était refusé à tout autre talent, et l'on se servait même d'une étymologie apparente, pour appuyer cette opinion. Le mot de *génie,* disait-on, vient de *gigno, j'enfante.*

Un génie étant d'ailleurs dans l'origine une divinité, un homme de génie devait, suivant l'expression de Winckelman, *être élevé au-dessus de la sphère des sens* [4] ; il devait partager

---

[1] Non. Marcell. *De propr. serm.,* v° *Ingenium.*

[2] « Crines ingenio suo flexi. » (Petron. *Satyric.,* cap. 126.)

[3] Flor., lib. II, cap. 6.

[4] *Hist. de l'Art,* liv. IV, chap. 2.

avec la Divinité le don de concevoir et de créer des êtres d'une nature nouvelle.

On allait jusqu'à prêcher ces étranges maximes : « Ce que le génie produit est l'ouvrage d'un moment. Pour qu'une chose soit belle, selon les règles du goût, il faut qu'elle soit élégante, finie, travaillée, sans le paraître ; pour être de génie, il faut quelquefois qu'elle soit négligée, qu'elle ait l'air irrégulier, escarpé, sauvage. — Le *génie ajoute et retranche sans cesse à la réalité des êtres*. Locke n'avait point de génie, *car il ne faisait que voir* ; Shaftesbury était un génie du premier ordre, *car il créait*. Nous devons au premier de grandes vérités ; l'autre en a rencontré rarement, n'importe ; Shaftesbury a construit des systèmes brillants, quoique peu fondés, et dans ses moments d'erreur, il plaît et persuade encore par les charmes de son éloquence [1]. »

Cette opinion fut accueillie par les artistes avec avidité. Chacun voulut avoir du génie. L'imagination produisit tout. La vérité ne fut plus rien. On n'imita plus, on créa : de là tant d'orgueilleuses erreurs et tant d'extravagantes manières.

Interrogeons nos maîtres. Qu'était-ce, suivant les Grecs, que cette *heureuse disposition naturelle*, ce talent particulier qui formait les peintres et les statuaires ? Les idées des Grecs sur la métaphysique des arts étaient simples. Ils les avaient créés en imitant ; ils les avaient perfectionnés en imitant ; leur théorie fut le produit naturel de cette suite de faits. Lorsqu'ils parlaient de la poésie ou des autres arts, ils appelaient également *génie* le talent d'imiter. Homère était le plus grand des poëtes, parce qu'il était le plus habile des imitateurs [2]. La fable d'un poëme

---

[1] *Encyclop.*, édit. de Paris, in-fol., au mot *Génie.*

[2] Aristot. *De poet.* cap. 23.

épique, celle d'une tragédie, les mœurs des personnages qu'on
y introduisait, *la composition* notamment *et l'exécution* D'UNE
STATUE, tout cela n'était, suivant eux, qu'une imitation [1].

Le nom même de *poëte* qui nous semble ne convenir qu'à des
hommes extraordinaires et divins, ce nom sublime signifiait,
chez les Grecs, sans rien perdre de sa dignité, un imitateur, un
faiseur, car produire et imiter n'étaient pour eux qu'une même
chose [2]. Un poëte était un *faiseur*, un statuaire était un *faiseur*,
un potier de terre était pareillement un *faiseur* [3]. Le génie,
pour les uns et pour les autres, consistait dans le talent de
choisir et d'exprimer les formes, les faits ou les sentiments les
plus convenables à notre nature, les plus capables de plaire ou
d'émouvoir.

Heureuse retenue! Sage définition! Ne doutons point que la
constance des Grecs à reconnaître ce principe n'ait été une des
causes de la perfection où ils portèrent les beaux-arts.

Il faut être de bonne foi sur les mots : non, le génie, si l'on
veut parler sans figures, ne crée rien. Il s'approprie des faits ;
il les combine ; il saisit les rapports prochains, les rapports éloignés; il choisit ; il imite : il ne va point au delà. Si l'on veut
que le génie crée, il faut reconnaître que créer, c'est faire ces
diverses choses, sans quoi ce mot, appliqué aux hommes, serait
vide de sens.

Je n'examinerai pas dans quel sens on peut dire que Copernic
créa son système, qu'Homère créa son sujet, que Racine créa sa

---

[1] Id., *ibid.*, cap. 1, 6, 24.

[2] Ἀπὸ δὲ τοῦ ποιητικοῦ, τὸ ποιεῖν. Ἀλλὰ καὶ τοῦτο διὰ τὴν ἐπὶ πολλῶν
χρῆσιν ἀμφίβολον, εἰ μήτις αὐτῷ προσθείη τὰ ποιήματα. (Pollux, *Onom.*
lib. IV, cap. 1.)

[3] Ἐρεῖς δὴ καὶ τέχνην ζώων μιμητικὴν, ζώων ποιητικὴν, ὁμοιωτικὴν, καὶ
τὸν ἄνδρα, μιμητήν. (Pollux, *ibid.*, lib. VII, cap. 28.)

langue. Je parle d'un art dont l'objet principal est l'imitation du corps de l'homme, et certainement ces rapprochements d'objets éloignés, ces associations hardies, nouvelles et inattendues, qui ont fait regarder Copernic, Homère, Racine, comme des génies créateurs, ne pourraient substituer que des formes disparates, que des monstruosités, aux traits caractéristiques du corps humain.

Dans les sciences, le génie tire d'un principe toutes les conséquences qui s'y trouvaient renfermées, ou bien il arrive, de plusieurs faits réunis, à un principe général qui les explique tous : dans les arts, soit qu'il compose, soit qu'il exécute, le génie ne fait toujours qu'imiter.

Locke, Bacon, Newton, Descartes, Pascal, Leibnitz, étaient des hommes de génie, en ce qu'ils avaient reçu de la Nature et de leur application la faculté de réunir un grand nombre de faits, d'en *voir* avec netteté, avec fermeté, tous les divers rapports, et de découvrir, en les combinant, le lien qui les unissait. Corneille, Molière, Racine, Michel-Ange, Raphaël, le Poussin, le Dominiquin, étaient des hommes de génie, en ce qu'ils étaient doués du talent, non pas de créer, mais de *voir* dans la nature physique la véritable forme ou la véritable couleur des corps, dans la nature morale les caractères variés des affections de l'âme, de bien choisir ces formes et ces caractères relativement à l'effet qu'ils voulaient produire par l'imitation, et de les imiter ensuite avec une vérité rivale de la Nature elle-même.

Le génie, dans l'Art Statuaire en particulier, choisit de nobles sujets, agrandit, élève, anime tous ceux qu'il traite ; il distingue dans une action le moment, les pensées, les mouvements de l'âme, les plus capables de produire de grands effets ; il exprime beaucoup avec peu de figures ; il apprécie toutes les convenances ; il allie la richesse avec la simplicité, l'énergie de l'expression avec la beauté des formes. Ce n'est pas tout : le génie saisit avec la plus exacte justesse la forme des corps telle qu'elle est ; il sent vivement tous les contours, tous les reliefs, toutes les demi-teintes, et reporte le tout sur son ouvrage avec autant de justesse qu'il l'a saisi. Il peut choisir avec sûreté, parce qu'il voit tout ; il voit tout, parce qu'un amour toujours renaissant attache ses yeux sur son modèle. Ni la fatigue, ni même ses erreurs ne le rebutent dans l'exécution. Sa passion va redoublant depuis le commencement de l'ouvrage jusqu'au poli. Honteux de se trouver inférieur à la Nature, il brise sa figure et la recommence, et forcé enfin de la laisser échapper de ses mains, il lui dit encore : Tu n'es qu'une méprisable argile.

Représentons-nous l'âme, le feu du poëte sublime qui a modelé l'Apollon. Elévation de pensées égale à la hauteur de son sujet ; chaleur la plus soutenue, la plus active qui puisse embraser un artiste ; amour passionné du beau, qui cherchait la perfection sans cesse, et qui dirigeait dans chaque mouvement une main obéissante et réfléchie ; goût épuré, qui, parmi des formes parfaites, savait choisir les plus convenables au dieu toujours jeune, toujours radieux, dont l'artiste formait l'image : telles étaient les facultés, les lumières de cet homme divin. Nous n'avons rien à lui pardonner, parce que sa propre critique ne lui pardonnait rien. Il s'est montré l'égal de lui-même dans le noble ensemble de sa statue et dans les élégants détails. D'après des modèles humains, il ne pouvait représenter qu'un homme, mais cet homme est si beau, qu'il paraît une divinité. Par un effet de sa pose majestueuse, et par l'opposition de son léger manteau, le dieu est resplendissant de lumière. Il est nu, et n'inspire que le respect. Il marche sur la terre, et semble pouvoir la quitter. On voit à son mouvement ce qu'il vient de faire ; on reconnaît la pensée qui roule encore dans son esprit. L'ignorant qui le regarde, s'émeut, se passionne, trouve en soi, pour l'admirer, un sens qu'il ne se connaissait point. L'homme savant dans les arts, chaque fois qu'il le considère, reconnaît avec étonnement qu'il n'en avait pas encore senti la perfection : plus il a de connaissances, plus il y découvre de vérité, de finesses, de grandeur, de beautés toujours nouvelles. Prodigieux effet et de la sublimité de la pensée, et de la fidélité de l'imitation! Dans l'Art Statuaire, voilà le génie.

§ IV

Le goût, dans l'acception la plus simple de ce mot, est un sentiment par lequel nous discernons ce qui nous est bon. Le goût, dans ce sens, est pour chaque homme l'instrument et la mesure de son plaisir.

L'idée de nos propres jouissances nous donne l'idée du sentiment et des jouissances d'autrui. Le goût a été défini, sous ce rapport, « la faculté de découvrir avec finesse la mesure du plaisir que chaque chose doit donner aux hommes [1]. »

S'il y a un beau réel, il y a un bon goût. Personne, mieux que les artistes, ne doit être convaincu de la réalité de l'un et l'autre. Si, en effet, il n'y avait pas un beau réel, et s'il n'y avait pas un bon goût, quel serait l'objet de leurs études, le terme de leurs efforts, le garant de leur gloire et celui de leur immortalité?

Le goût, pour le commun des hommes, n'est qu'un sentiment ; pour les artistes, pour les poëtes, le goût est un sentiment et un art.

[1] Montesquieu, *Essai sur le goût.*

Le goût juge de la beauté des grandes choses et de celle des petites.

Le nom de goût convient particulièrement au sentiment de la grâce. La pose de l'Hercule Farnèse et celle de l'Hermaphrodite, la chaussure élégante et riche de l'Apollon, l'ajustement de ses cheveux, les plis et les ondulations de sa chlamyde légère, sont, en ce sens, des chefs-d'œuvre de goût. L'artiste qui a donné à la Vénus de Médicis sa pose naïve et pudique avait le goût le plus délicat et le plus voluptueux dont aucun mortel ait jamais été doué.

On a fait consister le goût dans l'art d'exécuter avec facilité, dans l'art de cacher le travail : c'est une erreur [1].

On a confondu aussi le goût avec le génie ; on a cru reconnaître dans les arts un goût créateur, de même qu'on avait admis un génie créateur ; on a voulu faire une distinction entre les choses véritablement belles et les choses de goût : c'est une erreur encore. La beauté a des caractères et des degrés différents; mais les éléments de l'agréable et du beau sont les mêmes. Les mêmes principes ont guidé les artistes grecs dans tous leurs ouvrages. Dans l'ordonnance d'un temple et dans les ornements d'un chapiteau, dans les fragments d'un colosse, et dans l'anse déliée d'un vase, nous reconnaissons la même fidélité à suivre des règles dictées par la Nature, et invariables.

Quel est ce goût, qui, affranchi des règles, prétend créer des choses qui plaisent dans les arts, sans être belles ? Ce goût n'est qu'une manière, une pratique, un métier.

Il ne faut pas enfin imputer au goût général les erreurs mêmes qui paraissent quelquefois générales. Dans notre goût, comme dans nos opinions, nous sommes rarement nous-mêmes.

---

[1] Mengs, *Pensées sur la peinture :* Usage et règles du bon goût.

Trop souvent nous mettons des dogmes à la place du sentiment, des plaisirs d'opinion à la place des vrais plaisirs. Il y a non-seulement un goût naturel et un goût acquis, mais un goût vrai et un goût factice, un goût qui jouit et un goût qui régente.

Lorsqu'on disait parmi nous : « Je vois la tête d'un *Jupiter* ou d'un *Apollon*, qui n'a ni noblesse ni majesté ; mais elle est faite avec verve, avec un ragoût infini. J'y aperçois l'âme ; elle me parle comme tête ; quoiqu'elle ne me tienne pas les propos convenables à une divinité. Ce n'est pas une tête de beau caractère ; c'est une tête de goût [1] ; » cela ne signifiait pas sans doute : « Cette tête sans vérité, sans noblesse, est conforme au goût naturel du peuple français » ; cela signifiait : « Cet ouvrage ignoble et bizarre est conforme au goût que nous avons adopté dans l'école française. »

§ V

Chaque poëte, chaque artiste est déterminé dans le choix de ses sujets par une inclination naturelle. Il saisit plus ou moins vivement, suivant l'impulsion du génie qui le domine, ce que la Nature offre d'imposant, d'austère, de délicat, de tendre, de voluptueux. Il exprime de certaines affections de l'âme, avec plus de facilité que d'autres affections. Polyclète se plaisait à représenter des hommes ; Phidias à former des Dieux [2] ; Lysippe imitait les traits d'Alexandre ; Praxitèle pour modèle et pour maître avait choisi l'Amour.

[1] Dandré-Bardon, *Traité de peinture*, suivi d'un Essai sur la sculpture, p. 24.

[2] Quintil. *De orat.* lib. XII, cap. 10.

L'artiste doué d'une sensibilité vive et profonde se forme un style propre à lui, qui peint le caractère de son âme. Il le modifie, il l'anime, il le maîtrise. Que de feu, de vérité, d'élévation, dans le style du Poussin, du Dominiquin, de Raphaël, de Michel-Ange ! L'homme médiocre n'a point de style : sa main débile ne saurait prononcer un trait énergique et original.

Les statuaires qui avaient précédé Phidias, laissaient encore, dans leurs figures, de la roideur et de la sécheresse. Phidias, le premier, sut donner à son style, suivant les expressions des anciens, de la *grandeur* et de la *majesté*, de la *gravité*, de l'*ampleur* et de la *magnificence* [1]. Les Grecs ne trouvaient point de mots assez pompeux pour exprimer leur admiration, quand ils parlaient du style de cet artiste célèbre. Ils lui comparaient celui de Thucydide, celui de Démosthènes. Mais la beauté mâle que représentait Phidias était pleine de douceur, d'élégance et de grâces. Ingénieux et sublime, il imitait les grandes choses avec énergie, les petites avec naïveté [2]. Son style, qu'il variait dans ses divers ouvrages, était, disent les anciens auteurs, *magnifique et recherché tout à la fois* [3]. Si Phidias n'eût habilement imité les nuances les plus légères et les traits les plus délicats, serait-il parvenu jamais à l'expression de la vie ? Son style était admirable, parce qu'il réunissait ces trois caractères, la vérité, la finesse et la grandeur.

Le style élevé a inspiré aux artistes tant d'admiration, que

[1] Demetr. Phaler. *De eloc.* cap. 14 et 40 ; Dion. Halicarn. *De antiq. orat.*, in *Isocr.*; Quintil. *De orat.* lib. XII, cap. 10.

[2] Pausan., lib. V, cap. 2 ; Martial., lib. III, epigr. xxxv ; Julian. imper., epist. viii.

[3] Ἔχουσά τι καὶ μεγαλεῖον καὶ ἀκριβὲς ἅμα. (Demetr. Phaler. *De eloc.* cap. 14.)

dans leur langage poétique, le nom même de *style* signifie style élevé. Ainsi, quand ils disent qu'il y a du style dans la marche d'une composition, du style dans la pose et dans les formes d'une figure, du style dans les draperies et dans les accessoires, cela signifie qu'il y a, dans toutes ces choses, de la grandeur et de la simplicité.

Cette manière de considérer le style a elle-même quelque chose de grand et de sublime. La sculpture, en effet, est l'amie des Dieux, des Grâces, des héros. Elle ne descend qu'avec réserve au genre familier. Mais il ne faut pas perdre de vue qu'il y a un style propre à chaque sujet, et des formes plus ou moins convenables à chaque personnage. Dans l'Art Statuaire, comme dans les ouvrages des poëtes et des orateurs, la convenance et la vérité sont le principal mérite du style.

Auprès de toutes les beautés différentes, les Grecs avaient remarqué des vices qu'ils savaient éviter. A côté de la magnificence, ils voyaient la froideur; à côté de la grâce, l'afféterie. Ils avaient trouvé la cause de la froideur dans deux extrêmes; d'une part, dans l'exagération, et de l'autre dans le défaut de modulation et de nombre [1], c'est-à-dire dans la roideur et la sécheresse des lignes droites. Peut-être n'est-il pas hors de propos de rappeler aujourd'hui leur doctrine.

Il ne suffit pas de mettre de la simplicité dans une figure, pour y mettre du style : il faut encore que cette simplicité soit riche et expressive.

Il peut y avoir du style dans les accessoires d'une figure, tandis qu'il n'y en a point dans le nu. Le style des accessoires n'est quelquefois qu'un plagiat. Le beau style, considéré dans le nu, est le triomphe de l'art.

---

[1] Demetr. Phaler. *De eloc.* cap. 114 ad 119, cap. 125 et 190.

Le style est, comme le goût, un produit du sentiment; il est, comme le goût, dirigé, modifié par le travail et par l'étude ; il est naturel, il est factice ; il est quelquefois, comme le goût, égaré, dénaturé par le désir d'une fausse gloire, par la tyrannie des modes et par celle des préjugés.

Il y a, dans les arts, un style d'école. Lorsque ce style est fondé sur une saine théorie, il se transmet avec elle, sans danger, d'un maître à l'autre, il peut devenir meilleur de jour en jour : c'est ce qui arriva chez les Grecs.

Lorsque ce style, au contraire, tient au sentiment particulier d'un maître, et qu'il n'est pas guidé par des règles constantes, il ne se transmet qu'imparfaitement. L'art du maître périt alors avec lui; les disciples imitent son style par routine, et le style de l'école devient une manière : c'est ce qui est arrivé chez les modernes.

Remarquons enfin que l'on a confondu quelquefois *le style, le goût,* et *le faire.* On a défini assez justement *le faire,* en disant qu'il *est l'accent de la main;* mais lorsqu'on a ajouté : « Le bon goût ou le bon faire en sculpture, est celui où l'œil connaisseur découvre, dans des chefs-d'œuvre de goût, le style carré, méplat, flou, arrondi[1],» on n'a enseigné, dans ces mots inintelligibles, que la pratique voulue par les préjugés d'alors.

La Nature n'a point de faire. Le faire du grand maître doit consister à cacher le métier. L'homme habile n'est pas esclave de son faire. Tout faire habituel est une manière; toute manière est près d'être une erreur.

Écrire un traité sur le style, ce serait composer un traité sur l'art. Ce que nous voudrions dire encore à ce sujet, se trouvera

---

[1] Dandré-Bardon, *Traité de peinture,* suivi d'un Essai sur la sculpture, p. 25.

dans l'exposition des règles suivies par les statuaires grecs, relativement au choix des formes.

§ VI

Que faut-il entendre enfin par *beau idéal* ?

Nous avons dit, nous prouverons mieux encore que les artistes grecs étaient parvenus, par une étude profonde de la Nature, à corriger les défauts de leurs modèles, à les embellir en les imitant. L'admiration qu'ont excitée leurs ouvrages, a fait croire qu'ils avaient eux-mêmes conçu, créé une beauté surnaturelle, et quelques modernes, pour désigner cette espèce de beauté, l'ont appelée *beau idéal.*

Cette beauté dont on voulait parler, étant un être chimérique, le nom, par une conséquence naturelle, a été vidé de sens ; il a donné naissance à différents systèmes. Après l'avoir adopté, on n'a pas été d'accord sur sa signification.

Quelques écrivains, justement persuadés que le beau exprimé dans les ouvrages des Grecs avait été choisi sur divers modèles réunis, ont dit que le beau idéal était un *beau de réunion.* De ce nombre est le savant et éloquent auteur d'*Anacharsis,* qui a ingénieusement substitué au nom de *beau idéal* celui de *vrai idéal* [1].

D'autres, tels que Mengs et Winckelman, en reconnaissant que le beau idéal n'est qu'un beau de réunion, en ont parlé en des termes tellement exagérés et emphatiques, qu'ils ont dénaturé leur propre pensée, et fait croire que ce beau divin était hors de la Nature. Ils ont cru le voir, ce sont leurs expressions,

[1] *Anach.*, chap. 72.

dans la région des idées incorporelles[1]. Il leur a semblé qu'un esprit supérieur en trouvait en lui l'image *sans le concours des sens*[2].

D'autres enfin, franchissant toute limite, ont formellement soutenu ce qui n'était échappé à Mengs et à Winckelman que dans des moments d'enthousiasme. Ils ont dit que le beau de réunion n'était pas encore le beau idéal; qu'on chercherait en vain sur la terre le modèle de ce beau divin; que l'artiste n'en trouve l'image qu'en lui-même; qu'il la tire de son propre fonds.

Cette opinion, qui semble, au premier aperçu, placer le génie des artistes au-dessus de la Nature, ne peut réellement porter dans leur âme, s'ils l'examinent avec attention, que le découragement et le désespoir.

La Nature cruelle aurait-elle donc condamné l'homme à ce supplice éternel, d'avoir en lui l'idée du beau, de le vouloir avec passion, de le chercher sans cesse et de ne pouvoir le découvrir jamais? Mais si ce beau n'existe pas dans l'espèce humaine, comment donc est-il beau par rapport à nous? Si jamais il ne frappa nos sens, comment l'idée en est-elle venue dans notre esprit? Je ne dis pas assez : ce beau idéal, quel est-il? ce sera celui de l'Apollon : je veux le croire; mais, s'il s'agit de modeler des figures de différents caractères, représentant des âges différents, quel sera donc ce beau, qu'il faudra d'abord trouver en soi-même, qu'il faudra ensuite représenter avec exactitude dans divers mouvements, qu'il faudra faire reconnaître à des juges vulgaires, et leur faire admirer? Si un artiste était, en effet, assez supérieur à l'humanité pour concevoir une beauté surnaturelle, comment serait-il assuré que ces

---

[1] Winckelm., *Hist. de l'Art,* liv. **IV**, chap. 6.
[2] Id., *ibid.*

formes belles à ses yeux paraîtraient belles au reste des hommes ?
Le pays des chimères est immense : n'y aurait-il pas, dans ce
système, autant de beaux différents, ou plutôt de bizarres
folies, que d'inventeurs enthousiastes et de crédules admira-
teurs ?

Dirons-nous enfin, comme Malebranche, qu'il faut, pour
trouver le beau véritable, nous élancer dans le sein de Dieu ;
que nous ne pourrons le connaître pleinement, le voir et en
jouir, que dans une vie future et éternelle ? Cette pensée est
sublime sans doute ; mais qu'a-t-elle de commun avec les
plaisirs terrestres dont notre organisation nous fait éprouver
le besoin ?

Quelle était l'opinion des Grecs ? Ce sont eux qu'il faut toujours prendre pour guides.

Platon disait : « Pensez-vous qu'un peintre dût être réputé
moins habile, si, après avoir peint un homme parfaitement beau,
et accompli dans toutes ses parties, il ne pouvait en faire voir
un pareil parmi les êtres vivants ? — Non, par Jupiter [1]. »

Que signifie ce passage ? Y voit-on que l'artiste dont il est
question dût prendre un modèle hors de la Nature ? Au contraire, il s'agit de l'image d'un homme, du plus bel homme qui
pût exister. Platon compare cette peinture à son projet de République. Il se sert de cette comparaison pour prouver que sa
République est possible, que ses lois sont fondées sur la Nature.
Il entend donc raisonner sur un beau réel ; il ne parle que d'une
imitation. La peinture même qu'il donne pour exemple, n'a
point été, suivant lui, exécutée, pas plus que sa République ;
rien d'aussi beau n'est encore sorti, dans sa supposition, de la
main des artistes : sa République attend des philosophes qui la

---

[1] Plat. *De rep.* lib. V.

réalisent, et cette image d'un bel homme, à laquelle il la compare, attend apparemment un peintre qui soit l'égal de ces philosophes.

Aristote dit comme Platon : « Le modèle du peintre doit exceller en beauté ; il doit être semblable aux figures que peignait Zeuxis[1]. »

. Ce témoignage est positif : le beau suprême des Grecs, le beau des artistes, c'était celui qui peignait Zeuxis. Mais Zeuxis trouvait ce beau dans la Nature ; il savait le reconnaître ; il en réunissait les traits qu'il voyait répandus sur différents modèles ; il n'était donc qu'imitateur.

Sénèque, en expliquant l'opinion de Platon sur les idées, dit que le modèle du peintre peut être extérieur ou intérieur : extérieur, s'il est réellement placé sous les yeux de l'artiste ; intérieur, s'il n'est que dans sa mémoire ou dans son imagination[2]. On ne saurait douter, en effet, que l'artiste ne puisse se faire un modèle imaginaire : la question est de savoir s'il peut surpasser la Nature, en créant une beauté dont elle n'ait pas donné le modèle.

Autant les Grecs étaient loin de rechercher cette beauté chimérique, autant le nom même de *beau idéal* leur aurait paru impropre et mal choisi. C'est une chose remarquable, que ce nom, si on en recherche l'étymologie, ait une signification totalement contraire à celle qu'on a voulu lui donner.

Suivant le témoignage de Cicéron et de Sénèque, Platon se servit le premier du mot *idea*, idée ; il le forma de *eido, je vois*. Lorsqu'un objet a frappé nos regards, son image s'imprime dans

---

[1] Τὸ γὰρ παράδειγμα δεῖ ὑπερέχειν, τοιούτους δ' εἶναι οἵους Ζεῦξις ἔγραφεν. (Arist. *De poet.* cap. 24.)

[2] Senec., **epist. lxv.**

notre esprit : cette image que nos yeux ont saisie d'abord, et que nous pouvons retrouver en nous-mêmes, lorsque l'objet est absent, Platon l'appelait une *idée*. L'idée était, suivant ce philosophe, la forme des corps, considérée abstractivement et séparée de la matière à laquelle elle pouvait appartenir[1]. Pour avoir des idées, c'est-à-dire pour retrouver en soi la forme des corps, il fallait, par conséquent, que ces corps eussent frappé la vue : se représenter une idée, c'était se ressouvenir.

« Je veux faire votre portrait, dit Sénèque ; vous en êtes le modèle ; c'est de vous que j'emprunte les traits qui passeront dans mon ouvrage ; votre visage que j'étudie, qui dirige mon pinceau, dont je cherche à saisir la ressemblance, voilà ce que Platon appelle *l'idée*. — Lorsqu'un artiste, dit-il encore, peignait Virgile, il le regardait ; le visage de Virgile, présent à sa vue, était *l'idée*, c'est-à-dire *le modèle du tableau*[2]. »

Cette manière de considérer les idées, paraît avoir été constamment celle des philosophes grecs[3].

Si les Grecs, par conséquent, eussent associé le mot *idéal* au mot *beau*, ce mot d'*idéal* venant de *eido*, *je vois*, le nom de *beau idéal*, conforme aux opinions des Grecs sur l'imitation de la Nature, aurait signifié le beau que l'on voyait ou qu'on aurai pu voir, *le beau visible*.

On pourrait aussi faire dériver le mot *idéal* du mot grec *eidos*. Celui-ci signifie *forme*. Il vient lui-même de *eido*. Le beau

---

[1] « Has rerum formas appellat *ideas*, ille non intelligendi solum, sed etiam dicendi gravissimus auctor et magister. » (Plato ; Cicer. *Orat*. cap. 3 ; Id., *Topic*. cap. 3, et *Acad. quæst*. i, cap. 8 ; Senec., epist. lviii ; Diog. Laert., in *Plat*.)

[2] Senec., epist. lviii.

[3] Stob. *Eclog. physic*. lib. I, cap. 15.

idéal, dans ce sens, aurait été *le beau de la forme*, ou *le beau des formes*, et considéré dans le corps de l'homme, le beau idéal aurait été *le beau des formes humaines*.

On trouve ce passage remarquable cité dans Suidas : « Cet homme était beau d'idée (ou quant à l'idée), si jamais il en fut. » Cela signifie, en d'autres termes, cet homme était beau de forme ou dans ses formes, autant qu'un homme puisse l'être [1].

Plutarque se sert pareillement de cette expression : *l'idée du corps*, pour dire la forme du corps. Il dit, en parlant de Périclès, que *l'idée* ou la forme du corps de ce célèbre Athénien était sans défauts, si l'on en excepte la tête [2].

Le mot *d'idée* enfin était si bien pris dans ce sens, relativement même à l'Art Statuaire, que l'on disait également que les statues étaient des figures imitatives, des images, des ressemblances, des simulacres, des *idées* [3].

Le nom de *beau idéal*, considéré en lui-même, ne peut donc désigner que le beau visible, le beau réel, le beau de la Nature.

Remontons plus loin. Dans le système de Platon, les formes devenues propres aux divers corps avaient existé avant le monde visible. Toutes les *idées*, c'est-à-dire les modèles éternels de toutes les choses, reposaient dans l'Intelligence divine avant la création. Ces idées étaient improduites, inaltérables, immortelles [4]. Mais l'artiste pouvait-il, dans l'opinion même de ce

---

[1] Καλὸς τὴν εἰδέαν, εἴ τίς καὶ ἄλλος. Erat egregius secundum formam, si quisquam et alius. (Suid., in verb. Εἰδέα.)

[2] Plutarch., in *Pericl.*

[3] Εἰκόνες, μιμητὰ τυπώματα, εἴδη, ἰδέαι. (Pollux, *Onom.* lib. I, cap. 1.)

[4] Plat., in *Parmenid.*; Senec., epist. LVIII.

philosophe, s'élever jusqu'à *l'idée de l'homme*, c'est-à-dire jusqu'à l'exemplaire premier et original de l'espèce humaine, pour y conformer son imitation ? Non. « Lorsque Dieu, dit Platon, forma le corps de l'homme, il imita ce modèle incréé, qui était présent à sa pensée ; quand un peintre aujourd'hui forme des figures qui représentent l'homme, il n'imite que l'ouvrage de Dieu ; il copie, par conséquent, une copie ; il n'est imitateur qu'au second degré [1]. »

Le beau enfin, non pas idéal, mais suprême, unique, le beau par essence, le beau éternel, immuable, quel était-il, suivant Platon ? C'était Dieu lui-même [2]. Dieu seul devait être l'objet de l'amour, des recherches, de l'espérance de l'homme vertueux. Le transport amoureux d'un cœur qui s'élance vers Dieu, et l'adore dans ses créatures, cet enthousiasme religieux formait ce que nous appelons *l'amour platonique* [3]. Le sentiment de Platon et celui de Malebranche se rapprochent en ce point. Mais ces deux beaux génies s'élèvent également, par ces hautes pensées, au-dessus de la sphère des objets terrestres, et par conséquent au-dessus de l'empire des arts.

Si ce qu'on a voulu entendre par *beau idéal* était, en effet, le beau par excellence, les artistes grecs ne seraient parvenus à l'exprimer qu'en arrivant à la perfection ; c'est Lysippe, c'est Praxitèle, qui auraient fait admirer ce beau surnaturel. Or, nous avons vu, au contraire, que Lysippe et Praxitèle étaient regardés comme les plus habiles des statuaires, *parce qu'ils s'étaient le plus approchés de la vérité.*

A quelle époque naquit le système que nous cherchons à

---

[1] Plat. *De rep.* lib. X.
[2] Id., *ibid.*, lib. VI ; Id., in *Conv.*
[3] Id., in *Phæd.*

détruire? Il prit naissance longtemps après les beaux jours de la Grèce, lorsque les arts et le goût touchaient à leur anéantissement [1].

Ce furent quelques illuminés, quelques enthousiastes, Apollonius de Tyane [2], Sénèque le rhéteur [3], Proclus [4], qui, voyant les arts dégénérer par une imitation minutieuse, se jetèrent dans un excès opposé. Ils enseignèrent que l'artiste devait s'élever au-dessus des nuages, contempler Jupiter assis au milieu des astres et des heures, rayonnant de foudres et d'éclairs, et le représenter tel qu'il l'aurait vu durant cette extase.

Vitruve [5], Longin, les deux Philostrate [6], s'opposaient aux progrès de cette doctrine ridicule.

On commençait, au temps de Longin, à abuser du mot *fantaisie* dans le même sens qu'on a abusé, chez les modernes, de celui d'*idéal*. Ce défenseur du goût s'élevait contre une innovation dangereuse. Les Grecs entendaient par *fantaisie* l'image que les corps soumis à la vue impriment et laissent dans l'esprit. Ils désignaient aussi, par ce nom, la faculté de se retracer les objets que l'on avait vus. « Quelques-uns veulent aujourd'hui, dit Longin, appeler *fantaisie* les images bizarres que

[1] Winkelman place le règne de l'idéal immédiatement avant Phidias. « Les réformateurs de l'art, dit-il, Phidias, Polyclète, Scopas, Alcamène, Myron, ayant paru, s'élevèrent contre ce système arbitraire, et s'approchèrent de la vérité du naturel. » (*Liv.* IV, chap. 6, § 2.) Il faudrait croire, si l'on adoptait cette opinion, que l'idéal était un vice que ces réformateurs proscrivirent.

[2] Philostr., in *Apollon. Tyan.* lib. VI, cap. 19.

[3] Senec. Rhet., lib. V, controv. 34.

[4] Procl., in *Tim.* Plat. lib. II (édit. Basil. in-fol. 1534, p. 81).

[5] Vitruv., lib. VII, cap. 5.

[6] Philostr., *loc. cit.* et *var. loc.*; Philostr. Jun. *Icon.*, in Proem.

nous formons dans notre esprit. Ils ne prennent pas garde, ces grands orateurs, que lorsque Oreste croit voir les Furies, c'est qu'il n'est pas dans son bon sens [1]. »

Frappés de la beauté des statues antiques, les artistes modernes en ont retenu des images dans leur mémoire : quand ces images vagues, inexactes, se sont ensuite représentées à leur esprit, ils ont cru avoir conçu d'eux-mêmes une beauté surnaturelle : voilà l'origine de leur opinion sur le *beau idéal*. Ce beau par excellence n'est que le beau des Grecs, non point tel qu'il existe réellement sur les figures antiques, mais fantastique, indéterminé, tel que le représente une mémoire plus ou moins infidèle.

Si l'artiste travaille sans avoir de modèle sous les yeux, quel est son guide ? Le ressouvenir ; il ne saurait en avoir d'autre. Or, le ressouvenir peut être utile à l'artiste, quand il s'agit de représenter quelque effet passager d'une passion violente, une tempête, le feu du tonnerre, ou, en général, quelqu'un de ces accidents qu'il est difficile de revoir avec des circonstances parfaitement semblables. Mais, dans l'art de modeler en ronde bosse les formes du corps humain, des formes mobiles, différentes d'elles-mêmes dans toutes leurs actions, comment se confier au ressouvenir ? L'artiste qui s'habitue à ce guide trompeur croit avoir saisi le *beau idéal*, parce qu'un certain fantôme, qu'il prend pour le modèle de ce beau surnaturel, demeure présent à son imagination, et il n'a réellement appris qu'à voir la beauté sous une forme unique. Sa main représente par routine,

---

[1] Long. *De sublim.* cap. 15. (Chap. 13 de la trad. de Boileau.) — Quintilien définit la *fantaisie :* une imagination vive, capable de se peindre les choses *telles qu'elles sont,* et de les représenter de même. (*De orat.* lib. VIII, cap. 3.)

dans toutes ses compositions, l'idole chérie que se forma son esprit. Bientôt il ne sent plus le mérite de la vérité ; il ne la cherche plus. En face du modèle vivant, il ne saurait en exprimer les traits ; il en a perdu le pouvoir. Il crut s'affranchir de la servitude de l'imitation, et, au contraire, il donna lui-même des entraves à son génie.

Raphaël disait que, n'ayant point trouvé de modèle assez beau pour peindre sa Galatée, il avait suivi *une certaine idée de beauté*, qu'il avait formée dans son esprit [1]. Quand il croyait avoir créé une beauté nouvelle, ce grand homme ne faisait que se ressouvenir ; et malheureusement pour le système de l'idéal, cette figure de Galatée n'est pas la plus belle qu'il ait produite.

On raconte pareillement de Phidias, qu'il avait conçu son Jupiter d'après ce vers d'Homère : « Il inclina son front ; sa chevelure s'agita sur sa tête immortelle ; tout l'Olympe en trembla. »

Cicéron a dit, à ce sujet, que, pour former son Jupiter et sa Minerve, Phidias n'avait point placé de modèle vivant sous ses yeux ; mais qu'ayant conçu dans son esprit l'idée d'une beauté parfaite, il n'avait appliqué son attention et sa main qu'à l'imiter [2].

Ce mot et le fait auquel il se rapporte n'ont besoin que d'être expliqués. L'image sublime que lui présentait Homère pouvait faire concevoir à Phidias les proportions colossales et le mouvement de la chevelure de son Jupiter ; elle ne pouvait pas lui en donner les traits. Cicéron aura pu croire que Phidias avait travaillé de ressouvenir, et vraisemblablement, c'est une erreur ; mais celui qui a dit si souvent, dans ses traités sur l'art oratoire :

[1] Raccolta di lett. sulla pitt. Raff. Sanz. a B. Castigl., t. I, p. 83.
[2] Cicer. *Orat.* cap. 2.

Rien n'est beau que le vrai ; celui qui a dit : *Notre esprit ne conçoit rien que par l'entremise des sens* [1], ce grand maître n'aura pas soupçonné le plus célèbre des statuaires d'avoir voulu créer une sorte de beau qui n'existait pas dans la nature humaine. On se rappelle enfin que Phidias soumit cette figure de Jupiter au jugement de la multitude, avant de la terminer, et que le peuple en fit une critique sévère ; si elle n'eût pas présenté une fidèle imitation des formes humaines, l'artiste aurait-il consulté utilement cette multitude, qui ne juge que par sentiment ?

Lysippe demandait à Eupompe : *Quel maître dois-je imiter ?* LA NATURE ! lui répondit Eupompe, en lui montrant des hommes [2]. Ce mot seul du chef de l'école de Sicyone fait connaître l'opinion des artistes grecs : ce mot suffit pour renverser, au sujet de l'idéal, le vain et fatal système des modernes.

§ VII

Après ces explications, longues mais indispensables, nous arrivons à cette importante question : Si les belles statues grecques ne sont qu'une imitation de la Nature, pourquoi paraissent-elles la surpasser ?

J'ai dit que les Grecs avaient été conduits, par leur manière de faire la guerre, par leurs mœurs et par leurs malheurs peut-être, à considérer dans la beauté en général son utilité, à rechercher dans les formes du corps humain les signes de la puissance physique, ceux de la bonté du cœur et de la vertu.

---

[1] « Quidquid animo cernimus id omne oritur à sensibus. » (Cicer. *De fin.* lib. I, cap. 19.)

[2] Plin., lib. XXXIV, cap. 8.

Leur théorie renfermait un second principe.

Les choses qui nous paraissent belles nous sont agréables sous deux rapports différents.

Elles nous plaisent, premièrement, à cause de leur convenance avec leur destination, soit relativement à nous, soit relativement à elles-mêmes, ou relativement à l'ensemble dont elles font partie.

Elles nous plaisent, en second lieu, à cause de la grandeur, de l'énergie et de la diversité des idées qu'elles produisent dans notre esprit, et à cause de la facilité avec laquelle les qualités et la combinaison des parties qui les composent nous font concevoir, distinguer et retenir ces idées.

Il est en nous une contradiction qui annonce la différence des deux substances dont l'homme est composé. Notre âme, avide de voir, de juger, de connaître, recherche avec ardeur des plaisirs auxquels nos organes suffisent à peine. Impatients de pénétrer les secrets les plus profonds de la Nature, nous ne faisons quelques découvertes fugitives que lentement et pas à pas. Nous voulons, dans un immense horizon, découvrir, comparer à la fois une grande quantité d'objets, et nos faibles regards ne sauraient en distinguer avec netteté qu'un petit nombre. Insatiables dans nos jouissances, nous sommes avares d'efforts. L'uniformité nous déplaît ; l'extrême diversité nous fatigue. Il est des plaisirs que la peine assaisonne, mais l'œil veut jouir sans travail.

Cette disposition naturelle nous fait rechercher, dans les objets qui frappent nos sens, ou dans ceux du moins qui agissent sur la vue, sur l'ouïe et sur le toucher, des qualités opposées en apparence les unes aux autres. Nous admirons la variété, l'ampleur, la richesse ; nous aimons la simplicité, l'ordre, l'unité.

L'ordre, en classant les objets, nous en fait jouir pleinement.

16.

Des divisions justement graduées nous donnent, en quelque sorte, l'idée de l'infini. L'ampleur enfin, la variété, l'unité, l'ordre réunis, produisent cette grandeur, dont l'aspect nous frappe, nous saisit, nous transporte. Nous devenons grands nous-mêmes à nos propres yeux, par la facilité avec laquelle nous embrassons un harmonieux ensemble, et distinguons les nombreux rapports de ses différentes parties.

Cette même disposition de notre esprit a donné aux arts d'imitation une de leurs règles fondamentales. Dans les productions des arts, comme dans les ouvrages de la Nature, pour qu'un objet charme à la fois notre esprit et nos yeux, le goût doit y trouver réunis ces divers éléments d'une beauté parfaite. Il faut que d'imposantes masses élèvent d'abord nos pensées, en captivant notre attention principale ; que de savantes subdivisions nous fassent apprécier la grandeur de ces belles masses ; que d'élégants détails les enrichissent encore, et n'en troublent point la tranquille ou sombre majesté.

Homère, chez les Grecs, avait découvert, par une sorte d'inspiration, cette règle fondamentale [1]. Agéladas, Phidias, en firent l'application à l'Art Statuaire. Leur génie traça la route, le génie des autres maîtres la suivit.

Les beaux-arts eurent deux principes pour apprécier la beauté.

Le premier était exprimé par cette maxime de Socrate : *Rien n'est beau que ce qui est bon.* C'est celui que nous avons précédemment développé. Il était adopté par les philosophes de toutes les sectes. Platon, Xénophon, Anaxagore, Zénon, Epicure, Hippocrate, et après lui Galien, l'ont également enseigné.

Le second était renfermé dans cette maxime d'Aristote : *Qui*

---

[1] Aristot. *De poet.* cap. 8.

dit beauté, dit ampleur et ordre[1]. Il enseignait, en général, que, pour être belle, une chose devait être grande, ou du moins le paraître, par les proportions et l'harmonie de ses parties, autant que son étendue réelle le permettait.

Ces deux principes réunis formaient, pour les statuaires, une théorie complète ; l'un n'était même qu'un développement de l'autre.

Les Grecs reconnaissaient dans le corps de l'homme, ils reconnaissaient pareillement *dans les statues et dans les tableaux*, qui en sont une fidèle imitation, deux genres de beauté, ou plutôt ils distinguaient, dans la beauté du corps humain et dans celle des statues, deux caractères. Ils goûtaient le charme de la grâce ; ils admiraient l'éclat imposant de la beauté proprement dite [2]. La grâce offrait à leur goût l'agréable, le suave, le convenable, le *bon*, suivant l'expression de Socrate. Dans la beauté proprement dite, ils admiraient la gravité, la dignité, la magnificence [3]. Cette beauté proprement dite, c'était la *grandeur*. Mais, dans leur opinion, l'*agréable* et le *beau* se composaient cependant, ainsi que nous l'avons fait remarquer, des mêmes éléments. Ces éléments étaient la *variété*, le *rhythme* (ou le nombre), l'*harmonie*, et la *convenance qui renfermait tout* [4].

Il était enfin une beauté parfaite, accomplie, une beauté dans laquelle ces divers caractères se trouvaient réunis, et dont

---

[1] Τὸ γὰρ καλὸν ἐν μεγέθει καὶ τάξει ἐστί. (Aristot. *De poet.* cap. 7.)

[2] Καὶ γὰρ ἐκείνη πλάσματα, καὶ γραφὰς, καὶ γλυφὰς, καὶ ὅσα δημιουργήματα χειρῶν ἀνθρωπίνων ὁρῶσα, ὅταν εὑρίσκη τό θ' ἡδὺ ἐνὸν αὐτοῖς, καὶ τὸ καλὸν, ἀρκεῖται, καὶ οὐδὲν ἔτι ποθεῖ. (Dion. Halicarn. *De struct. orat.* sect. 10.)

[3] Τάττω δὲ ὑπὸ μὲν τὸ καλὸν, τὴν μεγαλοπρέπειαν, καὶ τὸ βάρος, καὶ τὸ ἀξίωμα. (Id., *ibid.*, sect. 11.)

[4] Dion Halicarn., *ibid.*, sect. 13.

le charme paraissait aux Grecs inexprimable. Ils appelaient cette beauté *hora*, l'*heure*. Quel rapport y a-t-il donc entre l'heure et la beauté ? Oh, qui ne l'a senti plus d'une fois ! Cette expression était poétique ; elle était juste. L'*heure*, c'est-à-dire l'heure du plaisir, l'heure du bonheur, la saison, la maturité, le moment, l'entier développement, la perfection ; l'*heure*, c'est-à-dire la limite, le terme, le degré le plus élevé où la beauté humaine puisse atteindre ; l'*heure* enfin, l'heure désirée, l'heure présente, celle qui nous fait oublier le passé, l'avenir, par la pleine jouissance de l'objet qui comble tous nos vœux.

« Quand l'œil satisfait, dit un ancien, reconnaît *dans les formes d'une statue* ce double mérite, ou plutôt ce mérite achevé, qui renferme la grâce et la grandeur, *il ne désire plus rien* [1]. »

Le premier des deux principes que nous avons rappelés, celui de Socrate : *Rien n'est beau que ce qui est bon*, était le plus facile à saisir, le plus facile à mettre en pratique dans l'Art Statuaire. Celui d'Aristote : *Qui dit beauté, dit ampleur et ordre*, exigeait plus de méditation, un jugement plus exercé, une connaissance de la Nature et de l'Art plus profonde. C'était celui-là principalement, aliment du génie, qui donnait aux chefs-d'œuvre de la sculpture cette beauté que l'on a dite surnaturelle.

C'est à ce second principe que Platon faisait allusion, lorsque, comparant aux belles statues des Dieux les étoiles qui brillent dans le ciel, il disait que les statues réunissaient à l'apparence d'une vie perpétuelle un éclat agréable à la vue, une douce majesté [2].

---

[1] Dion. Halicarn. *De struct. orat.* sect. 10; *suprà*.

[2] Plat., in *Epinom*.

Nota. Cette comparaison de Platon est remarquable. Il ne compare pas les statues aux étoiles, mais les étoiles aux statues. La beauté des

C'était enfin ce second principe qui faisait produire le *Grand*, appelé par les modernes le *grandiose*. C'était cet accord de l'ampleur et de l'ordre, qui formait le caractère particulier du grand style, du style de Phidias.

Mais comment les statuaires pouvaient-ils exprimer, dans leurs ouvrages, cette simplicité, cette grandeur ? Comment allier ce mérite à celui de la vérité ?

L'Art Statuaire a plus de difficultés à vaincre et moins de ressources à faire valoir que les autres arts d'imitation. Il ne peut pas, comme l'architecture, par l'immensité d'un silencieux édifice, imprimer dans l'esprit cette espèce de terreur qui dispose à l'admiration. Il ne peut pas séduire, comme la peinture, par le mouvement et la richesse d'une grande machine, par la diversité des groupes, par le charme du coloris et la magie du clair-obscur. Le poëte nous entraîne rapidement d'un objet vers un autre ; toutes les merveilles de la Nature se peignent tour à tour dans ses riches tableaux. Le statuaire n'opère rien de pareil ; il représente l'homme isolé, nu, n'ayant, pour plaire, que sa propre beauté, que l'expression des affections de son âme. Il échauffe une pierre glacée qu'il faut faire vivre, penser, marcher, souffrir. Des saillies et des creux, des lumières et des ombres, ce sont là toutes ses couleurs. On tourne autour d'une

statues était, chez les Grecs, une chose si bien connue, si familière à tous les esprits, que les écrivains s'en servaient comme d'un moyen de comparaison, pour expliquer des choses moins à la portée de tout le monde. C'est ainsi qu'Aristote, Denys d'Halicarnasse, les auteurs grecs en général, et Quintilien lui-même, comparent le style ou les ouvrages des historiens, des poëtes et des orateurs, au style et aux ouvrages de Polyclète et de Phidias. Ils ne veulent pas, par cette comparaison, faire apprécier les chefs-d'œuvre des statuaires ; ils veulent, au contraire, faire sentir et distinguer le caractère des poëtes et des historiens.

statue ; on la voit sous tous les jours ; elle se multiplie autant
de fois qu'elle a de profils différents. L'homme qui voit et qui
juge l'image de son semblable ne fait de grâce sur rien. La statue
est toujours là, toujours dans la même attitude, montrant sans
cesse ou les mêmes beautés ou les mêmes défauts. Si je n'y sens
l'apparence de la vie, mon cœur est muet, toutes les beautés se
sont évanouies ; si je n'y reconnais la beauté, j'accuse le goût
de l'artiste ; pourquoi, sachant imiter, cet homme sensible n'ap-
prit-il pas à choisir ?

Pour représenter cette grandeur, qui paraît surnaturelle, l'Art
Statuaire se fit des règles particulières, convenables aux moyens
avec lesquels il imite. Nous savons, par divers témoignages, et
notamment par celui de Philostrate le jeune [1], que les anciens
artistes avaient puisé ces règles dans la Nature, et qu'elles étaient
regardées comme des lois. En quoi consistaient-elles ? Il est difficile, il est peut-être impossible de l'indiquer avec assurance.
Nous l'avons dit, les écrits de Polyclète sur l'accord des proportions (ou sur la *symmétrie*), ceux d'Euphranor, ceux d'Apelles sont
perdus. A peine, dans les ouvrages des poëtes grecs, des grammairiens, des philosophes, trouve-t-on quelques mots qui fassent
allusion à ces règles précieuses. Quelques chefs-d'œuvre de la
sculpture subsistent, à la vérité ; la Nature qu'ils font admirer

---

[1] *Nota*. Voici le passage de Philostrate : « Les anciens et habiles
artistes ont beaucoup écrit sur la *symmétrie*, relativement à la peinture. Ils ont fait reconnaître les lois de l'analogie de chacun des membres du corps humain (Οἷον νόμους τιθέντες τῆς ἑκάστου τῶν μελῶν
ἀναλογίας). Notre corps en effet ne peut exécuter parfaitement les
mouvements que la volonté lui prescrit, s'il n'est constitué suivant la
mesure et l'harmonie voulues par la Nature. » (Philostr. Jun. Icon., in
Proem.)

peut, à son tour, en faire reconnaître et apprécier les beautés sublimes. Mais, dans cette recherche difficile, où l'imagination prête tant de charmes à l'erreur, où l'admiration est si voisine de l'enthousiasme, l'enthousiasme si près de l'exaltation, comment se soumettre à une rigoureuse analyse ? Comment se flatter d'avoir toujours jugé sainement, et surtout comment croire avoir tout vu ? Lecteur, recevez avec indulgence l'essai que nous allons vous soumettre. Peut-être porterons-nous l'analyse plus loin qu'on n'avait encore fait. Après nous, d'autres, sans doute, iront plus loin encore.

Voici les règles principales que nous supposons avoir été suivies par les artistes grecs. Nous avons cru les reconnaître, en comparant les chefs-d'œuvre de l'antique à des modèles vivants ; en rapprochant de ces beaux ouvrages les passages des poëtes et des philosophes qui peuvent s'y rapporter.

Première règle. Déterminer nettement les divisions principales du corps, en établissant de grandes masses et des plans variés.

Deuxième règle. Augmenter l'étendue réelle des parties principales, en donnant à leurs profils, sur tous les sens, autant de développement que la Nature le permet.

Troisième règle. Donner à ces mêmes parties le plus d'étendue apparente qu'il est possible, en faisant suffisamment sentir la manière dont les muscles s'entre-croisent dans l'homme vivant, au point où elles se réunissent.

Quatrième règle. Faire valoir les parties principales par les proportions et le caractère des parties secondaires ; rejeter les détails qui ne contribueraient pas à produire cet effet.

Cinquième règle. Indiquer sans dureté la sommité des os, partout où la Nature les laisse reconnaître.

SIXIÈME RÈGLE. Imiter la Nature dans l'état où elle est le plus près de la régularité, sans toutefois la rendre entièrement régulière.

Nous pourrions ajouter une septième règle : Accorder de telle manière les accessoires avec le nu, que tous contribuent à donner de la grandeur au nu et à l'ensemble de la figure ; mais ce que nous aurions à dire pour expliquer cette règle se trouvera dans l'explication des règles précédentes.

Venons à quelques développements.

§ VIII

PREMIÈRE RÈGLE. « Déterminer nettement les divisions principales du corps, en établissant de grandes masses et des plans variés. »

Ce qui frappe d'abord quand on regarde une belle figure grecque, c'est sa grandeur et sa simplicité ; c'est la valeur des parties principales, la manière franche dont elles se distinguent, et tout à la fois l'accord qui les unit. L'œil, au premier aspect, est saisi par un ensemble imposant ; bientôt il remarque les différentes masses, les épaules, les reins, la poitrine ; attiré ensuite par la vérité de toutes les parties, il découvre d'innombrables finesses, et reconnaît la chaleur de la Nature jusque dans les plus légers détails.

Ce grand effet résulte de l'observation de toutes les règles que nous venons d'indiquer : mais il vient particulièrement du soin de faire remarquer les parties principales par des divisions fermes, par des passages tout à la fois prononcés et moelleux.

C'est un principe général, que, pour donner une apparence de grandeur à un corps quelconque, il faut y établir des divisions, ou faire sentir avec netteté celles que sa constitution naturelle y a marquées. C'est encore un principe, que ces divisions doivent présenter des parties d'une étendue différente, qui se fassent valoir mutuellement par leur opposition. Une armée d'hommes débandés et en confusion n'offrirait à l'œil rien de grand ; elle ne serait pas même une armée. Il en est de même de l'ensemble du corps humain ; il en est de même de chacune de ses parties, si on en recherche la beauté particulière.

Chaque membre du corps de l'homme, formé d'os, de muscles, de tendons, présente au dehors, suivant la disposition de ces parties intérieures, des masses plus ou moins étendues, plus ou moins saillantes. Ces masses, que les statuaires appellent quelquefois *des morceaux*, sont larges, inégales, distinctes, solides, ou bien elles sont confuses, indécises, si faiblement indiquées, qu'on ne saurait les distinguer.

Le corps d'un homme robuste présente de grandes masses fortement prononcées : celui d'un homme faible offre moins d'énergie, moins d'harmonie, trop d'égalité, trop de détails.

Il y a cependant des lignes et des parties dominantes, qui se retrouvent, dans la Nature, sur tous les individus, robustes ou faibles, dans l'état de maladie comme dans l'état de santé.

Si on considère le tronc (ou le torse) d'un homme, on y distingue cinq lignes principales qui divisent et encadrent en quelque manière toutes les grandes masses. Ces lignes sont plus ou moins profondes dans les divers individus et dans les différents mouvements du corps ; mais elles ne cessent jamais d'être visibles ; elles se font distinguer dans l'état d'action et dans l'état de repos. On les retrouve toujours sur les mêmes points, parce qu'elles se dessinent ou sur des os, ou sur des parties tendineuses. La peau seule couvre en de certains endroits la crête des os sur lesquels elles sont tracées. Les extrémités de toutes les lignes secondaires viennent y aboutir. Quand une de ces grandes lignes change d'inflexion, les quatre autres changent aussi; leurs mouvements sont concordants. C'est sur ces grandes lignes, c'est dans cette espèce de cadre, que les mouvements du torse s'opèrent.

La première de ces lignes traverse horizontalement la partie inférieure du sternum; elle suit les attaches inférieures des pectoraux, et se prolonge en remontant, des deux côtés, jusqu'au dessous des bras. Elle termine, elle prononce cette vaste poitrine, chantée par les poëtes, cette poitrine brillante de l'huile des palestres, qu'ils ont comparée à l'astre qui resplendit au sein des nuits [1].

La seconde ligne est au-dessous de celle-là; elle passe à la première intersection des muscles droits, au-dessus de l'ombilic, suit l'extrémité inférieure des fausses côtes, et se perd en rencontrant le muscle dorsal. Cette ligne et la précédente renferment une portion des muscles droits, les côtes et les dentelés, parties riches d'inégalités et de nuances, qui, en captivant agréablement le regard, laissent cependant dominer la poitrine.

La troisième traverse les muscles pyramidaux, dans la partie inférieure du ventre; elle suit la crête de l'os des iles, fait sentir le rebord et la valeur des grands obliques, et va se perdre des deux côtés dans le grand dorsal, comme la précédente. Cette ligne principale termine le torse; elle divise le corps entier en deux grandes parties; elle marque, en décrivant un demi-ovale qui a ses extrémités sur les os des iles et son sommet au bas des pyramidaux, les points où le torse s'assied sur les hanches et s'enchâsse entre deux. Entre cette ligne principale et celle qui est au-dessus, se trouvent renfermés les grands obliques et une

[1] Theocr., idyll. II, v. 79 et 80.

partie de leurs digitations ; là se trouvent aussi l'ombilic, qui, suivant l'expression des poëtes, doit être *profond*, et le ventre, qui doit être *ferme et léger* [1].

La quatrième ligne est perpendiculaire. Elle commence au point de réunion des clavicules, suit le sternum, et descend jusqu'à l'ombilic. Elle divise le devant du torse en deux parties, sur la longueur.

La cinquième enfin se voit sur le dos. Elle est également perpendiculaire. Elle se dessine sur les vertèbres, dont elle fait sentir les apophyses ou les éminences, depuis la première des cervicales jusqu'au coccyx. Elle est, de même que les autres, d'autant plus profonde que l'homme est plus fort. Cette ligne est la plus longue que la Nature ait tracée sur le corps humain.

Toutes les parties du tronc (ou du torse), divisées et encadrées de cette manière, se font distinguer au premier aspect, et paraissent, par leur valeur réelle ou par opposition, grandes, fortes et en harmonie les unes avec les autres.

Si nous décrivions les lignes principales, plus ou moins profondes, qui se font remarquer sur les autres parties du corps, sur les bras, sur la main, sur chaque doigt, nous ferions remarquer, sur chacune de ces parties, cette même cause de grandeur, cette même source de beauté.

Ces grands traits, marqués par la Nature sur le corps de l'homme, n'ont pas échappé aux anciens. Quelque figure antique que l'on considère, on verra toujours ces cinq grandes lignes dont nous parlons tracées sur le torse. On les trouve sur les plus anciennes productions de l'art, comme sur celles du dernier âge, sur les figures de tous les caractères et de tous les

---

[1] Achill. Tat., lib. I, in princip.; Ovid. *Amor.* lib. I, eleg. v ; Philostr. Jun. *Icon.*, in Meleagr.

degrés de beauté. On les voit sur le Laocoon et sur l'Hercule Farnèse ; on les voit sur l'Apollon, sur la Vénus de Médicis, sur les figures de l'Amour et sur celles qui représentent des enfants et des Génies. Lorsque les lignes secondaires sont le moins prononcées, à cause du caractère de la figure, celles-ci sont toujours douces, moelleuses, mais bien senties. Ces lignes frappent au premier aspect, et le torse paraît grand, parce que ses parties principales sont distinctes et saillantes.

On ne peut douter que les Grecs ne cherchassent d'abord à exprimer sur leurs figures les grandes divisions du modèle vivant. C'était là leur premier principe. L'observation de cette règle rendait leurs procédés plus faciles ; mais elle leur donnait encore (et c'est ce que nous voulons faire remarquer) un moyen pour mettre dans leurs ouvrages de la grandeur, de la finesse, de la fermeté, de la vérité.

Aucune partie du corps humain n'est parfaitement arrondie ; aucune n'est parfaitement plate. Toutes présentent des faces différentes, plus ou moins étendues ; ce sont ces faces que l'on appelle des *plans* dans la sculpture.

On peut considérer les plans sous le rapport de la vérité ; on peut les considérer sous le rapport de la grandeur.

Il y a des plans principaux et des plans secondaires. Les plans principaux sont déterminés par le mouvement général du squelette. Ils sont d'autant plus grands, d'autant plus variés, que l'action générale produit dans la position des membres plus de contraste.

Toutes les fois que le torse d'un homme fait un mouvement sur lui-même, les cinq lignes dont nous venons de parler prennent une inflexion différente, et les parties qu'elles encadrent changent de plan. Quand une partie du corps se tend et s'élève, celle qu'elle enveloppe se raccourcit. La première est réellement plus étendue que dans une pose plus simple, et elle acquiert encore une valeur apparente par l'effet de l'opposition.

Il est par conséquent un art de donner à la fois de la chaleur et de la grandeur aux figures, en établissant, par un effet de la pose, de sages contrastes entre les plans principaux. Combien cet art était connu des Grecs ! Que de grandeur et de variété dans les plans de ce beau fragment qu'on appelle *le Torse !* Comme l'Apollon s'agrandit par l'élan qui porte en avant la poitrine, et qui laisse la cuisse et la jambe gauches en arrière ! Comme il s'agrandit encore par l'opposition qui se trouve entre les plans des hanches et ceux de la poitrine, entre le mouvement du corps et la direction de la tête !

Les plans principaux renferment des plans moins étendus qui se subdivisent à l'infini. Les formes du corps, ainsi que nous venons de le dire, ne présentent point d'angles. Les lignes courbes, qui forment leurs profils, sont irrégulières, variées, riches de modulations et de nuances. C'est ici que se trouve la plus grande difficulté de l'art de modeler en ronde bosse. Il faut, pour imiter la Nature avec vérité, exprimer la variété des plans secondaires et leurs innombrables subdivisions ; il faut en même temps ménager les plans principaux et faire sentir l'opposition des grandes parties pour l'imiter dans sa grandeur. C'est par l'étendue proportionnelle et par l'opposition des plans principaux, qu'une figure en ronde bosse paraît grande et noble ; c'est par la justesse des plans secondaires et par leur harmonie, que, vue sur tous les profils, dans tous les raccourcis et à toutes les lumières, elle paraît toujours également belle et toujours semblable à l'homme vivant. La plus légère partie dont les plans manquent de vérité, met de la dureté dans tout ce qui l'environne. Cet accord des plans coûta de longs efforts à l'artiste. Il fallut, pour y parvenir, vaincre les plus grandes difficultés ; mais les Grecs savaient les surmonter toutes.

En décrivant cette perfection, nous faisons le plus grand éloge de leurs chefs-d'œuvre ; nous faisons aussi la critique des ouvrages modernes ; mais ce n'est pas cette critique que nous avons en vue.

Nous avions posé une première règle en ces termes : « Déterminer nettement les divisions principales du corps, en établissant de grandes masses et des plans variés ; » nous croyons avoir démontré que cette règle faisait réellement partie de la théorie des Grecs. Venons au développement de la seconde.

§ IX

Deuxième règle. « Augmenter l'étendue réelle des parties principales, en donnant à leurs profils, sur tous les sens, autant de développement que la Nature le permet. »

Si une ligne droite et une ligne courbe partent d'un même point et arrivent à un même point, la ligne courbe est plus longue que la ligne droite. Plus la courbe s'éloigne de la perpendiculaire, plus elle a de longueur. Il est facile, par conséquent, de reconnaître qu'une statue, dont les profils ont une grande convexité, a réellement plus de surface qu'une autre dont les profils auraient moins de saillie.

La Nature a donné à chacun de nos os une courbure particulière. Elle a donné, en outre, au squelette, par la multiplicité des jointures, la faculté de former des courbes qui varient dans chaque mouvement du corps. Nos muscles, déliés et tendineux dans leurs attaches, se renflent dans la partie charnue, et produisent des courbes différentes, dans nos différentes actions, soit qu'ils se contractent et se pressent les uns contre les autres, soit qu'ils se relâchent et qu'ils prennent plus de longueur. Non-seulement ils forment des courbes par eux-mêmes, mais ils suivent dans de certaines parties du corps la courbure des os sur lesquels ils s'appliquent, et la font mieux sentir.

Toute la surface de notre corps n'est qu'une réunion de courbes, variées à l'infini, qui, soit sur les coupes, soit sur les longueurs, se joignent, se suivent, se traversent et se balancent toutes mutuellement.

Un bel homme, sous ce rapport, est celui dont les os ont chacun toute l'inflexion nécessaire pour remplir leur destination; dont les muscles fortement nourris, se ployant avec fermeté sur la charpente qui les soutient, produisent des courbes suffisamment cintrées pour que les membres aient de la vigueur, pour que toutes les masses paraissent grandes. Par cette valeur des courbes, les surfaces sont réellement agrandies, les parties principales se distinguent nettement, l'ensemble du corps acquiert de l'étendue et de la légèreté; tel un territoire enrichi de coteaux, est plus grand et plus imposant qu'une plaine dont la circonférence est la même.

La valeur des courbes varie suivant le caractère de la beauté; elle varie avec les différents âges.

Il y a des courbes principales et des courbes secondaires, de même que des plans secondaires et des plans principaux. Ceci ne se contredit point; car les plans, ainsi que nous l'avons dit, ne sont point des surfaces parfaitement plates; ils offrent des profils plus ou moins convexes, tous variés, et se liant les uns avec les autres.

Chaque partie du corps, considérée séparément, présente des courbes principales et des courbes secondaires. Les courbes principales, vues sur la longueur du corps, commencent et se terminent sur les jointures du squelette. Les contours particuliers des muscles forment les courbes secondaires. Ces courbes commencent et se terminent ou sur des os ou sur des parties tendineuses. On peut les considérer comme des sections des lignes principales.

Dans de certains mouvements du corps, le profil de plusieurs grandes parties ne forme qu'un seul contour. Les profils de chaque membre deviennent alors, relativement à ces grandes lignes, des courbes secondaires. Ces lignes composées sont d'autant plus grandes, que le mouvement est plus développé.

Si, par un effet de la pose, et par la valeur des parties principales, la figure offre de grands contours qui enveloppent des courbes moins étendues; si les courbes secondaires n'interrompent point le développement des lignes principales; si l'œil satisfait distingue les lignes secondaires et embrasse cependant les grandes courbes avec facilité, la figure aura de l'élégance et de la grandeur.

Le développement de ces lignes, en général, dépend de deux circonstances, de leur élévation à leur sommet, et de la profondeur des points où elles aboutissent. Elles contribuent ainsi à la beauté de deux manières. L'élévation de la courbe à son sommet donne au membre de la noblesse et de la force; sa profondeur dans les deux extrémités, montre la légèreté du squelette, et donne de la finesse aux emmanchements.

Toutes les belles figures grecques pourraient nous servir d'exemple. Citons *le Torse*, fragment inestimable d'un des plus beaux ouvrages de l'antiquité.

Le torse est admirable par tous les genres de beauté qui tiennent au caractère des formes, et par celles mêmes qui semblent le plus opposées entre elles. Quelle élévation ! quelle imposante énergie ! que de souplesse, de grâces, de légèreté !

Malgré les coups redoublés du temps, ce marbre mutilé respire encore ; le dieu qui animait la statue se montre toujours dans le fragment précieux que les siècles n'ont pu dévorer.

La figure dont le torse a fait partie représentait un Hercule. Elle était assise et en repos. Le corps est incliné sur lui-même, du côté droit. Une épaule s'abaisse, l'autre s'élève. Une des cuisses est plus élevée que l'autre. Les plans principaux, par un effet de ce mouvement, sont grands, opposés entre eux et bien déterminés.

Si on considère le dos depuis la plus haute des vertèbres cervicales jusqu'au coccyx, on voit la ligne dorsale formant une très-grande courbe. Cette ligne enveloppe la ligne rentrante du devant du corps et toutes les courbes secondaires. Elle est profonde, elle est serrée, par un effet de la plénitude des muscles dans lesquels on la voit tracée. Sa profondeur élève, agrandit les deux parties du dos qu'elle divise sur la longueur. On reconnaît dans ses inflexions les trois grandes divisions des vertèbres. Elle est riche d'étude, pleine de sentiment et de vérité.

Si on considère le devant du corps, depuis l'extrémité inférieure des muscles pyramidaux jusqu'à l'ombilic, et de ce point jusqu'au sternum, l'ensemble, malgré la diversité des plans, présente une grande courbe rentrante, à laquelle les lignes secondaires viennent aboutir. Cette grande ligne, par son inflexion intérieure, se rapproche, autant qu'il se pouvait, de la colonne dorsale, à la hauteur de l'ombilic. Le corps, sur cette partie, devient fin et léger. Les côtes, la poitrine, les épaules s'agrandissent par un effet de l'opposition.

Les courbes différentes que présentent les parties secondaires, telles que les pectoraux, les muscles droits, les grands obliques, sont très-élevées à leur sommet, et rentrent, par leurs extrémités, jusqu'à la crête des os, ou jusqu'aux attaches des muscles. Les profils de ces parties, ainsi que nous l'avons dit au sujet des courbes ou des profils en général, s'agrandissent doublement, et par l'élévation de leur sommité, et par la profondeur des points où ils se terminent.

Ces courbes, variées entre elles dans leur étendue et dans leur élévation, offrent, sous tous les aspects, de grands *morceaux*, et ces morceaux, pressés et soutenus les uns par les autres, donnent à la figure un caractère énergique, qui annonce Hercule, Hercule devenu dieu.

Rien de ce qui constitue l'homme ne fut cependant négligé ni altéré dans ce chef-d'œuvre. On ne trouve, dans les points les plus profonds, point d'angles et point de dureté. Des plans bien ménagés, et qu'on distingue à peine, y conduisent d'une manière insensible. Tout est plein, nourri, onctueux. Les plus grands morceaux sont flexibles et charnus. L'artiste n'a dépouillé tout au plus son modèle que d'un excès d'embonpoint nuisible à la force. Il a vaincu la difficulté, qui consistait à réunir la vérité, l'énergie, la grâce et la grandeur.

Nous pourrions faire reconnaître, dans ce beau fragment, l'application de toutes les règles suivies par les Grecs : nous n'appelons l'attention du lecteur que sur une seule.

Dans les figures d'un caractère entièrement différent, dans la Vénus de Médicis, par exemple, les courbes sont cintrées encore autant que le sujet le permettait. Si elles ont moins de convexité, elles sont comparativement plus longues. Leur simplicité, leur harmonie, font oublier l'art, et jamais l'art ne montra une théorie plus savante et plus profonde.

Ce que nous dirons, pour l'explication des autres règles, donnera à celle-ci de nouveaux développements.

§ X

TROISIÈME RÈGLE : « Donner aux parties principales le plus d'étendue apparente qu'il est possible, en faisant suffisamment sentir la manière dont les muscles s'entre-croisent dans l'homme vivant, au point où elles se réunissent. »

Les mouvements du corps humain s'opèrent par l'action simultanée des os et des muscles. Les os forment des leviers ; ils ont leur point d'appui, ou le centre de leur mouvement, les uns sur les autres. Les muscles qui les font mouvoir s'attachent, par leurs extrémités, à deux os différents. L'un des deux os offre un point fixe, vers lequel la contraction du muscle ramène l'os correspondant.

Les muscles, couchés sur les os, augmentent, par leur volume, l'épaisseur du membre dont ils font partie. Il est facile de sentir que, par la même raison, lorsqu'ils passent sur une articulation, et s'entre-croisent sur le condyle ou sur la tête de l'os qui leur servait d'appui, pour aller obliquement s'attacher à l'os du membre voisin, ils augmentent la longueur du membre d'où ils sont partis, aux dépens de la longueur apparente de celui auquel ils se réunissent. Quand deux muscles, en s'entre-croisant, se ploient et changent l'un et l'autre de direction sur l'articulation, l'un des deux peut donner de la longueur à un membre sur une face, tandis que l'autre donne de la longueur au membre correspondant sur la face, ou, en d'autres termes, sur la région opposée.

Un muscle peut même augmenter la longueur apparente du membre dont il fait partie, sans qu'il se dévoie dans son passage, en se portant sur le membre voisin. Cela arrive lorsqu'il prolonge sur celui-ci la ligne de lumière, qu'il avait tracée sur le premier. C'est ainsi que les muscles, appelés mastoïdes [1], paraissent prolonger le cou, en formant une ligne saillante depuis le derrière des oreilles jusqu'au sternum, où ils viennent s'attacher.

Tel est l'effet extérieur, et de la disposition des os, et de l'entre-croisement des muscles, dans l'articulation des parties principales, que les deux parties qui se réunissent paraissent elles-mêmes s'entre-croiser et se prolonger chacune sur des faces opposées.

Si l'on considère, par exemple, les points où s'opère la réunion de la partie supérieure et de la partie inférieure du corps, on voit l'os des iles s'élever sur le tronc, ou le torse, au-dessus de la partie inférieure du ventre, plus haut que le sacrum, et que la dernière ou que les deux dernières vertèbres lombaires. Les hanches remontent par là sur le torse dans les régions latérales ; le torse descend entre les hanches sur le devant du corps et dans la région du dos. Les membres inférieurs, par cette disposition, paraissant se prolonger jusqu'à la crête supérieure de l'os des iles, acquièrent de l'étendue à l'extérieur, sans que le torse perde rien de sa longueur réelle. Si le profil de la cuisse, qui se porte jusqu'à la crête supérieure de l'os des iles, a un noble développement ; si, dans un bel homme, l'os des iles luimême est fin et serré sur sa coupe ; si la ligne transversale, dont nous parlions tout à l'heure, qui se dessine sur la crête de cet os et sur le bord du grand oblique, est bien sentie ; si, enfin, ce dernier muscle est ferme et soutenu, l'articulation devient solide, la hanche est légère, la cuisse et le torse ont acquis, l'un et l'autre, de l'élégance et de la grandeur.

---

[1] Ou sterno-cléido-mastoïdiens.

Si on considère l'articulation de la cuisse et de la jambe, on reconnaît le même mécanisme, et ce mécanisme produit à l'extérieur le même effet. Dans la région antérieure et dans la région interne de la cuisse, on voit le couturier qui, attaché à l'épine antérieure et supérieure de l'os des iles, après avoir passé de cet os sur le fémur, descend encore au-dessous du genou, jusqu'à la partie supérieure et interne du tibia. L'œil, attaché à ce muscle, le plus long de tous ceux du corps humain, ainsi qu'au droit ou grêle interne qui l'accompagne, croit voir la cuisse se prolonger dans sa région interne, jusqu'à deux pouces au-dessous du sommet de la rotule. Dans la région postérieure de la jambe, on trouve les jumeaux qui, remontant au contraire depuis le talon jusqu'au fémur, et au-dessus même des condyles de cet os, dans lequel ils se fixent par des attaches courtes et fortes, paraissent prolonger la jambe sur la cuisse beaucoup plus haut que le centre de l'articulation. Lorsque, dans la région externe, les condyles du fémur et du péroné sont peu saillants, lorsque le tendon du biceps est épais, lorsque l'attache supérieure du long péronier est courte et nourrie, la ligne courbe qui forme le profil extérieur de la jambe, n'étant point interrompue dans son développement, se prolonge pareillement au-dessus du genou. La cuisse et la jambe, par cette disposition, s'étendent sur des faces opposées et s'embellissent l'une et l'autre.

Si nous considérons l'articulation du bras et de l'omoplate, et celle des deux parties du bras, nous trouvons encore la même combinaison et le même principe de beauté.

Les grands pectoraux, en portant leurs fortes attaches sur les épaules, donnent de la valeur à cette partie, qui doit être nerveuse et robuste. Ils donnent aussi à la poitrine, par cette extension, de l'ampleur et de la noblesse.

Que de force et de grâce dans le bras, par cette combinaison des muscles ! Dans la région antérieure, on voit le brachial antérieur, qui, descendant de l'os humérus où il prend naissance, passe sur l'articulation du coude, de dehors en dedans, et vient s'implanter dans le cubitus. On voit le long supinateur qui, descendant pareillement de l'humérus à l'avant-bras, couvre, de sa partie la plus large, l'articulation du coude. Le premier radial externe, suivant la même direction, se renfle sur l'articulation qu'il traverse, et se prolonge jusqu'aux os de la main. Le rond pronateur, attaché à l'humérus et au radius par ses deux extrémités, se porte, du dessous du bras, à la région antérieure, passe encore au-devant de l'articulation, et se croise avec le biceps et le brachial antérieur. L'articulation du coude, par l'effet de cet entre-croisement, se trouve moelleusement enveloppée. Si les muscles sont pleins, soutenus et pressés l'un contre l'autre, l'œil qui les suit croit voir l'avant-bras se prolonger dans sa partie externe et supérieure, sur une partie de l'humérus, jusqu'à l'attache du supinateur et du premier radial externe ; il croit voir le haut du bras se prolonger, au contraire, sur l'avant-bras, jusqu'au point où descendent et sont visibles le brachial et le rond pronateur.

Le bras d'une fille délicate et le bras nerveux d'un athlète s'embellissent également par cette disposition, quoique avec des nuances différentes. Comment, en considérant tant d'élégance et tant d'harmonie, ne pas s'écrier : « O Nature ! l'idéal n'est qu'en toi. Quel est le génie qui prétendrait surpasser ta beauté[1] ! »

---

[1] Je fais cette description, d'après des bras disséqués, moulés sur la nature, que M. Jean-Baptiste Giraud, statuaire, conserve dans son atelier. Ces bras sont aussi beaux que ceux des plus belles figures antiques.

Cet entre-croisement des muscles est plus frappant sans doute dans l'homme disséqué que dans l'homme vivant ; mais les différents mouvements du corps produisent aussi, dans l'homme vivant, des accidents variés, mille beautés toujours nouvelles qu'on ne saurait retrouver dans l'homme mort.

Voyez, dans toutes les belles statues, l'emmanchement de la cuisse et de la jambe. La courbe intérieure de la cuisse descend au-dessous du genou, jusqu'à l'attache du couturier ; la courbe extérieure de la jambe monte, au contraire, sur la cuisse au-dessus de la tête du fémur. La rotule est petite, ses tendons sont courts ; le genou devient plus léger, les parties principales deviennent plus longues.

Combien la cuisse de l'Apollon paraît haute ! combien sa jambe paraît légère, forte, et prête à l'élever aux cieux, par un effet de cette combinaison savante ! Citerons-nous la Diane, que l'on reconnaît si bien, à la forme et à la hauteur de ses jambes, pour être la sœur d'Apollon ? Citerons-nous les jambes de la Vénus de Médicis, et toutes les autres belles jambes antiques ? Cette manière de faire sentir le système de la Nature dans l'union des membres produit une telle illusion, que plusieurs écrivains ont cru, faute d'examen, que les jambes et les cuisses de l'Apollon avaient des dimensions exagérées, par rapport aux parties supérieures du corps.

Le même principe a déterminé le choix des formes dans tous les emmanchements. On en retrouve l'application dans les élégantes malléoles qui surmontent un pied léger. La malléole externe descend plus bas que la malléole interne et allonge la jambe ; la malléole interne, plus élevée, donne de l'élégance au pied. La même règle est observée dans le coude, dans l'union de l'omoplate et du bras, dans celle de la tête et du corps.

Toutes les parties enfin s'ajustent obliquement. Tout s'entre-croise et se balance. Toujours une ligne convexe enveloppe une ligne concave. On retrouve cet entre-croisement, on retrouve l'observation de la même règle jusque dans l'union des parties secondaires, dans les pieds, dans les mains, dans les doigts, dans les anneaux des cheveux. « Le plus léger fragment suffit, dit un ancien, pour faire apprécier le degré de beauté d'une statue [1]. »

§ XI

QUATRIÈME RÈGLE : « Faire valoir les parties principales par les proportions et le caractère des parties secondaires ; rejeter les détails qui ne contribueraient pas à produire cet effet. »

La Nature offre, par ses variétés, une grande latitude au goût des artistes instruits. Il n'existe pas deux hommes qui se ressemblent. La diversité que nous remarquons sur le visage se trouve dans toutes les parties du corps. Les parties intérieures de deux individus diffèrent dans leur étendue, dans leur saillie, dans leur disposition ; le nombre même de quelques-unes n'est pas invariable. La voûte, par exemple, que forment les côtes, est plus ou moins élevée ; les fausses côtes, plus ou moins longues, s'approchent davantage ou demeurent plus loin de la ligne blanche ou médiane, qui partage le devant du tronc sur sa longueur ; l'arcade qu'elles forment à l'extrémité inférieure de la poitrine est par là plus ou moins ouverte.

Le grand dentelé couvre tantôt les neuf premières côtes, et tantôt les huit premières seulement. Le nombre des digitations

---

[1] Plin., lib. II, epist. v.

supérieures du grand oblique et de celles du grand dentelé n'est pas toujours le même. Si les digitations par lesquelles ces deux muscles se réunissent, sont plus nombreuses, elles pourront être plus étroites ; si le nombre en est moindre, elles pourront être plus larges. Ce qu'on appelle communément le dentelé, dans les formes extérieures, pourra, par conséquent, avoir ou plus de variété ou plus de grandeur.

Le trapèze ne descend quelquefois que jusqu'à la dixième vertèbre dorsale, et plus souvent il s'étend jusqu'à la douzième. Dans le premier cas, le dos se partage plus également ; dans le second, il a plus d'unité.

Si un muscle qui en recouvre un autre est plus large, le muscle du dessous se laisse à peine voir, les formes sont plus tranquilles et plus nobles ; le contraire arrive si, le premier ayant moins d'étendue, le second dispute de valeur avec lui.

Le tissu cellulaire qui recouvre la surface extérieure des muscles, est aussi plus ou moins rare ou abondant. Les membres, par un effet de cette différence, peuvent, sans s'amollir, être, à l'éxtérieur, doux, fins et délicats ; ils peuvent, sans exagération, paraître noueux et robustes.

Dans le repos, enfin, les muscles supérieurs, couvrant ceux qui forment la couche intérieure, présentent une surface unie et paisible ; dans l'action, au contraire, dans l'agitation, dans la douleur, les muscles internes contractés se soulèvent, et les os même se prononcent avec plus de force, au milieu des muscles supérieurs qu'ils ont repoussés.

Avec quelle habileté les Grecs ont fait valoir cette variété de la Nature ! Comme ils en ont usé savamment, et pour embellir leurs figures dans les divers mouvements, et pour leur donner le genre de beauté convenable au caractère des différents personnages !

18.

Le grand développement des lignes courbes principales, dont nous avons parlé, suppose plusieurs circonstances. Il suppose, premièrement, ainsi que nous l'avons dit, que ces courbes sont élevées à leur sommet le plus qu'il est possible, et, en second lieu, qu'elles se rapprochent, autant qu'il se peut, de la ligne centrale par leurs extrémités ; mais il suppose encore qu'elles ont assez de longueur pour dominer sur les lignes secondaires. Sans cette dernière condition, les lignes courbes, en général, quel que fût leur renflement, mettraient de la confusion dans la figure, au lieu d'y mettre de l'unité. Plus elles auraient même de convexité, plus la surface du corps présenterait l'image du désordre.

Les grandes courbes étant composées, comme nous l'avons dit, d'une suite de courbes différentes et d'un ordre inférieur, qui en sont autant de sections, la ligne principale ne peut avoir de l'unité, de la grandeur, qu'autant que les ondulations de ces lignes sectionnaires sont douces et peu senties. Si la ligne principale était cahotée, tourmentée, elle ne présenterait plus une seule ligne, un seul contour, mais une suite de contours différents. La figure pourrait offrir des formes plus articulées, un caractère plus énergique, mais elle n'aurait pas l'élévation que les Grecs voulaient trouver dans les images des Dieux, et la simplicité qui nous charme particulièrement dans les formes de l'adolescence.

Il suit enfin de là, que, pour donner à ces grandes lignes un noble développement, il faut que les couches des muscles supérieurs soient aussi largement étendues qu'elles peuvent l'être dans la Nature ; que les muscles internes se montrent faiblement ; qu'ils n'aient de saillie qu'autant qu'il en faut pour l'expression de la vie ; que l'entre-croisement des muscles, en général, soit exprimé avec douceur ; que les emmanchements soient fins ;

que les extrémités soient légères ; que les attaches soient vives, et, pour ainsi dire, montrées à nu, sans sécheresse toutefois et sans dureté ; que les parties secondaires enfin soient savamment subordonnées, dans toutes leurs proportions, aux parties principales qu'elles doivent faire valoir.

Nous sommes bien près, comme voit le lecteur, de ces formes qui furent appelées *idéales ;* cependant, nous n'avons point perdu de vue l'homme de la Nature, l'homme même disséqué. Le squelette, premier ouvrage de Prométhée, est toujours devant nos yeux ; il est toujours la base de notre théorie, le terme de comparaison de nos descriptions.

Considérons une des figures les plus aimables que les Grecs aient composées, celle qu'on nomme *Apolline,* et qui se voit dans le Musée de Florence. Cette figure représente Apollon dans l'adolescence, c'est-à-dire, si j'ai bien saisi la pensée de l'artiste, le Soleil avant son lever. L'Apolline est le dieu que l'on attend et que l'on désire au point du jour, le dieu qui promet la lumière, et qui ne l'annonce cependant encore que par un frais et doux crépuscule. L'Apollon Pythien n'est-il pas ce même dieu, dans l'éclat de son midi, au moment où il darde tous ses feux sur la terre qui le contemple et sur les monstres infects des marais ? Quoi qu'il en soit de cette seconde allégorie, celle qu'exprime l'Apolline ne me paraît laisser aucun doute.

Combien de difficultés l'artiste avait à vaincre, et pour la composition du sujet, et pour le choix des formes ! Il ne pouvait pas donner des muscles énergiques à sa figure, puisqu'il avait à représenter un dieu adolescent : il fallait opposer de grands plans les uns aux autres, et le sujet exigeait cependant une pose simple et naïve.

Le jeune dieu est debout. Il s'incline sur un arbre où est suspendu son carquois. Il y repose le bras gauche. Il ne porte sur la terre, que du pied droit. La jambe gauche est ployée, libre, prête à agir ; la pointe du pied seulement touche la terre. Le poids du corps se partage, d'une part, sur le bras et l'épaule gauche ; de l'autre, sur la hanche droite et sur la jambe qui lui sert d'appui. Le bras droit repose sur la tête, en attendant qu'il s'arme de traits victorieux. Le dieu du jour suspend encore sa course ; mais il est sur le point de s'élancer.

Cette pose tranquille produit de grands contours, qui ennoblissent la figure de tous les côtés. Le poids du corps, en portant sur le bras gauche, fait élever l'épaule : le contour latéral se renfle de ce côté, dans toute l'étendue des côtes, tandis que le côté opposé ne forme qu'une courbe rentrante un peu moins longue, depuis le dessous du bras, jusqu'à la dernière des fausses côtes, que l'élévation du bras fait remonter.

Par un autre effet de la pose, la hanche droite sur laquelle porte le poids du corps, ayant une grande saillie, le profil latéral paraît former un seul contour, depuis la partie supérieure du renflement du grand oblique, jusqu'au-dessous du pied. Cette grande ligne embrasse la hanche, la cuisse et la jambe ; elle est une ; elle est pleine de vérité ; elle enveloppe la ligne plus variée, que décrit, sur la même longueur, la face latérale et extérieure du côté gauche.

L'heureuse idée de faire balancer le poids du corps sur deux points opposés, a développé la souplesse du modèle vivant et l'élégance de ses formes. Le jeu du squelette a tout animé. La noblesse de la statue, la grâce, la chaleur, toutes ces beautés sont venues du mouvement de l'intérieur.

Mais si on cherche particulièrement pourquoi les contours principaux paraissent grands, on reconnaît que les parties secondaires ont peu de saillie. Les muscles sont exprimés avec la douceur qui est propre à l'adolescence ; ils n'ont pas encore reçu

l'éveil de la puberté. Les digitations des dentelés sont à peine
indiquées. La cuisse est pleine, effilée ; mais les muscles internes sont peu sentis. Les genoux sont fins, les pieds légers.
La jambe est vraie, comme tous les autres membres ; mais elle
est simple dans son contour ; l'âge n'a point encore séparé les
jumeaux, ni prononcé le solaire. Les plans enfin sont si justes,
les passages d'une partie et d'un muscle à l'autre, sont si habilement menagés dans toute la figure, que l'œil, frappé par les
grandes divisions, parcourt cependant les plus hautes saillies
et les creux les plus profonds, sans que rien ne l'arrête, et sans
que l'unité paraisse interrompue.

La pose de l'un des Cupidons de Praxitèle était à peu près
semblable à celle de l'Apolline. Le poids du corps portait sur la
jambe gauche ; la jambe droite était ployée. Le dieu ne marchait
pas, il était prêt à marcher. De la main gauche, il élevait son
arc ; le bras droit reposait sur la tête [1]. Callistrate n'a pas dé-
daigné de nous dire que, par un effet de cette position, la
hanche gauche se portait en avant ; que l'os des iles, la cuisse
et la jambe décrivaient ensemble une grande courbe, et que
Praxitèle, par ce balancement, avait changé en souplesse la roideur naturelle de l'airain [2].

[1] Vid. Philostr. *Icon.* lib. I, Narciss. xxiii (même pose à peu près).—
Emeric David a mis en note sur son exemplaire : « J'aurais pu placer
ici une description de la Vénus de Médicis. Il aurait fallu faire sentir
combien le sujet était différent de celui de l'Apolline et de celui du
Cupidon, et faire voir que l'inflexion des grandes courbes de la pose est
causée par le sentiment de la pudeur. »

[2] Καὶ τὴν τῆς βάσεως ἰσορροπίαν ἐπικλίνων ἐπὶ τὰ λαιά. Τὴν γὰρ τῆς
ἀριστερᾶς λαγόνος ἔκστασιν ἀνίση, πρὸς τὴν εὐμαρότητα τοῦ χαλκοῦ τὸ
στεγανόν ἐκκλάσας. (Callistr., *loc. cit.*, stat. III.) Quel écrivain mo-

Dans les belles figures antiques en général, chaque partie qui doit être forte est aussi forte, chaque partie qui doit être fine est aussi fine qu'elle peut l'être ; ces parties se font valoir ainsi mutuellement.

La règle dont nous cherchons à rendre compte, se trouve observée dans l'ensemble de la figure, dens les subdivisions de chaque membre, et dans les plus légers détails dont se composent ces subdivisions. Chaque partie embellit la partie qu'elle avoisine.

Examinons une belle figure d'homme, quelle qu'elle soit, le Mercure, par exemple, appelé *le Lantin*, ou l'Antinoüs du Belvédère. Quelle tranquillité ! quel accord entre les grandes parties et les petites !

Une longue ligne étend la lumière depuis la rotule jusqu'au-dessus des hanches ; mais de vastes pectoraux renvoyant, du haut du corps, une masse de lumière plus éclatante, le torse, malgré la longueur et le grand développement des cuisses, leur demeure supérieur en valeur. Les pectoraux pleinement nourris, sont soutenus jusqu'au sternum, qui, par ses légères inégalités, en fait paraître la masse plus lumineuse. L'arcade des fausses côtes est largement ouverte. Ce surhaussement, d'une part, renfle les côtes et soutient la poitrine, et, de l'autre, augmente la valeur des grands obliques et celle des muscles droits. Cette arcade termine la partie supérieure d'un grand ovale, que l'arcade opposée de l'os des iles termine dans la partie inférieure. La profondeur de l'ombilic marque le centre de ce grand ovale, l'anime et l'enrichit. Le deltoïde, en se resserrant vers l'os de l'épaule, laisse plus de longueur au biceps et au brachial anté-

derne aurait osé entrer dans de semblables détails ? C'est là cependant que l'on découvre la théorie des Grecs.

rieur; le bras acquiert par là de la force et de l'unité. La tête
enfin, quoique légère, brille, éclate, domine au-dessus de l'élégant édifice, par la grandeur des plans du front et du nez, par
la simplicité du contour des joues, par la lumière vive que rejette l'arc prolongé des sourcils.

Comme cette tête est belle dans toutes ses parties! Avec
quelle habileté l'artiste a cherché, dans chaque trait, l'effet et
l'harmonie de l'ensemble! La cavité de l'os qui renferme l'œil,
a peu de diamètre; la pommette se trouve plus haut, et le plan
de la joue devient plus grand. L'œil, par la plénitude des muscles
sourciliers, est enchâssé profondément; mais il n'a point de
prunelles, pour qu'il paraisse plus grand au milieu des demi-
teintes qui l'entourent. Ne voulant point imiter le détail des
sourcils, l'artiste en a ajouté la saillie à celle de l'os qui devait
les porter; cette saillie a produit l'effet du sourcil, et le front
a obtenu plus d'étendue. Ne pouvant imiter les cils, il a formé
le long des paupières une arête qui les remplace. Voyez les
belles têtes de femmes, celles des filles de Niobé, celles de Minerve de la *villa* Albani; un trait semblable borde les lèvres;
la bouche que ce trait colore vient en avant, une nouvelle grâce
environne l'organe le plus attrayant de la volupté.

Il est des détails ou plutôt des richesses que les artistes grecs
ont toujours exprimés avec soin; ce sont les sommités des os
et les tendons, qui peuvent par la variété de leurs formes, par
les ombres et les demi-teintes qu'ils produisent, agrandir et
animer les parties qui les environnent.

Les rotules et les malléoles, par une suite de ce principe,
sont toujours prononcées avec finesse et avec fermeté. On y
sent l'union, la forme des os et la direction des attaches. Les
plans variés qui forment ces parties et les ombres qui les co-
lorent font briller les surfaces charnues des membres voisins.

Cette richesse placée aux articulations donne aussi de la vie à la figure, en dévoilant le jeu des parties intérieures.

Par une suite du même principe, on trouve toujours indiquée, sur les belles figures antiques, la première des vertèbres dorsales ; on voit toujours les attaches inférieures du grand dorsal former sur le sacrum un élégant méplat, dont la profondeur augmente la grâce des parties éminentes qui l'avoisinent.

Les veines, au contraire, et les plis de la peau, en multipliant les accidents de la lumière et des ombres, s'opposent au grand effet qu'une statue doit produire. Attachés à ces parties minutieuses, les artistes modernes n'ont trop souvent saisi dans la Nature, que sa mollesse et sa pauvreté. C'est ce qui a fait dire qu'il ne fallait pas imiter la Nature. Cette imitation des veines et des plis de la peau servit trop souvent à voiler des défauts essentiels. Telle figure moderne est enrichie de veines, dont au-dessous les os sont fracturés.

L'antique est admirable quand il exprime ces détails ; il est admirable quand il les supprime. On n'en voit, ni dans les statues des Dieux, ni dans celles des jeunes gens ; et ces figures ne sont pas, pour cela, moins animées. Il n'y en a point dans l'Apollon, point dans *le Torse*. L'artiste qui n'aurait pas su se passer d'aussi faibles moyens, et faire vrai sans un tel secours, ne se serait jamais élevé jusqu'à ces ouvrages sublimes. Mais quel effet ces détails ne produisent-ils pas, dans les figures, sur les membres où les Grecs ont voulu les employer ! Combien une veine qui serpente sur les aines ou sur le cou du Laocoon ajoute au frissonnement que l'aspect de cette figure nous fait éprouver !

Les veines, considérées en elles-mêmes, ont encore dans les statues grecques de la fermeté, et l'on peut dire un grand caractère. Elles sont moelleuses, recouvertes de la peau ; elles paraissent et disparaissent; elles enrichissent, en les animant, les parties qu'elles croisent.

« Nous nous rions, disait un ancien, des peintres et des statuaires qui recherchent la vérité dans les détails, et qui la négligent dans les parties principales [1]. »

« Démosthènes, dit un critique de l'antiquité, non-seulement est grand dans ses plans, nombreux et plein dans ses périodes; mais il est élégant, harmonieux dans le choix et dans l'arrangement des mots : tel un beau vase, dont les formes furent développées sur le tour, se fait admirer par les ornements qui l'enrichissent; telle une statue, parfaite dans ses proportions, est encore finie, recherchée, jusque dans les ondulations des cheveux, jusques dans l'indication de quelques veines fugitives [2]. »

Si l'on réunit ces deux passages, on aura toute la théorie des artistes grecs sur le point que nous traitons.

Ce que nous disons des détails, nous pouvons le dire des accessoires ; le principe est le même.

Les accessoires sont placés sur les figures, ou ils en sont séparés. Les accessoires placés sur les figures sont la coiffure, la chaussure, les vêtements en général, les armes, les divers instruments que la figure peut tenir dans ses mains, et que le sujet a exigés.

Les accessoires séparés de la figure ont été appelés, par quelques écrivains, des *parergons*, c'est-à-dire des objets surabondants, qui pouvaient être joints à la figure ou ne pas l'être. Tels sont le dauphin placé à côté de la Vénus de Médicis, et l'autel qui est devant le groupe de Castor et Pollux.

---

[1] Galen. *De usu part.* lib. I, cap. 22.

[2] Dion. Halicarn. *De antiq. orat.*, in *Demosth.* cap. 51.

Les accessoires étrangers à la figure ont pour objet de rappeler un fait historique, ou bien ils renferment une allégorie. Pourvu qu'ils expriment l'idée que l'artiste a voulu nous communiquer, l'objet est rempli. Dans les figures grecques, ils sont en général petits, et même négligés, quant au travail. S'ils captivaient l'attention, ils nuiraient à l'effet principal. C'est pour l'homme ou pour le Dieu que la statue est faite ; la petitesse des proportions de l'accessoire fait paraître le roi de la Nature plus grand.

Les vêtements, au contraire, doivent être dignes du Dieu qui les porte. Il en est de même des armes, des vases, des instruments de musique placés dans ses mains. Nous parlerons bientôt des draperies. Que de recherche et même de coquetterie dans la chaussure de l'Apollon ! L'art des Grecs consistait à terminer les accessoires avec délicatesse, et tout à la fois à savoir en modérer la saillie ou l'étendue, à les placer de telle manière qu'ils donnassent de la richesse à la figure, et qu'ils fissent valoir les parties du nu qui les environnaient, au lieu de les masquer. Telles sont, dans quelques bas-reliefs, les ailes attachées aux pieds de Persée. Tel était le thyrse d'un Bacchus de Praxitèle, décrit par Callistrate : *il faisait illusion,* comme la figure[1] ; et la figure était si vraie, qu'*on croyait la sentir palpiter, même en y portant la main.*

§ XII

CINQUIÈME RÈGLE. « Indiquer sans dureté les sommités des os, partout où la Nature les laisse reconnaître. »

______

[1] Ὁ δὲ θύρσος ἠπάτα τὴν αἴσθησιν. (Callistr. *De stat.,* in *stat. Bach.* VII.)

Nous avons parlé précédemment du squelette, pour prouver que le statuaire doit, en commençant son ouvrage, saisir par de justes mesures les proportions principales de son modèle vivant sur le squelette, qui est la base des proportions et le centre du mouvement.

Nous avons dit aussi, en parlant de la grâce et de la grandeur des statues grecques en général, en parlant de la justesse de la ligne du milieu, de la division des grandes parties, de la fermeté des plans principaux, du développement des courbes, de la finesse des articulations, que toutes ces beautés sont fondées sur la perfection des formes du squelette, et qu'elles supposent de la part de l'artiste le soin de faire sentir la présence et la forme des os, partout où la Nature elle-même les laisse reconnaître.

Nous avons déjà donné, par conséquent, sans avoir cherché à le faire, la démonstration de la règle qui nous occupe; et le lecteur ne doit pas en être étonné, car il serait impossible de raisonner sur la perfection de l'Art Statuaire sans rappeler ce principe, de même qu'il est impossible de faire de beaux ouvrages sans s'y conformer.

Ne sent-on pas, en effet, la présence du squelette dans toutes les parties du corps d'un bel homme? Ne le voit-on pas se mouvoir sans dureté dans tous ses membres? Ne le reconnaît-on pas dans les hanches, dans les épaules, dans toutes les jointures, dans la forme élégante des pieds, dans les extrémités inégales et recourbées des doigts, dans la tête, sur le visage?

Il faut donc que le statuaire fasse reconnaître la présence du squelette dans la figure qu'il modèle, de même qu'elle paraît dans l'homme vivant, pour y mettre de la vérité, de l'énergie et de la grandeur.

« Il y a des parties de nos os, disait Platon, qui ne sont que les soutiens passifs du corps ; la Nature les a enveloppées de muscles ; il y en a qui, par leur action, telles que les jointures, semblent participer à l'intelligence de l'homme ; elle les a laissées presque à découvert. La tête devant être le siége de la raison, les os du crâne sont ceux qu'elle a le moins garantis ; notre sensibilité est devenue par là plus vive, et notre intelligence plus étendue [1]. »

Nous ne considérons pas ce passage en ce qui concerne la physiologie ; mais il fait connaître un des principes qui dirigeaient les statuaires grecs.

Si l'os se découvre dans les parties enfoncées d'une statue, ces parties acquièrent de la finesse, sans rien perdre de leur intégrité. S'il se montre dans les parties saillantes, ces parties sont fermes sans être aiguës.

Dans les figures où les muscles sont exprimés avec douceur, c'est le squelette qui, étant bien indiqué, donne de la valeur et de la grâce aux grandes courbes, de la fermeté, de la chaleur, de l'âme à la figure.

Comment allier l'idée d'un squelette avec les belles formes de l'Apollon, avec la chair moelleuse de la Vénus de Médicis? C'est cependant la finesse et la courbure du squelette qui sont la première cause de la beauté de ces figures admirables. Les formes du squelette furent choisies par le goût le plus pur. Déguisez le squelette, le Dieu aura disparu.

Que l'on regarde parmi les figures d'un caractère différent celle du Gladiateur combattant, ou plutôt celle qui a été faussement appelée de ce nom jusqu'aujourd'hui. Cette statue est de toutes les figures antiques celle dont le mouvement est le plus développé. Le squelette en action se montre dans tous les

---

[1] Plat., in *Tim.*

membres. L'élancement de la figure, la force du coup que l'a-
thlète va frapper, la beauté des longues courbes qui se dessinent de tous les côtés, depuis les pieds jusqu'au sommet de la
tête; tout cela est le produit d'une harmonie parfaite entre l'inflexion propre de chaque os et l'action commune de tous; entre
les mouvements du dedans et les contours du dehors, entre
l'action du squelette et celle des muscles.

Rappelons encore le Discobole qui lance le disque. Le Discobole est replié sur lui-même, comme un serpent qui rapproche
l'une de l'autre sa tête et sa queue, pour s'élancer avec plus de
vigueur.

Le jeune Hyacinthe était représenté dans cette même attitude,
sur une peinture dont Philostrate nous a laissé la description.
Il allait lancer le disque dans le jeu fatal où il perdit la vie. «La
cuisse droite, dit Philostrate, fortement inclinée, portait le poids
du corps. Le torse et la tête se penchaient en avant. La jambe
gauche, en l'air et en arrière, suivait le mouvement du bras
droit. Le visage se tournait vers la hanche droite. Le corps, par
l'action des reins et du jarret, allait se relever, et, en sautant,
chasser le disque de toute sa force. » Apollon était dans la même
attitude. Hyacinthe était beau comme Apollon. Son talon était
fin; sa jambe légère annonçait sa rapidité à la course; les contours de sa cuisse frappaient la vue, malgré la noblesse de ses
autres membres; sa poitrine renfermait un grand volume d'air;
on reconnaissait, dit l'auteur grec, *l'heure* (la beauté parfaite)
de ses os [1].

---

[1] Καὶ τὴν ὥραν των ὀστῶν ὑπεκφαῖνον. (Philostr., lib. I, icon. 24;
Philostr. Jun., icon. 14.) On a reproché à Philostrate l'ancien, d'avoir
quelquefois un ton de rhéteur dans ses éloges. Mais ses jugements
doivent être d'un grand poids, attendu qu'il était non-seulement professeur d'éloquence à Athènes, mais artiste. Il avait travaillé pendant

Bel Hyacinthe ! malheureux objet de la jalousie de Zéphyre !
Sa beauté demeura toujours présente à l'imagination des femmes de Sparte.

§ XlII

SIXIÈME RÈGLE. « Imiter la Nature dans l'état où elle est
le plus près de la régularité, sans toutefois la rendre entièrement régulière. »

Le mot de *régularité*, dans l'usage le plus ordinaire, signifie
conformité à des règles.

Ce mot s'emploie aussi pour désigner *l'égalité de tous les
côtés et de tous les angles de la figure.* C'est de cette régularité
mathématique que nous entendons parler.

Les formes du corps humain, sous ce rapport, ne sont jamais
parfaitement régulières. Si l'on regarde un homme vivant, si
on examine avec attention un squelette, on voit bientôt que les
proportions des deux côtés du corps ne sont pas entièrement
semblables. Cette différence est très-sensible, notamment dans
l'os de la tête. Toujours un des deux côtés a plus de convexité
que l'autre ; et si l'on considère les deux contours opposés,
toujours l'un des deux, plus étendu, paraît envelopper l'autre.

Le plus bel homme, sans doute, est celui de qui les traits,
réunissant d'ailleurs les divers caractères propres à la beauté,
approchent aussi de cette régularité mathématique, autant que

quatre ans auprès du peintre Aristodème, qui suivait les principes
d'Eumèle, et qui avait écrit sur l'art. Il dit lui-même, dans l'introduction de son *Traité des images*, qu'il l'a composé *dans l'intention d'enseigner aux jeunes gens à distinguer ce qui est bon.* (Icon. Exord.
t. II Op., p. 763.)

se le permet la Nature. Mais, en toutes les choses qui sont en nous, ou qui viennent de nous, il est une perfection à laquelle il nous est impossible d'atteindre. Un homme même nous paraîtrait-il plus beau, si ses formes étaient parfaitement régulières? Cette question doit peut-être demeurer indécise. Il est possible que la figure de cet homme nous parût froide et inanimée. Elle aurait une sorte de perfection qui ne serait point à notre portée. Trop égale à elle-même, elle ne serait plus en harmonie avec nous. Nous n'y trouverions pas ce piquant, et je dis même ce léger mélange de faiblesse, qui nous fait aimer la beauté, parce qu'il touche notre cœur.

Cette régularité parfaite pourrait être plus désagréable dans une statue que dans un homme vivant, parce que le mouvement produirait dans l'homme des irrégularités accidentelles, au lieu que dans la statue la régularité serait permanente.

Le style le plus élevé, dans l'Art Statuaire, est celui qui représente les formes humaines dans l'état le plus voisin qu'il est possible de cette régularité mathématique. Ce style est le plus élevé, parce qu'il est le plus simple. Mais la vérité étant le principal objet de l'art, ou, si l'on veut, son principal moyen, il ne doit pas rechercher une perfection qui n'en serait pas une pour nous, et dont la Nature n'offre pas le modèle.

Les Grecs mettaient trop de prix à la vérité de l'imitation, pour s'écarter de ce principe. Toutes les statues grecques, sans excepter celles des Dieux, représentent la Nature avec des irrégularités. Aussi, paraissent-elles animées, et les écrits des anciens, qui ne cessent, comme nous l'avons dit si souvent, de louer la vie et la chaleur qu'on y admire, ne parlent de cette régularité dure et sévère que comme d'un défaut[1].

---

[1] Quintil., lib. XII, cap. 10 ; Plin., lib. XXXIV, cap. 8.

La gradation qui existe entre la plus grande régularité où les Grecs aient voulu atteindre, et la plus grande irrégularité qu'ils se soient permise, constitue la différence de leur style.

Voulons-nous voir un exemple du style le plus grand et le plus correct, de ce style qui est voisin de la régularité, animé cependant par des irrégularités à peine sensibles ; de ce style riche, harmonieux, *splendide, magnifique,* suivant les expressions des Grecs [1] ; du style enfin qui est le triomphe de l'art ? Examinons la tête de Jupiter Sérapis (ou Jupiter au *Modius*). Elle est remarquable parmi les têtes antiques les plus régulières. L'artiste a voulu représenter ce que nous appelons *la nature divine.*

Le Dieu est tranquille : le maître du ciel et de la terre ne peut éprouver aucune sorte d'agitation. La tête est légèrement inclinée en avant ; le cou est droit relativement aux deux épaules ; le front est parallèle à la poitrine. Le visage est plein de bonté, de grandeur ; le regard, doux et vague, n'intimide point ; la figure entière inspire le respect ; on voit réellement le dispensateur de tous les biens, le père des Dieux et des hommes. L'artiste a mis dans les traits toute la régularité que peut offrir la Nature. Les lignes sont simples ; les plans sont larges, et n'offrent que de légers contrastes. Des cheveux longs et touffus s'élèvent, se soutiennent, retombent en avant. Telle est la chevelure du Jupiter de Phidias. La barbe et les cheveux encadrent en quelque sorte le visage. Cette ample et riche coiffure, par l'ombre ferme qu'elle porte autour du front, le fait paraître plus lumineux et plus grand ; l'ensemble du visage en devient aussi plus simple et plus noble.

Mais, si l'on étudie la figure avec attention, bientôt on recon-

---

[1] *Suprà*, p. 171.

naît que le côté gauche est plus fort et plus soutenu que le côté droit. Une des deux bosses frontales, la pommette, le menton, les cheveux, la barbe, ont plus de saillie de ce côté que de l'autre. La lèvre inférieure penche légèrement à gauche. Les masses de la barbe, et celles des cheveux, régulières au premier aspect, sont pleines de variétés et d'irrégularités.

Si on regarde cette tête d'un niveau un peu inférieur à celui où elle est posée, on y reconnaît tant de vérité, qu'elle fait illusion. L'artiste a pleinement réuni dans cette savante composition l'ampleur et l'ordre, la grâce et la majesté.

Examinons la Minerve de la *villa* Albani.

La fille du cerveau de Jupiter, la chaste Minerve, est représentée, dans toutes ses images, avec la gravité, la modestie qui conviennent à une vierge. Elle réunit toujours la douceur à l'austérité. Mais ces caractères se font remarquer particulièrement dans la tête de la *villa* Albani, dont nous parlons. La face forme un ovale très-allongé, serré dans le bas. Le nez est droit ; il est simple dans ses plans. L'arcade des sourcils est longue, cintrée, régulière en apparence ; l'arête en est vive, et se continue, en s'affaiblissant par degrés, sur les deux côtés du nez. Tout tient au principe qui a fait allonger l'ovale du visage. Dans cette belle simplicité, les formes du dessous se distinguent à peine ; cependant on les retrouve ; on sent les pommettes et même les cartilages du nez. Les cheveux sont tressés également et avec soin : c'est ainsi que les arrange une jeune fille ; les nattes, sortant du casque, sont liées en un seul faisceau : c'est ainsi que les unit et les abandonne une guerrière.

Regarde-t-on cette figure d'un œil attentif, on y remarque d'imperceptibles irrégularités. Le nez, la bouche et le menton ne sont pas sur une ligne perpendiculaire. Il y a une faible inégalité dans l'ouverture des yeux ; une pommette est plus saillante que l'autre. Les deux côtés de la bouche ne sont pas également ouverts. Les deux sourcils forment ensemble un grand arc ; mais cet arc laisse sentir les inflexions de la crête de l'os.

Les irrégularités de cette tête, et de celle du Jupiter au *Modius,* seraient moins remarquables, si les figures étaient entières, mais on les sentirait toujours. Les deux bustes ne sont que des fragments de statues qui devaient être de la plus grande beauté.

Winckelman regarde cette tête de Minerve comme une dès plus anciennes qui se soient conservées, et il croit reconnaître, dans les arêtes qui bordent le nez, « un reste des lignes droites de l'ancien style de l'art, et une sorte de dureté plus aisée, dit-il, à sentir qu'à décrire. » Il peut y avoir quelque chose de vrai dans cette opinion ; mais il faut remarquer aussi que le même caractère du nez se retrouve dans la Minerve du palais Justiniani, qui, à la vérité, n'est pas entièrement terminée ; qu'il se retrouve encore dans quelques têtes de Jupiter et de Junon, et qu'on en voit plus ou moins le sentiment, non-seulement dans toutes les têtes de Minerve, mais dans la plupart des belles têtes antiques. Cette forme du nez tient à un principe que la Nature donne, et que les Grecs chérissaient. Pour louer la beauté d'un homme, ils disaient qu'il avait le nez droit, ferme, bien enraciné [1] ; qu'il avait le *nez carré comme une statue* [2]. Lorsque l'amour même ou la flatterie voulaient réunir ce qu'il y avait de plus beau dans les statues les plus célèbres, pour peindre

---

[1] Philostr. *Heroic.*, in *Diomed.* cap. 4, § 4 ; Id., in *Palam.* cap. 10, § 9.

[2] Καὶ τετράγωνος ἡ ἰδέα της ῥινὸς, οἷον ἀγάλματος. *L'idée* ou la forme de son nez était carrée, comme dans une statue. (Philostr. *Heroic.*, in *Protesil.* cap. 2, § 2.)

une femme accomplie ; en donnant à cette belle femme les yeux et les sourcils de la Vénus de Praxitèle, le haut des joues de la Vénus d'Alcamène, on lui donnait encore le contour du visage, et la belle proportion du nez [1] de la Minerve Lemniène de Phidias, qui était regardée comme le chef-d'œuvre de ce grand artiste [2]. On peut donc croire, d'après tout cela, que l'excès de ce caractère du nez, considéré dans la Nature, paraissait plutôt aux Grecs une beauté qu'un défaut.

§ XIV

On reconnaît ces mêmes principes dans toutes les belles figures grecques.

L'Hercule Farnèse se fait admirer par deux qualités, dont les Grecs aimaient la réunion : il est robuste et léger [3].

« L'homme fort, dit Aristote, a les cheveux durs, le corps droit, les côtes grandes, les extrémités nerveuses, le ventre rentrant en soi, les omoplates ni trop serrées, ni trop mobiles, le cou robuste et point trop charnu, la poitrine vaste et nourrie, les hanches fines, la jambe déliée par le bas, l'œil vif et modérément ouvert, le front *droit, renflé dans le haut,* plutôt petit que grand, la joue ni lisse ni sillonnée [4]. »

Ne reconnaît-on pas l'Hercule Farnèse à ce portrait? Nous ne

---

[1] Καὶ ῥῖνα σύμμετρον. (Lucian. *Imag.*)

[2] Plin., lib. XXXIV, cap. 8; Lucian., *loc. cit.*; Pausan., lib. I, cap. 28.

[3] Ἐυπαγὴς γὰρ καὶ κοῦφος. « Bene enim compactus est ac levis. » (Philostr. *Heroic.*, in *Protesil.* cap. 2, § 2.)

[4] Aristot. *De physiognom.* cap. 3.

parlerons pas des belles courbes que forment les hanches, et de l'heureuse position des jambes : ne considérons que la tête.

Le visage de l'Hercule Farnèse semble, au premier aspect, fait de trois *morceaux :* l'un est le front, qui est très-saillant, *droit et renflé dans le haut ;* les deux autres sont les grands cercles qui sont formés par les arcades des sourcils, les extrémités du nez, et la racine de la barbe. Le nez est court, aquilin, peu relevé à sa racine, large dans la partie inférieure, serré dans le haut. La bouche est plus grande que ne l'est ordinairement cette partie dans les belles têtes antiques. Le ciseau a fait sentir le chevelu des sourcils. Les muscles sourciliers sont gros. Les deux bosses frontales ont une grande saillie. On voit, dans la partie supérieure de l'os coronal, sur l'aplomb du nez, une éminence forte, qui descend, en demi-ovale, de la racine des cheveux vers le milieu du front. L'os coronal, par cette élévation de ses bords supérieurs, semble repousser en l'air les cheveux qui en sortent. Les tempes serrées augmentent la saillie apparente du front. Les sommités de l'os, qui remontent en divergeant, du coin extérieur de l'œil à la racine des cheveux, le terminent et l'encadrent. Une ligne profonde le traverse horizontalement. Elle se dessine entre les muscles sourciliers et les bosses coronales, et suit en partie l'inflexion des sourcils. Partout on reconnaît la présence de l'os, au milieu des chairs qui le couvrent. Ces divers caractères annoncent que l'artiste a voulu représenter un homme, et vraisemblablement faire un portrait.

Une autre tête d'Hercule, plus belle encore que celle-là, et d'un plus haut style, offre quelques traits différents [1]. Le visage,

---

[1] L'original de cette tête est en Angleterre. Il y en avait un en plâtre dans l'atelier de Giraud, statuaire. — Aujourd'hui chez M. Vatinelle, graveur en médailles, possesseur de la collection Giraud. (*Edit.*)

le bord des cheveux et les oreilles seulement sont antiques. Les plans sont plus grands que dans l'Hercule Farnèse ; les courbes, en général, ont plus de convexité, parce que leurs extrémités sont plus enfoncées. Le visage est plus allongé. Les bosses coronales sont aussi éminentes, les sommités de l'os des tempes le sont moins. Tout est plus fin et plus serré. Le nez est droit, carré, presque aussi plein à sa naissance que dans son extrémité inférieure. La bosse nasale, peu sentie dans l'Hercule Farnèse, se prononce entre les deux sourcils [1]. Les cheveux et la barbe sont plus touffus ; on en sent mieux la racine ; la barbe est plus courte ; les oreilles sont plus petites, la plénitude des membranes en rétrécit l'ouverture. L'orbite des yeux est moins grand ; la bouche est aussi plus petite, plus près du nez. Ces proportions font dominer davantage les grandes parties. Le visage de l'Hercule Farnèse est plus charnu ; celui-ci est plus ferme et plus robuste. Les yeux de l'Hercule Farnèse remontent légèrement vers les tempes par leurs extrémités, ce qui contribue à donner à la figure un air sévère et même un peu farouche : ceux-ci sont droits, et profondément enchâssés du côté du nez. On retrouve au haut du front cette éminence du crâne, descendant des cheveux, et formant un demi-ovale, qui est dans la Nature un des caractères de l'homme fort, et que nous avons vue dans l'Hercule Farnèse. La tête entière présente un mélange admirable de vigueur, de douceur, de noblesse. L'artiste a voulu représenter Hercule devenu dieu. Cette tête est digne du *Torse* antique, et offre les mêmes caractères.

La tête de Jupiter dite *du Vatican* a quelque ressemblance avec ces deux Hercules. Elle ressemble aussi au Jupiter au *Mo-*

---

[1] La bosse nasale est située sur l'os coronal, ou l'os du front, dans la partie inférieure et moyenne de cet os qui répond à la racine du nez.

dius (ou Jupiter Sérapis), que nous avons décrit précédemment. Mais l'artiste poëte n'a pas voulu seulement exprimer la
douceur et la sérénité de Jupiter ; il a voulu représenter le Dieu
dont la pensée régit et conserve le monde. Cette tête offre des
plans plus variés, des courbes plus saillantes, plus d'irrégularités que celle du Jupiter au *Modius*. Les bosses coronales sont
plus élevées ; la bosse nasale est aussi plus éminente. Une ligne
profonde, semblable à celle que nous avons remarquée sur
l'Hercule Farnèse, partage le front horizontalement. Cette ligne
fait sentir, d'une part, la vigueur des sourcils du Dieu, et, de
l'autre, la saillie de la partie supérieure du crâne. Jusqu'ici,
tout est conforme à la Nature, conforme à nos principes... Que
tout mortel s'incline devant le front de Jupiter, devant le front
qui enfanta Minerve, et d'où la déesse s'élança tout armée !
Cette éminence, que nous avons reconnue dans le haut du front
des deux Hercules, l'artiste, rival d'Homère, pour représenter
sans doute Jupiter portant Minerve dans son cerveau, l'a soulevée, l'a étendue, autant que la Nature le lui permettait. Peut-
être même y a-t-il, dans le renflement de cette partie du crâne,
quelque chose d'exagéré. La fable, qu'il s'agissait de rappeler,
était si merveilleuse, qu'il fallait bien recourir à quelque moyen
extraordinaire. Mais la figure est tellement harmonieuse, que,
malgré cette exagération, si toutefois c'en est une, elle paraît
vivante ; on la croirait un portrait. *L'homme*, dans l'opinion
des Grecs, *fit les Dieux à son image* [1]. L'artiste n'a point oublié que la vérité de l'imitation était sa première loi. L'illusion, au contraire, est complète, parce que c'est un accident
du crâne qu'il a représenté, et que l'exagération même de la
saillie de l'os en fait mieux reconnaître la présence.

Habiles à tout embellir, les Grecs ne craignaient pas de tout

---

[1] Aristot. *De rep.* lib. I, cap. 1.

entreprendre. Les extrèmes n'intimidaient pas leurs mains savantes. La Nature peut jusque dans ses écarts offrir de la
grandeur. Le corps d'Ésope était contrefait, son génie était
divin. Le statuaire qui a modelé l'Ésope de la *villa* Albani,
s'est principalement attaché à exprimer la physionomie, l'esprit, l'âme du poëte. L'entreprise était difficile. Celui qui n'eût
pas été nourri de la théorie du beau, n'eût imité que la mai-
greur et la difformité de son modèle. Les vices du squelette ne
sont pas déguisés ; le rachitisme se voit jusque sur le visage.
L'orbite des yeux est plus ouvert et moins profond que dans les
têtes du haut style. On voit les prunelles. Une lèvre se porte
légèrement à droite, et l'autre vers le côté opposé. Le menton
vient en avant ; la barbe, courte et pointue, présente peu de
masses ; elle annonce un homme faible. Mais les muscles sourciliers sont forts ; le front est soutenu ; l'enfoncement des tempes
le fait paraître plus grand. Les cheveux, crépus et groupés au
haut de la tête, en augmentent l'élévation. Ce mouvement des
cheveux, laissant les oreilles à découvert, agrandit les plans des
joues. La figure acquiert ainsi, par l'opposition de ses diverses
parties, toute la grandeur dont elle était susceptible. La barbe
et les cheveux sont d'un beau travail. La bouche est fine et gracieuse : le regard animé se tourne vers le ciel ; l'ensemble
de la figure a une vérité, une douceur, une noblesse inexpri-
mables.

Pythagore de Rhége osa représenter un homme dont la jambe
était rongée par un ulcère, et le spectateur, dit Pline, croyait
éprouver la même douleur [1]. Mais Pythagore était un des artistes de son temps qui, en exprimant le plus fidèlement la vérité, connaissaient le mieux les règles du *rhythme* et des *propor-*

[1] Plin., lib. XXXIV, cap. 8.

tions ; il passait pour un des inventeurs de cette belle théorie [1].

Les Grecs faisaient des figures *iconiques,* d'après de beaux chevaux, comme d'après de beaux athlètes [2].

La vérité de l'imitation était aussi recherchée dans ce genre de travail que dans la représentation du corps humain.

> Exactis Calamis se mihi jactat equis [3].

Dans les animaux fabuleux et composés de deux natures, tels que les centaures, les sphinx, les satyres, ils voulaient que le goût le plus pur choisît ce que la réalité offre de plus beau dans chacune des deux espèces qu'on avait réunies; et, quant à la partie du corps véritablement hors de la Nature où se formait la réunion des deux espèces, ils voulaient *que l'œil du spectateur pût passer des parties d'un animal à celles de l'autre, sans s'en apercevoir* [4].

Comment a-t-on pu croire que les modernes avaient surpassé les Grecs dans l'art de modeler les enfants? Comparez ceux de François Flamand avec les chefs-d'œuvre que nous a laissés l'antique.

Nous ne citerons qu'une seule figure d'enfant. Les caractères qu'on y remarque se trouvent dans tous les enfants de sculpture grecque, quoique tous ne soient pas également beaux.

Il ne subsiste de cette figure que le torse et les cuisses. Elle représentait un enfant de trois à quatre ans. Les formes sont

---

[1] Οἱ δὲ καὶ ἄλλον ανδριαντοποιὸν Ρηγῖνον γεγονεναι φασὶ Πυθαγόρον, πρῶτον δοκοῦντα ρυθμοῦ καὶ συμμετρίας εσοχασθαι. (Diog. Laert., in *Vit. Pythag. phil.* lib. VIII, cap. 1, segm. 47.)

[2] Ælian. *Var. hist.* lib. IX, cap. 32.

[3] Propert., lib. III, eleg. vii.

[4] Lucian., in *Zeux.*; Philostr. *Icon.* lib. XIX, cap. 2.

douces, moelleuses ; les contours sont pleins ; mais on ne sent
point de manière, point de mollesse. Aucune des parties du dessous n'offre de dureté ; toutes, cependant, sont indiquées avec
vérité, avec finesse. On reconnaît dans cet enfant la grâce de
son âge et les signes de sa force à venir ; il promet d'être beau
successivement comme les plus belles figures grecques de tous
les âges. Vigoureux enfant! il est de la famille du *Torse* [1].

§ XV

On a dit souvent que si la sculpture moderne ne s'est pas
élevée à la perfection de l'antique, c'est parce que nous man-
quons de beaux modèles. L'inspection des draperies des figures
grecques et des draperies modernes doit détruire ce préjugé,
car les modèles sont à notre disposition dans cette partie de
l'art, et cependant nous sommes bien loin d'avoir égalé les
Grecs.

L'artiste est, en quelque sorte, le maître de la Nature, dans
l'arrangement des draperies : elle se prête à tous ses désirs ; il
dépend de lui de soumettre son ouvrage à ses règles, aux règles
qu'il adopta : on ne doit, par conséquent, imputer ses erreurs
qu'à lui-même.

Les plus belles figures antiques sont celles dont les draperies
offrent le plus de beauté.

Les draperies ont une beauté qui leur est propre, et une beauté
relative. Considérées comme des accessoires, elles doivent faire
valoir le nu ; vues en elles-mêmes, elles doivent être conformes

[1] **M. J.-B. Giraud** possède un plâtre de cette figure. Nous ignorons
où est l'original.

aux mêmes lois ; il faut y appliquer le même principe : *Qui dit beauté, dit ampleur et ordre.*

Une draperie, dans la Nature, présente souvent de la confusion. L'habileté de l'artiste consiste à produire l'ordre sans nuire à la vérité, à réunir la fermeté avec la souplesse, l'ampleur et la légèreté, la méthode et la grâce, à créer enfin l'harmonie. Il ne suffit pas d'imiter quelques plis, il faut embrasser un grand ensemble. Il y a ici, comme dans le nu, deux choses à considérer, la vérité de l'imitation et le choix des formes. On dit communément d'une belle femme, qu'elle embellit ses vêtements ; cela est vrai aussi dans la sculpture. Pour qu'une draperie soit belle, il faut d'abord que les formes de la figure aient de la grandeur et de la vérité.

Établir de grandes divisions, varier et distribuer de telle manière les masses principales et les plis secondaires, que ces masses et ces plis s'embellissent mutuellement ; accorder les ondulations de la draperie avec le mouvement du corps ; faire valoir les draperies par les contours du nu et les formes du nu par l'ajustement des draperies ; assortir enfin le vêtement au caractère moral du personnage, telles étaient les règles que suivaient les artistes grecs, ou plutôt telle était l'application qu'ils faisaient de leurs règles générales aux draperies.

Qui n'a admiré le manteau sur lequel est assis le Laocoon ! Il y a autant de simplicité, de grandeur et de variété dans la forme des plis et dans la distribution de leurs masses que dans les formes et dans le mouvement de la figure.

Ce sont les Grâces elles-mêmes qui placèrent aux pieds de la Vénus du Capitole ce vase allongé, sur lequel un voile voluptueux attend le moment de presser le corps de la déesse. La forme fine du vase, ses légères cannelures, l'abandon naturel de la draperie, l'ampleur et la fermeté des plis principaux, dont les uns reposent en travers sur le vase, tandis que les autres tombent sur la longueur par masses habilement subdivisées, tout est également heureux. Une grande partie lisse mise en opposition avec la jambe, en y rejetant la lumière, en augmente la vie. La frange qui borde le voile, en couvrant au contraire la partie inférieure du vase, attire le regard sur le pied de Vénus. Nous avons dit que les accessoires placés auprès des figures étaient, en général, négligés quant au travail : celui-ci forme une exception remarquable.

La Flore Farnèse [1] a été restaurée. La tête, le bras droit et une partie des jambes sont modernes. Cette figure n'a pas toute la grâce qu'elle devait avoir dans son intégrité ; mais ce qui subsiste d'antique est d'une beauté parfaite.

On pourrait dessiner tous les contours du corps, malgré l'ampleur du vêtement qui le couvre. Les parties principales du nu appellent l'œil. Les draperies qui les voilent à peine, n'y furent ajoutées que pour les enrichir ; elles n'en forment qu'un accessoire. C'est la courbure des membres qui détermine la place et la direction des plis principaux. Des plis perpendiculaires, réunis en grandes masses et jetés sur les côtés, produisent des ombres fermes qui portent la figure en avant. Les masses de ces plis sont d'autant plus grandes ou plus nombreuses qu'elles sont plus éloignées du nu et du centre des membres. Que d'élégance dans le mouvement de la draperie, partout où elle s'applique sur les contours du corps ! Une ceinture, nouée sur les hanches, en augmente la valeur, en formant des plis délicats et variés : la pudeur servit ici la coquetterie. La main droite, relevant, par un

---

[1] Je désigne cette figure par le nom sous lequel elle est connue. Il n'entre pas dans mon plan de rechercher si elle représente Flore ou tout autre sujet.

mouvement ingénu, l'extrémité inférieure de la tunique, fait naître des plis demi-circulaires opposés à ceux qui descendent perpendiculairement des épaules et de la ceinture, et que le poids de la draperie produit. Ces plis sont légers sur les jambes, plus prononcés sur les côtés. Les plis, en général, sont fins à leur origine, plus ouverts dans le milieu ; on dirait qu'ils ont, comme les muscles, leurs attaches et leur renflement. Malgré cette abondance, cette richesse de la draperie, l'ensemble en est tranquille, comme la pose de la figure. Elle voile tout, elle ne déguise rien ou rien d'essentiel. Ses ondulations marquent elles-mêmes les articulations des membres. On distingue, au travers du tissu, jusqu'à la finesse de la rotule, jusqu'à la forme du nombril, jusqu'aux bouts des seins. On reconnaît, au caractère des formes de la déesse, sa jeunesse et sa fraîcheur. Chef-d'œuvre de goût, modèle accompli pour l'art, le vêtement est vrai, léger, élégant et noble. Il serait digne, en effet, de l'amante de Zéphyre.

Le soleil brille sur le fond d'azur que présentent les cieux ; l'Apollon se développe et semble lumineux au-devant de la chlamyde que son bras tient déployée. Ce manteau, que le Dieu rejette maintenant en arrière et dont il pourra se voiler, ce manteau symbolique me rappelle l'heureuse succession des jours et des nuits. Que de richesse et d'élégance, que de science et de goût dans les mouvements variés de ces plis demi-circulaires ! L'ombre ferme que le corps projette sur la draperie, la colore et l'enrichit ; les demi-teintes que le reflet de la draperie produit sur la figure, l'échauffent et l'animent. On reconnaît, dans la chlamyde, malgré la fermeté de ses ondulations, les plis légers et à peine sensibles d'une étoffe ouverte pour la première fois. De même qu'une veine serpentant sur un muscle en augmente la souplesse, de même ces plis délicats donnent à la draperie une apparence de vérité, une grâce naïve, que l'art semble n'avoir pas cherchée. Ils annonceraient, dans la Nature, la fraîcheur et la virginité du vêtement ; ils sont ici le symbole de la jeunesse et de la beauté toujours renaissantes du dieu du jour.

Nous pouvons donc indiquer encore une des causes de la perfection où s'élevèrent les statuaires grecs. C'est, en ce qui concerne la beauté, qu'ils ne cherchèrent rien de fantasque, rien de surhumain, et que, guidés par une théorie savante, ils prirent religieusement dans la Nature toutes les formes et toutes les proportions par lesquelles ils paraissent l'avoir embellie ; c'est qu'ils se conformèrent constamment à cette maxime de tous les temps et de tous les arts : RIEN N'EST BEAU QUE LE VRAI.

§ XVI

Nous n'avons considéré jusqu'ici les formes et les mouvements du corps de l'homme que sous des rapports physiques ; il faut chercher maintenant à voir l'artiste grec, animant, comme Prométhée, sa figure d'un feu divin, et, dans les formes, dans les mouvements de l'homme physique, nous montrant la grandeur de l'homme moral.

L'expression, en prenant ce mot dans toute son étendue, relativement à l'Art Statuaire, renferme plusieurs choses : l'expression de la vie, l'expression de l'action, l'expression des mœurs, l'expression des passions.

Dans l'expression des mœurs et dans celle des passions, il y a aussi plusieurs choses à considérer : d'une part, la vérité de l'expression ; de l'autre, le choix des affections de l'âme que l'artiste représente, et, enfin, le degré d'énergie qu'il leur attribue.

L'action, ou les différents mouvements du corps, les mœurs, les passions, ne sont que des modifications de la vie ; l'art de les représenter n'est de même qu'une modification de l'art de représenter la vie, d'imiter la Nature dans l'infinie variété des mouvements et des formes dont elle peut nous offrir les modèles.

Quelque action que l'artiste donne à sa figure, quelque pensée qu'il veuille exprimer, nous l'avons suffisamment prouvé, c'est toujours la fidèle imitation de la vie qui forme le principal mérite de son ouvrage. Représente-t-il un homme endormi, il faut que le spectateur voie dans tous les membres de la statue, avec la chaleur de la vie, l'abandon du sommeil ; représente-t-il un héros dans une action violente, ou tourmenté par une douleur aiguë, il faut encore que l'action soit exprimée avec justesse, que la douleur soit vraie, que l'exécution soit dépouillée de toute manière, et qu'on croie voir la Nature elle-même.

Ce principe étant incontestable, recherchons l'opinion des Grecs sur le choix et sur le degré d'énergie des affections de l'âme que l'artiste doit représenter ; élevons-nous jusqu'aux maximes des philosophes.

Nous avons rappelé précédemment les diverses causes qui, en donnant aux Grecs une admiration vive pour la beauté, la leur avaient fait reconnaître, non pas dans la perfection physique du corps seulement, mais dans la réunion de cette perfection avec les signes extérieurs de celle de l'âme.

Nous avons dit que tous les arts d'imitation, que la peinture, la sculpture, la musique, la danse, s'éclairant mutuellement et faisant partie d'un même système, avaient concouru, ainsi que les leçons des philosophes, à faire reconnaître et à rendre pour ainsi dire commune cette sublime vérité ; que les mouvements d'un homme de cœur, dans une situation pénible, sont différents de ceux d'un lâche ; que les uns sont beaux, que les autres sont laids [1], et que, dans l'opinion des Grecs, le but de tous les arts devait être de faire aimer la vertu, en donnant aux mouvements du corps la grâce et l'harmonie, qui annoncent une âme *dont les mœurs sont véritablement belles et bonnes* [2].

Nous avons enfin établi ce principe important, que, dans le choix et dans l'expression des passions, le statuaire, sans nuire à la vérité de celle qu'il veut exprimer, doit se tenir le plus près du repos qu'il est possible.

Déjà Mengs, Winckelman, Lessing et d'autres savants écrivains, ont traité ce sujet. Winckelman a remarqué que les statuaires grecs, lorsqu'ils représentaient un héros agité par quelque affection profonde, « lui donnaient la contenance d'un homme sage qui sait réprimer l'éclat des passions, et ne laisse échapper que quelques étincelles du feu qui le dévore [3]. » Ces habiles critiques n'ont pas développé cependant la théorie de nos maîtres tout entière.

Rejetons d'abord cette opinion qui veut que l'unique objet de l'art soit de représenter les formes du corps, et que l'on n'ait imaginé de faire des tableaux d'histoire que pour peindre à la fois des beautés corporelles de divers genres. Ne croyons pas que les Grecs évitassent d'exprimer des affections violentes, par la raison seulement qu'elles enlaidissent le visage et qu'elles produisent dans les membres des contractions hideuses; ne croyons pas, enfin, que la convenance fût une chose dont les anciens en général s'inquiétassent fort peu [4].

Comment ravir à l'Art Statuaire son but moral? Les Grâces

---

[1] Plat. *De leg.* lib. II.

[2] Id., *De rep.* lib. III.

[3] *Hist. de l'Art*, liv. IV, chap. 5.

[4] Lessing, *Du Laocoon*.

ont mis sans doute des bornes à l'art de l'imitation, mais la Sagesse a posé ces bornes de concert avec elles [1].

La retenue des statuaires grecs avait plusieurs motifs.

Le premier, que l'on n'a point assez remarqué, était le désir de produire une imitation fidèle. Le modèle vivant, auquel l'artiste est obligé d'avoir recours, ne saurait se pénétrer assez fortement de la situation du personnage qu'il représente, pour exprimer avec justesse et d'une manière constante, durant un long travail, les effets pénibles d'une douleur aiguë, d'une passion furieuse. On connaît le trait imputé à Parrhasius : on l'accusait d'avoir fait mourir un esclave dans les tourments, pour peindre Prométhée sur le Caucase [2]. Si ce moyen barbare eût été possible, il aurait encore été insuffisant ; il aurait fallu que l'artiste, pour exprimer ces affections violentes, eût sacrifié de nouveaux esclaves, ou qu'il eût travaillé de ressouvenir, qu'il se fût abandonné à son imagination, et cet art était contraire aux principes des Grecs.

Le second motif de la retenue des statuaires était le désir de représenter toujours les formes du corps dans toute leur beauté. La beauté s'altère, en effet, dans l'expression violente de la douleur et des passions. Les contorsions des membres, par les angles aigus qu'elles produisent, interrompent ces grandes courbes, dont nous avons vu que le développement et l'unité donnent de la grandeur à la figure. La contraction des muscles faisant ressortir les parties internes, les éminences et les cavités se multiplient, les profils de chaque membre sont tourmentés, et, par la multiplicité des parties et des lignes dont il fatigue la vue, un colosse, au lieu d'être grand et majestueux, peut paraître petit et difforme.

[1] Lucian. *De salt.*
[2] Senec. Rhet., lib. V, controv. 54; Id., lib. X, declam. 5.

Ceci donne occasion de remarquer un défaut commun à beaucoup de statues modernes. Combien de figures dont les auteurs ont outré l'action, dont ils ont mis en contraction tous les muscles, sans utilité pour l'expression du sujet, et dans la vue seulement de faire une vaine parade de leurs connaissances anatomiques ! La figure frappe quelquefois au premier aspect ; mais elle déplaît bientôt au spectateur, parce qu'une action trop égale de toutes les parties intérieures est contraire au système de la Nature. Non-seulement, par cette exagération, l'ouvrage manque de grandeur et d'harmonie, mais encore il manque de vérité.

Ce vice fut, chez les Grecs, un des signes de la décadence de l'art. Plutarque tourne en ridicule « les statuaires ignorants qui taillent, dit-il, des statues bien esquarquillées de jambes, et bien estendues de bras, avec une bouche qui bâille bien grand, ayant opinion qu'elles sembleront vastes et grandes [1]. »

Les statuaires enfin avaient un troisième motif, que l'on ne saurait méconnaître. L'art, ayant pour objet de faire aimer la patrie et la vertu, en honorant la mémoire des sages et des héros, devait représenter ces hommes illustres, grands, fermes, courageux, supérieurs à la douleur et à la mort.

Les actions des hommes ont deux causes, les mœurs ou le caractère du personnage, et sa pensée actuelle [2].

La pensée actuelle produit l'action ; les mœurs la modifient.

La douleur, les passions, sont des orages passagers, qui troublent le repos de l'âme, et altèrent l'harmonie du corps ; les mœurs sont des signes caractéristiques, par lesquels chaque homme manifeste la grandeur de son âme.

---

[1] Plutarq. *Qu'il est requis qu'un prince soit savant*, chap. 3. (Trad. d'Amyot.)

[2] Aristot. *De poet.* cap. 6.

Les philosophes grecs tiraient de là cette conséquence, que les mœurs étaient, ainsi que la vie, ainsi que la beauté, un objet essentiel dont les arts devaient constamment offrir le spectacle. Ils enseignaient même que, lorsqu'on offrait au peuple l'image d'un homme célèbre, il fallait, *en faisant cette image ressemblante*, l'embellir, relativement aux mœurs, de même qu'on l'embellissait dans les formes physiques, si le héros avait eu quelque chose d'imparfait[1].

« Si les artistes, disait Platon, ne représentaient pas les héros comme des modèles de vertu, il faudrait les y contraindre par la rigueur des lois[2]. Les statuaires, disait-il encore, les peintres, les poëtes, incapables d'exprimer dans leurs ouvrages la grâce, l'harmonie, la beauté, qui sont une suite de la bonté des mœurs, nous leur défendrons de travailler chez nous, dans la crainte que les jeunes gens de notre république, élevés au milieu de ces images vicieuses, comme dans de mauvais pâturages, ne contractent à la fin quelque grand vice dans l'âme, sans s'en apercevoir[3]. »

Nous avons dit que la pose d'une figure contribue à la faire paraître grande ; mais la pose elle-même dépend de l'action que la figure représente, ou plutôt de la pensée, du sentiment qu'elle paraît exprimer.

Pour que la pose d'une figure ait de la grandeur, il ne suffit pas qu'elle soit vraie, facile, bien décidée. L'habitude des sentiments élevés donne aux mouvements du corps un développement décent et noble. Cette dignité se fait reconnaître dans les moindres actions ; elle est de tous les états ; elle vient de l'âme. Elle

[1] Aristot. *De poet.* cap. 14.
[2] Plat. *De leg.* lib. II.
[3] Id., *De rep.* lib. III.

embellit, dans une danse pudique, les pas d'une fille innocente ; elle anime le geste d'un héros et celui d'un soldat.

Combien cette expression de l'élévation de l'âme embellit les
statues antiques ! O Grecs ! où avez-vous pris tant de noblesse
et tant de simplicité ?

Que de décence et de grâce dans ce groupe qui représente
l'Amour embrassant Psyché ! La jeune épouse presse de son bras
droit le visage de l'Amour contre ses lèvres ; mais ce sentiment
est ingénu, virginal ; il échappe à Psyché. On dirait que l'artiste
n'ait voulu représenter que l'union des âmes sous une gracieuse
allégorie.

C'est par l'expression des mœurs, que, dépouillée de tout vêtement, la Vénus de Médicis n'est pas nue.

Quand Praxitèle fit la statue de Phryné, il ne manqua pas de
donner à la courtisane son sourire malin [1] ; mais, quand, d'après
Phryné, il fit la statue de Vénus, il donna à la déesse la physionomie et le sourire décent de Cratine [2].

Cet art d'exprimer les mœurs devint enfin si bien propre
aux statuaires grecs, que la sculpture fut regardée comme un
des arts qui exprimait les mœurs avec le plus d'exactitude [3].

S'agissait-il enfin de représenter une situation pénible, où
l'âme, cruellement agitée, mît en contraction tous les ressorts
du corps humain : le principe général s'appliquait dans toute
son étendue. Ce n'était pas, à proprement parler, la douleur
ressentie par le héros, que l'artiste devait représenter, c'était le
héros grand dans la douleur.

---

[1] Plin., lib. XXXIV, cap. 8 ; Athen., lib. XIII, cap. 6.

[2] Clem. Alex. *Cohort. ad gent.* cap. 4 ; Arnob. *Disput. adv. gent.*
lib. VI.

[3] Ἠθοποιητὸς ἡ τέχνη. (Callistr., in *stat. Esculap.*)

Les cris, les pleurs, disait-on, sont des actes forcés, arrachés par la nécessité : l'art doit représenter l'homme dans une contenance libre, volontaire, l'homme toujours homme et maître de soi[1].

« L'homme sage, disait Platon, ne pleure pas sur lui-même. Conjurons le divin Homère de ne pas nous représenter Achille, le fils d'une déesse, tantôt couché sur le côté, tantôt la face contre terre, ou le visage tourné vers le ciel, ou prenant la poussière à deux mains, et s'en couvrant la tête[2]. »

Ce principe que Platon appliquait à la poésie doit se rapporter à plus forte raison à l'Art Statuaire. L'expression de la douleur et des passions peut être plus forte dans un récit que dans une représentation théâtrale, plus forte au théâtre que dans un tableau, plus forte dans un tableau que dans un ouvrage de sculpture. La raison de cette différence est facile à reconnaître.

La pose d'une statue demeure toujours la même. Tout ce qui doit émouvoir le spectateur, lui plaire et l'instruire ; tout ce qui doit lui faire connaître, aimer, admirer le héros; tous les sentiments que l'artiste veut exprimer ; toutes les circonstances de l'action qu'il veut retracer à la mémoire, le passé, le présent, l'avenir, tout est renfermé dans une figure unique, dans une action unique, dans un seul moment. Les oppositions heureuses que le poëte fait remarquer dans la succession des temps, que le peintre exprime par des figures différentes, et même par des effets différents, le statuaire qui compose un groupe ou une statue ne peut les exprimer que par ce groupe même ou par cette statue. Il faudra donc que, dans cette figure unique, il oppose le courage à la douleur, la tranquillité de l'âme à l'agi-

---

[1] Plat. *De rep*. lib. X ; Aristot. *Eudem*. lib. II, cap. 5 et 7.
[2] Id. *De rep*. lib. III.

tation du corps. Il faudra que, dans un sujet effroyable, il choisisse l'action, le moment, les pensées le plus capables de satisfaire les hommes vertueux et éclairés de tous les temps.

Le statuaire est placé entre deux écueils : d'une part, il doit éviter l'exagération, respecter la beauté, maintenir la grâce et l'harmonie ; de l'autre, il doit parler à l'âme, et, par conséquent, donner à l'action qu'il représente toute l'énergie nécessaire, pour produire cet effet sous tous les points de vue. S'il doit, comme nous l'avons dit, se tenir, quant au mouvement du corps, le plus près du repos qu'il est possible, cela même est une raison pour qu'il s'attache aux pensées les plus énergiques, à celles qui produisent le plus d'effet avec le moins d'agitation ; et pour que, dans une pose naturelle et facile, chaque partie de sa figure soit pleine de sentiment, de feu, de douleur.

La modération de l'expression offre un grand avantage, relativement à l'effet que l'artiste veut produire : c'est que, l'action des membres n'étant pas portée jusqu'au dernier terme possible, l'esprit du spectateur conçoit un état plus violent que celui qu'exprime la figure, et peut croire la voir sur le point de faire ce dernier et douloureux effort. Il jouit ainsi davantage du moment présent, en prévoyant celui qui pourra suivre. L'artiste a exprimé un sentiment élevé ; il a augmenté la force de l'expression, en la modérant ; il en a rendu l'effet tout à la fois plus profond et moins pénible.

Nous avons des témoignages positifs de l'opinion des artistes grecs à ce sujet. « Voyez, ô jeune homme, dit Philostrate, l'image de Panthée : la douleur n'a point altéré sa beauté [1]. Voyez Ménœcée mourant : il semble s'endormir [2]. Voyez Antilo-

---

[1] Philostrat., lib. II, icon. 9.
[2] Id., lib. I, icon. 4.

21.

que mort : on dirait que son âme l'ait quitté dans un moment où il était heureux [1]. »

Comment les statuaires grecs ont-ils représenté Philoctète ? C'est une remarque de Winckelman : Ils ont exprimé son caractère d'après les principes de la sagesse, plutôt que d'après les images de la poésie [2]. Ils se sont bien gardés de montrer Ajax égorgeant les béliers des Grecs ; ils ont choisi le triste moment où, revenant à lui-même, il gémit sur son égarement et se représente la douleur de son vieux père quand il apprendra sa funeste mort [3]. Comment, enfin, ont-ils représenté le furieux Oreste ? Sortant d'une crise de son horrible frénésie, abattu, sans force, disant à son fidèle Pylade : « O mon ami ! enlève-moi d'ici ; mais que je ne rencontre pas le tombeau de ma mère [4] ! »

Voyez comme Laocoon résiste à la douleur ! La fermeté du prêtre d'Apollon se fait reconnaître dans le mouvement de la tête, sur le visage, dans le gonflement de la poitrine et jusque dans la contraction des pieds. Les extrémités des membres se rapprochent du cœur, ainsi qu'il est naturel à l'homme sage qui souffre. La douleur n'est, en quelque sorte, que matérielle ; on voit que l'âme a conservé toute sa dignité. Oh ! qu'il était loin du génie d'Agésander, l'artiste moderne qui, en restaurant le bras droit, l'a rejeté en l'air, avec les signes convulsifs de l'abandon et du désespoir ! Tâchons d'emprunter le langage des juges des arts de la Grèce. Qu'eussent-ils dit à celui qui leur aurait présenté la statue de Laocoon ainsi restaurée ? Coupable artiste !

[1] Philostrat., lib. II, icon. 7.

[2] *Hist. de l'Art*, liv. IV, chap. 3.

[3] Philostr., lib. II, icon. 22 ; Sophocl., in *Ajax.*, act. II, sc. ii, v. 453 et seq.

[4] Winckelm. *Monum. ined.* t. I, fig. 150 ; Euripid., in *Orest.* act. II, sc. iv, v. 796.

vous avez détruit l'harmonie de cette admirable figure. Les mouvements de la tête, du bras gauche et des pieds, sont d'un homme de cœur ; celui du bras droit est d'un lâche. Où sont les règles éternelles de *la saine musique*, de *la danse*[1], de tous les arts d'imitation, c'est-à-dire les préceptes de la sagesse? Vous êtes sorti du *mode dorien*, dont les chants graves enseignent à nos jeunes guerriers à respecter les Dieux et à mépriser la mort. Vous avez violé les règles du goût et nos antiques lois. Que pouvez-vous espérer? Nous ne récompensons les artistes que lorsqu'ils familiarisent nos héros avec les vertus qui font la gloire et le bonheur des sociétés.

§ XVII

Nous avons encore un tableau à présenter, c'est celui de la décadence de l'Art Statuaire et de tous les beaux-arts. Si les causes de perfection que nous avons cru reconnaître sont réelles, ce tableau doit en offrir une nouvelle preuve.

Quand est-ce donc que les arts perdirent leur éclat dans la Grèce? Quand les jeux olympiques furent abandonnés ; quand les temples des oracles furent déserts; quand les combats des gladiateurs eurent été introduits, et que l'autel de la Pitié eut été renversé ; quand, par l'effet des grandes armées des Romains, la victoire se rangeant du parti des forts bataillons, la beauté du corps cessa d'être utile et honorée; quand, suivant l'expression d'un ancien, l'on connut mieux la beauté d'un cheval que celle d'un homme, et qu'on l'estima davantage[2]; quand les arts, séparés d'avec la politique, ne furent plus que l'amusement de

---

[1] *Suprà*, p. 47, 51.

[2] Dion. Chrysostom., orat. XXI, p. 269. (Edit. 1604.)

quelques particuliers[1] ; quand on rechercha dans leurs ouvrages les caprices de l'imagination plutôt que l'imitation de la Nature[2] ; quand on préféra des têtes de fantaisie aux portraits de ses aïeux[3] ; quand il n'y eut plus d'esprit public, et que, sous la puissance des Romains, les gouvernants, comme le peuple, marchèrent aveuglément, sans autre guide que l'esprit de rapine d'une part, le découragement et l'égoïsme de l'autre ; quand les artistes purent croire possible d'être frustrés des honneurs qu'ils méritaient[4] ; quand le goût général enfin ne fut compté pour rien, et que Lucien crut pouvoir dire à ses protecteurs : « Pourquoi irais-je dans la vallée brûlante de Pise lire mes écrits aux Grecs assemblés? Ne me suffit-il pas de votre approbation[5] ? »

C'est un beau spectacle de voir les arts lutter dans la Grèce contre le despotisme, comme, à Rome, la vertu. Les arts des Grecs et les vertus des Romains tenaient également à la constitution des gouvernements et à la vigilance des magistrats, et périrent par des circonstances semblables.

Arrivons aux siècles modernes : voyons les mêmes causes faire renaître et diriger de nouveau les beaux-arts ; les mêmes causes en opérer chez divers peuples la décadence ; et de nouveaux bienfaits leur faire prendre un nouvel essor.

---

[1] « Pictura, ars quondam nobilis, tum cum expeteretur a regibus populisque. » (Plin., lib. XXXV, cap. 1.)

[2] Vitruv., lib. VII, cap. 5.

[3] Plin., lib. XXXV, cap. 2.

[4] « Duravit artificibus generosus veræ laudis amor, quamdiù populis regisbusque artium reverentia mansit : at postquam pecuniæ amor eam ex animis hominum ejecit, defecerunt et ipsi artifices. » (Petron. *De art. exit.*)

[5] Lucian., in *Harmonid.* cap. 5; Id., in *Herodot.* cap. 8.

TROISIÈME PARTIE.

SECTION I.

§ I

Deux grands événements ont été regardés comme la cause de l'anéantissement des arts, et de leur renaissance dans l'Occident : l'un est l'irruption des barbares dans les Gaules et dans l'Italie ; l'autre, la prise de Constantinople par les Turcs. Mais ces événements indiquent d'une manière imparfaite l'époque des révolutions dont il s'agit de rendre compte, et n'en font pas connaître les véritables causes.

Avant l'invasion des barbares, déjà les changements opérés dans les mœurs, dont nous venons de parler, déjà l'indifférence de la plupart des empereurs, les désordres de l'empire, et le zèle immodéré de quelques chrétiens intolérants, avaient anéanti le bon goût, brisé les statues des Dieux, laissé dégrader ou démolir les temples dans lesquels on les adorait.

Avant la prise de Constantinople, le génie de la liberté avait rappelé les beaux-arts en Italie. Déjà les Provençaux avaient fait revivre la poésie ; le Dante, Boccace, Pétrarque, avaient composé leurs ouvrages ; le dôme de Pise était construit ; Brunelleschi avait élevé à Florence la coupole de Sainte-Marie ; Ghiberti avait exécuté dans cette ville, déjà embellie, les portes admirables du baptistère de Saint-Jean ; la gravure, enfin, et l'imprimerie étaient inventées, lorsque les Ottomans repoussèrent vers l'Italie, empressée de les accueillir, les derniers nourrissons des Muses grecques.

On a imputé aux barbares plus de mal qu'ils n'en ont fait. Les Goths, injustement accusés d'avoir détruit les monuments antiques, les conservaient, au contraire, avec le plus grand soin. Ces hommes du Nord n'étaient pas insensibles à la beauté des chefs-d'œuvre des hommes du Midi [1]. Théodoric, Athalaric, la reine Amalasonthe, quoiqu'ils fussent persuadés que l'admiration publique aurait dû suffire pour les garantir de toute espèce d'outrages [2], veillaient cependant à leur conservation avec sollicitude ; ils assignèrent des fonds annuels considérables pour les entretenir [3] ; ils augmentèrent, dans les écoles publiques, les émoluments des professeurs [4]. Théodoric créa un COMTE, pour la garde des statues antiques, dont il regardait la perfection COMME LE FRUIT DE PLUSIEURS SIÈCLES D'ÉTUDE (*labor*

----

[1] On peut voir, dans le quatrième volume du *Trésor des antiquités romaines* de Grævius, une dissertation, dont l'objet est de prouver que l'on ne doit imputer la destruction des monuments antiques de Rome, ni à Alaric, ni à Genséric, ni à Ricimer, ni à Totila. (Petr. Ang. Bargœus, *De œdif. urb. Rom. evers.*, apud Græv. t. IV, p. 1870 et seq.)

[2] « Sola deberet reverentia custodire. » — « Justè tales persequitur publicus dolor, qui decorem veterum fædant detruncatione membrorum.» (Cassiod. *Var.* lib. VII, Formul. Theodor. 13.)

[3] Cassiod., *ibid.*, lib. I, epist. 21, 25, 34 ; lib. III, epist. 44 ; lib. IV, epist. 50 et 51.

[4] « Cum manifestum sit premium artes nutrire, etc. » (Athalaric. ad Senat. Rom., *ibid.*, lib. IX, epist. 21.)

mundi) [1]. Il écrivait à Symmaque : « Nous aurions peut-être négligé les monuments de Rome, si nous n'eussions vu ces beaux ouvrages. — Nous serons, en les conservant, les émules de vos ancêtres [2]. » Ce prince donna, en effet, l'inspection des édifices publics à un architecte particulier ; il lui disait, en créant sa charge : « Nous voulons que *Votre Sublimité* [3] veille à la conservation des monuments antiques, et qu'elle en construise de nouveaux, auxquels il ne manque, pour égaler les anciens, que la vétusté. Combien de connaissances vous sont nécessaires ! Combien vous devez être habile, intègre, pour remplir d'aussi importants devoirs ! Décoré d'une verge d'or, vous marcherez immédiatement devant nous, au milieu des nombreux officiers qui nous entourent ; afin que nous ne puissions jamais oublier combien il importe aux rois que leurs palais annoncent leur magnificence [4]. »

Les Bourguignons, les Francs, les Lombards, les seuls des peuples barbares qui aient, comme les Goths, formé dans les Gaules et dans l'Italie des établissements durables, étaient trop peu nombreux pour changer tout à coup les mœurs des anciens habitants. Ils mirent leur politique à s'en faire estimer, dans toutes les choses du moins qui n'étaient pas contraires à leurs intérêts et à leurs propres habitudes. Ils protégeaient les hommes de lettres ; ils respectaient les bibliothèques et les monuments.

---

[1] Cassiod., *Var*. lib. VII, Formul. Theodor. 13.)

[2] « Hæc potuissemus fortè negligere, si nos contigisset talia non videre... Ut et nostris temporibus videatur antiquitas decentius innovata. » (*Id. ibid.*, lib. IV, epist. 51.)

[3] « Hinc est quod Sublimitatem tuam... etc. »

[4] « Ut agnoscamus... etc., talis enim dominus esse creditur quale ejus habitaculum comprobatur. » (Id., *ibid.*, lib. VII, Formul. Theodor. 5.)

On voit fleurir sous leur règne les écoles publiques dont les Gaules s'honoraient sous le gouvernement des Romains. A Lyon, à Vienne, à Bordeaux, à Arles, à Clermont, à Agen, à Périgueux, à Trèves, à Autun, à Toulouse, à Marseille [1], des professeurs, qui avaient, il est vrai, plus de savoir que de goût, formaient encore, à la fin du cinquième siècle, des orateurs et des poëtes. Les Bourguignons établis à Lyon étaient presque tous occupés des arts; ils aimaient la paix et voulaient exercer leur industrie [2]. Le cruel Chilpéric Ier n'était pas sans instruction, et, malgré l'atrocité de son caractère, il aimait à s'entourer de bardes et de grammairiens. On connaît le faste du roi Dagobert et les faveurs dont il combla le fameux orfévre saint Éloi.

Les désordres de l'invasion, les mœurs des conquérants, l'amour de la chasse, l'oisiveté, la fréquence des guerres, le défaut d'émulation, ne firent que hâter l'anéantissement des lettres, déjà déchues avant l'arrivée des barbares.

Quel goût général pouvait, d'ailleurs, se former entre des nations différentes par leurs mœurs et par leur langage, qui habitaient le même territoire sans se confondre, et reconnaissaient le même prince, sans obéir aux mêmes lois? Pour que les sciences et les arts pussent renaître, il fallait que le temps, élaborant avec lenteur des éléments hétérogènes, les mêlât, les fondît ensemble, formât de nouvelles langues, de nouvelles mœurs, ne fît qu'un seul peuple de ces peuples différents.

Ce fut enfin la féodalité qui produisit véritablement la barbarie. Elle fit revivre cette différence des nations, qu'on était

---

[1] *Histoire littéraire de la France,* par les Bénéd., t. II, p. 39, 40; *Ibid.,* t. III, p. 21 et 431.

[2] *Ibid.,* t. II, p. 26, et t. III, p. 20.

prêt à oublier. Quels secours pouvait-on demander aux sciences et aux arts, dans un gouvernement aussi monstrueux ? Où la force peut tout, le moral n'est compté pour rien. Il n'y avait d'émulation dans ces temps malheureux que celle de la tyrannie, des usurpations et des rapines. L'époque où l'anarchie féodale déploya sa plus grande violence, est celle où les ténèbres furent le plus profondes, où le commerce fut totalement anéanti. Les peuples furent accablés à la fois par l'ignorance, la servitude et la misère.

§ II

Quelques-unes des causes qui avaient fait inventer les arts chez les Grecs, les firent renaître en Italie. Tandis que l'Allemagne et les Gaules gémissaient sous d'innombrables tyrans, quelques villes de l'ancienne patrie des Étrusques, favorisées par des circonstances heureuses, commençaient dès le dixième et le onzième siècle à s'éclairer et à s'enrichir. C'étaient Pise, Sienne, Florence, Bologne ; c'étaient aussi Venise et Amalfi. Troublées par les querelles des papes et des empereurs, ennemies irréconciliables les unes des autres, au milieu de la guerre et des désordres, ces villes, négligées par des princes mal affermis sur le trône, avaient proclamé la liberté. La nécessité y avait formé l'esprit public. La démocratie y avait prévalu. Leur histoire n'est qu'une suite continuelle de guerres intérieures, de révolutions, de bannissements, de confiscations de biens, parce que leurs constitutions, incessamment réformées et toujours imparfaites, manquaient de la balance nécessaire dans tout État qui veut être libre. Mais, au sein de tant de calamités, elles ont montré de nouveau ce que peuvent les plus faibles États quand tous les citoyens prennent part à la gloire publique. On y reconnut, comme dans l'antique Grèce, la nécessité de recourir aux moyens moraux qui font la force réelle des États, et principalement celle des petites républiques. Les arts naquirent du besoin de créer de grands hommes, du besoin d'éclairer les manufactures et le commerce. Les arts enfin furent employés, encouragés, honorés, parce que l'on sentit combien ils étaient nécessaires à la gloire, à la richesse, à la prospérité générales.

Venise, la première de ces villes qui avait conquis la liberté, fut aussi la première qui voulut s'honorer par de grands monuments. Dès l'an 976, elle appela les architectes les plus célèbres de Constantinople, pour reconstruire l'église de Saint-Marc[1]. Mais, attachée principalement au commerce des marchandises de l'Inde, elle ne prévit pas tous les services que les arts auraient pu lui rendre. Ambitieuse, conquérante, émule de l'ancienne Carthage, voulant s'emparer du commerce du monde, et croyant faussement pouvoir le conserver, elle s'occupa faiblement de cette source de richesses qu'elle pouvait faire naître dans son propre sein. Sa constitution, d'ailleurs, devint aristocratique à la fin du treizième siècle, époque où d'autres villes d'Italie créaient les beaux-arts. Venise s'éclaira des lumières que répandait Florence[2]; elle reçut le mouvement, elle ne le donna point.

[1] *Venetia descritta*, da fra Sansovino, lib. I, cap. 4.

[2] *Nota.* Les Vénitiens, ayant voulu, vers l'an 1470, élever une statue équestre à leur général Bartholomée de Bergame, appelèrent de Florence le statuaire André Vérochio. Celui-ci, ayant eu quelques sujets de mécontentement, brisa son modèle, et retourna dans sa patrie. La Seigneurie lui fit dire que, s'il reparaissait à Venise, on lui couperait la tête : « Vous ne seriez pas assez puissants, répondit Vérochio, pour en faire une autre qui valût la mienne. » Les Vénitiens reconnurent qu'ils avaient besoin de lui; il obtint tout ce qu'il demandait, et alla terminer l'ouvrage. (Vasari, *Vit. di Andr. Veroch.*)

Les Pisans, vers la fin du onzième siècle, voulant bâtir leur *dôme* ou leur cathédrale, amenèrent dans leur patrie des sculpteurs grecs ; ils firent venir de Dulichium l'architecte *Buschetto*, l'homme le plus habile de son siècle ; mais ils firent plus : ils apportèrent de la Grèce des fragments antiques, des chapiteaux, des colonnes, des bas-reliefs, pour enrichir le monument, et pour servir de modèles et de règle aux artistes qu'ils voulaient former. Buschetto mourut à Pise ; les magistrats lui firent élever un tombeau [1].

Le dôme de Pise excita une émulation générale [2]. En 1032, on commença la cathédrale de Pistoie ; en 1071, des élèves de Buschetto donnèrent le plan de celle de Lucques.

Nicolas de Pise apprit la sculpture des artistes grecs établis dans sa patrie. Son génie reconnut les défauts de ses maîtres, et ses efforts pour s'en garantir le placèrent du moins au-dessus de ces artistes dégénérés. Il étudia les fragments antiques placés dans l'église de Pise. En 1225, il faisait à Bologne un tombeau de saint Dominique. Agostino et Agnolo de Pise, ainsi que son fils, appelé Jean de Pise, se firent distinguer entre ses élèves et le surpassèrent [3].

Vers le même temps, Florence régénéra la peinture, et il n'est peut-être pas hors de propos de faire remarquer que cette ville, occupée par les Lombards et respectée par ces barbares [4], leur dut plusieurs de ses usages, et peut-être son amour pour la liberté.

---

[1] Vasari, Proem. dell. Vit.; Morrona, *Pisa illustrata*, t. I.

[2] Vasari, *ibid.*

[3] Id., *Vit. di Nicol. et Giov. Pis.*

[4] Discorsi di Vincenz. Borghini : *Se Firenze fu spianata*, etc. (Part. II, p. 251 et seq.; Guiccard. *Dell' istor. d'Ital.*, lib. I, cap. 25.)

Elle commença, vers l'an 1010, à se gouverner comme si elle eût été indépendante. En 1215, sa constitution avait déjà été réformée deux fois, et elle éprouva un nouveau changement[1]. Soutenus par le feu du patriotisme et par quelques institutions dignes des beaux jours de la Grèce, les règlements, établis à cette époque, firent bientôt acquérir à la république beaucoup de puissance et de gloire; mais le bonheur intérieur fut de courte durée. A peine dix ans s'étaient écoulés, déjà les factions avaient repris leur fureur. Une partie des habitants fut chassée; la liberté, la ville même, étaient sur le point de périr. Trente-huit réformateurs furent choisis, en l'an 1250, pour établir de nouvelles lois. Ils divisèrent les citoyens de tous les rangs, en douze confréries d'arts et métiers. Ils donnèrent à chaque con-frérie un magistrat qui lui était propre, un saint pour patron, une chapelle, des fêtes particulières, une bannière qui était à là fois le signe de la réunion religieuse et l'étendard de la corporation dans la guerre[2]. Cette institution ne prévint pas tous les malheurs; mais, en liant les citoyens les uns aux autres par la religion, par l'esprit de corps, par les plaisirs, par l'habitude; en rompant, autant qu'il se pouvait, les nœuds qui unissaient les partis, et les remplaçant par une confraternité moins dangereuse, elle réchauffa, elle nourrit l'amour de la patrie, et devint la principale cause de la grandeur de cette ville célèbre.

Aussitôt que ce gouvernement fut établi, on voulut élever d'imposants édifices, décorer les églises, peindre dignement les images et l'histoire des saints patrons. Une heureuse émulation s'établit entre les corps différents. Il fallut des peintres, des

----

[1] Giov. Villani, *Hist. fior.* lib. V, cap. 32.
[2] Machiav., *Hist. fior.* lib. II.

statuaires, des architectes; l'Italie n'en avait pas d'assez habiles, c'est dans la Grèce qu'on alla chercher la lumière qui devait encore une fois se répandre dans l'Occident[1].

Malgré la protection que Constantin, Théodose, Justinien et les princes de la dynastie des Basiles et de celle des Comnènes avaient accordée aux lettres et aux arts, le bon goût n'avait pu se maintenir parmi les Grecs; mais, d'une autre part, malgré la corruption du goût, malgré les fureurs des Iconoclastes, et même la persécution que les artistes avaient soufferte, il s'en formait toujours de nouveaux. Tel était l'effet d'une longue et profonde culture.

Le moine Méthodius peignait, vers l'an 853, une galerie du palais de Bogoris. Il osa représenter le jugement dernier, et la chute des réprouvés. La vue de ce tableau produisit un tel effet sur l'esprit de Bogoris, que ce roi des Bulgares se fit chrétien[2].

Les artistes de ces derniers temps éclairaient de nombreuses manufactures, qui faisaient, dans le déclin de la Grèce, la dernière ressource de ses ingénieux habitants.

L'art, en vieillissant, était tombé dans un défaut qui décelait sa faiblesse, celui d'exagérer l'expression des affections de l'âme. Ce vice caractérisait particulièrement les Grecs du treizième siècle. Vasari dit qu'ils représentaient leurs personnages avec des yeux égarés, les mains ouvertes et se roidissant sur la pointe des pieds (*con ochi spiritati, e mani aperte, in punta di piedi*)[1].

Cimabue, formé par les peintres que les magistrats de Florence

---

[1] Vasari, *Vit. di Cimab.*; Raph. Borghini, *Il Risposo*, lib. III, p. 288.

[2] Cedrenus, *Hist. compend.*; Le Beau, *Hist. du Bas-Emp.*, liv. LXX, t. XV, p. 42.

[3] Vasari, Proem. dell. part. I dell. Vit., p. LXXIX.

avaient appelés de la Grèce, commença par les imiter ; mais son génie s'ouvrit bientôt une route nouvelle. Dans un gouvernement avili, dont les ressorts tyranniques étaient usés, les artistes grecs s'étaient éloignés de la simplicité de la Nature ; chez un peuple régénéré, dans les premiers jours d'une liberté orageuse, Cimabue sut y revenir. On reconnut successivement en lui deux manières : en premier lieu, celle des Grecs modernes, ensuite la sienne propre[1].

Il rencontra dans la campagne un enfant qui, gardant ses moutons, en dessinait la figure sur une pierre ; il en fit son élève. Giotto, ce jeune berger, s'attacha, comme son maître, à imiter les objets avec des traits fidèles. Il fit des portraits, sorte d'ouvrage, dit Vasari, que l'on ne connaissait plus en Italie depuis deux cents ans[2] ; il peignit aussi des histoires ; il fut peintre et statuaire, et remplit l'Italie du bruit de son nom. Il mérita enfin le titre de DISCIPLE DE LA NATURE ; et ce titre, qui doit être à nos yeux un témoignage, non-seulement des principes et du talent de l'artiste, mais du bon goût des Florentins qui savaient l'apprécier, annonça les progrès que l'art allait faire dans sa patrie.

Pour la seconde fois, ce furent donc les Étrusques qui reçurent les arts des Grecs, et qui les transmirent à l'Europe ; et ce furent encore des magistrats, des législateurs, qui en invoquèrent le secours.

§ III

Les mêmes moyens qui dans la Grèce avaient conduit les arts à la perfection, en accélérèrent les succès à Florence.

---

[1] Vasari, *Vit. di Cimab.*

[2] Id., *Vit. di Giot.*

Dès le treizième et le quatorzième siècle, les églises, les cha-
pelles des arts et métiers, le palais du gouvernement, les places
publiques se remplirent d'une quantité de statues et de tableaux
véritablement prodigieuse. Avant même les beaux jours de
Léonard de Vinci et de Michel-Ange, déjà le marbre et le bronze
y éclataient de toutes parts. Une émulation générale animait les
magistrats et les corporations. Les familles elles-mêmes élevaient des monuments. C'était principalement les églises que
l'on embellissait avec somptuosité; mais il faut observer que,
dans les mœurs des siècles dont nous parlons, la richesse des
églises touchait vivement l'orgueil national et servait à nourrir
cette passion précieuse.

La bannière de chaque corporation était, avons-nous dit, le
signe du ralliement religieux et l'étendard de la guerre ; les
églises, dans lesquelles les corporations célébraient les fêtes religieuses, étaient, par cette alliance de la religion et de la constitution de l'État, le centre de leur réunion politique. Jusqu'en 1282,
époque où la république donna un palais à ses principaux magistrats, ils se réunissaient pareillement, et délibéraient dans
les églises[1]. Il est facile de sentir combien l'affection des citoyens pour ces édifices qu'ils avaient construits ou embellis,
qu'ils avaient fréquentés, admirés dans leur enfance, devait
ajouter de force au lien qui les unissait les uns aux autres, et à
l'amour qu'ils éprouvaient pour leur patrie.

On sut employer les arts au maintien de l'esprit public d'une
manière encore plus directe.

---

[1] « Consegnarono à questo magistrato un palagio dove continua-
mente dimorasse; sendo prima consuetudine che i magistrati et i con-
sigli per le chiese convenissero. » Machiav. *Hist. fior.* lib. II, p. 74
(edit 1550).

En 1298, on posa les fondements de la cathédrale et ceux du palais du gouvernement, appelé dans la suite *le Palais vieux*[1], deux édifices où les arts devaient déployer toute leur magnificence.

On représenta successivement, sur les murs intérieurs du palais du gouvernement, les événements les plus glorieux de l'histoire de Florence, les victoires remportées sur les Arétins, la guerre et la prise de Sienne, la longue guerre et la conquête de Pise.

En 1343, les Florentins ayant chassé le duc d'Athènes, tyran avare et cruel que le roi de Naples leur avait donné, les magistrats consolidèrent la révolution, en faisant faire, par Giottino, dans le palais du podestat, une peinture satirique contre le duc et ses adhérents[2]. Cette peinture subsiste encore.

La peinture à fresque donnait un moyen d'embellir utilement l'extérieur même des édifices. En 1406, après un siége de treize mois, les Florentins, étant devenus maîtres de Pise, firent représenter cet événement par Starnina, sur une des façades du palais du gouvernement[3].

En 1531, tandis que les Médicis assiégeaient Florence, quelques officiers ayant quitté la ville et passé dans le camp ennemi, on peignit sur une des façades de ce palais les portraits de ces traîtres[4].

Ce fut pareillement pour soutenir l'esprit public, autant que pour honorer le génie de Léonard de Vinci et de Michel-Ange, que le gouvernement fit dessiner concurremment par ces deux

---

[1] Vasari, *Vit. di Arnolf.*; Machiav. *Hist. flor.* lib. II.
[2] Id., *Vit. di Tom. Giottino.*
[3] Id., *Vit. di Starnina.*
[4] Id., *Vit. d'Andr. del Sarto.*

grands hommes les *cartons* célèbres qui formèrent Raphaël et la plupart des habiles artistes de son temps. Les peintures dont ces cartons offraient le dessin, devaient être exécutées dans la grande salle du palais. Léonard de Vinci prit son sujet dans les guerres de la république avec les ducs de Milan ; Michel-Ange choisit le sien dans la guerre de Pise.

Ces cartons furent composés vers l'an 1502, après la révolution qui avait fait sortir de Florence les Médicis ; lorsque les Florentins venaient de défendre courageusement leur liberté contre Charles VIII, dans un moment où l'amour de la patrie avait pris une énergie nouvelle.

C'est dans le même temps que Michel-Ange exécuta, pour être placée devant le palais, sa figure colossale de David tenant une fronde. Il voulait faire entendre, dit Vasari, que la sagesse et la force devaient être les appuis du gouvernement [1].

On peut juger de l'effet que les monuments de la ville de Florence produisaient sur les esprits, par ces paroles que les magistrats adressaient au duc d'Athènes : « Si jamais nos pères eussent pu oublier la liberté, lui disaient-ils, les palais publics, les salles de nos assemblées, les enseignes de nos corporations nous la rappelleraient ; car toutes ces choses, ces palais, ces monuments, ces enseignes, ont pour objet de nous la faire chérir [2]. »

Si la république, enfin, subsista, malgré de mauvaises lois, pendant trois cent cinquante ans, on peut affirmer que les arts, ainsi que l'avaient voulu les législateurs, y contribuèrent, en nourrissant cet amour de la patrie, qui résistait aux factions intérieures et aux attaques des ennemis étrangers avec une vigueur sans cesse renaissante ; cet amour de la patrie, qui fut

[1] Vasari, *Vit. di Mich.-Ang. Buonarotti.*
[2] Machiav. *Hist. flor.* lib. II, p. 107 (edit. 1550).

toujours plus puissant pour maintenir la république que les événements et les vices des lois pour la détruire.

Longtemps à la tête du parti plébéien, les Médicis, en embellissant Florence, suivirent d'abord l'exemple que de sages magistrats leur avaient donné. Quand ils voulurent soumettre cette ville à leur domination, ils l'embellirent encore, pour accroître leur popularité. Le surnom de *Magnifique*, donné à l'un d'eux, aplanit à ses petits-fils les marches du trône. Devenus souverains, ils suivirent le même système : obligés de se faire chérir d'un peuple éclairé, spirituel, courageux, qui aimait les arts avec enthousiasme, ils flattèrent ses goûts et sa vanité par de riches monuments ; ils s'environnèrent de tant de chefs-d'œuvre, qu'ils parurent avoir créé tous ceux qui embellissaient leur antique patrie ; et la gloire de Florence devint la gloire des Médicis.

Destinés à l'utilité publique, les ouvrages des statuaires florentins, tant que la nation jouit de quelque liberté, eurent pour guide le goût général.

Rappelons les circonstances du concours le plus célèbre dont l'histoire des arts offre l'exemple chez les modernes.

Les magistrats de Florence, en l'an 1400, voulaient faire exécuter deux de ces belles portes de bronze, couvertes de figures en bas-relief, qui enrichissent le Baptistère de Saint-Jean. André de Pise avait fait une de ces portes quatre-vingts ans auparavant ; il s'agissait de faire les deux autres. Les magistrats voulaient que ce monument fût le chef-d'œuvre de leur siècle.

Ils firent publier, dans toute l'Italie, que le concours serait ouvert à une époque déterminée. Les artistes les plus habiles accoururent à Florence de toutes parts. On fit un premier choix : sept d'entre les concurrents furent désignés, sur leur renommée, pour présenter des modèles. Ce furent Brunelleschi, Donatello, et l'orfévre Laurent Ghiberti, tous les trois de Florence ; Jacques *della Quercia*, de Sienne, dit *Jacques de la Fontaine*, à cause d'une fontaine en bronze qu'il avait faite dans sa patrie ; Nicolas d'Arezzo ; François de Valdambrina, et Simon, de Colle, dit *de' Bronzi.*

La république donna à chacun des concurrents un traitement pour une année. Il fut convenu qu'à la fin de l'an chacun d'eux présenterait un panneau en bronze, entièrement terminé, de la grandeur de ceux dont les portes devaient être composées. On prit pour sujet du bas-relief le sacrifice d'Abraham, parce que ce sujet présentait à la fois des figures nues, des figures drapées et des animaux.

L'époque du jugement étant arrivée, on invita de nouveau tous les artistes de l'Italie à se rendre à Florence. L'amour des arts y attira, en effet, un grand nombre de peintres, de sculpteurs, d'orfévres, de curieux. On choisit parmi eux trente-quatre juges, tous très-habiles dans leur art (*ciascuno nella sua arte peritissimo*). Les sept modèles ayant été exposés, en présence des magistrats et du public, les juges en discutèrent tout haut le mérite. Trois des modèles furent d'abord préférés : ce furent ceux de Ghiberti, de Brunelleschi et de Donatello. Les juges hésitaient encore entre ces trois concurrents ; Donatello et Brunelleschi se tirent ensemble à l'écart ; ils se consultent ; ils s'avouent réciproquement que le modèle de Ghiberti est le plus beau des trois. L'un d'entre eux prend alors la parole : « Magistrats, citoyens, dit-il, nous vous déclarons que, suivant notre propre jugement, Ghiberti nous a surpassés. Accordez-lui la préférence, car notre patrie en recevra plus de gloire. Il serait plus honteux pour nous de taire notre opinion que nous n'avons de mérite à la publier [1]. »

[1] Vasari, *Vit. di Laur. Ghiberti* ; Id., *Vit. di Philip. Brunelleschi.*

« Quels hommes ! quels temps ! » s'écrie Vasari. Et nous, disons aussi, en admirant la grandeur d'âme de Brunelleschi et de Donatello : Quels puissants moyens pour exciter l'émulation, pour inspirer l'amour de la véritable gloire !

Un concours aussi solennel ne pouvait tromper l'attente des magistrats qui l'avaient ordonné. Les portes admirables de Ghiberti sont un des plus beaux ouvrages de la sculpture moderne. On connaît ce mot de Michel-Ange : *Elles sont dignes d'être les portes du paradis* [1].

Le gouvernement de Florence appréciait trop bien les services des artistes pour ne pas honorer ces hommes utiles. Les Florentins étaient quelquefois ingrats, comme les Athéniens [2], mais ils honoraient, comme eux, le génie avec enthousiasme.

Un tableau de Cimabue, représentant la Vierge, fut porté en triomphe, au bruit des trompettes, de l'atelier de l'artiste à l'église dont il devait être l'ornement. Giotto reçut, de la Seigneurie, une pension annuelle de cent florins d'or. On plaça son buste, celui de Cimabue, celui de l'architecte Arnolfo, dans la cathédrale, dont ces artistes avaient donné le plan et qu'ils avaient embellie. Le gouvernement y fit placer aussi celui de Brunelleschi, avec une inscription dans laquelle, après l'éloge de l'artiste, on lisait ces mots : LA PATRIE RECONNAISSANTE L'A FAIT ENSEVELIR [3].

Laurent Ghiberti, aidé de son père, de son fils et de ses élèves, qui devinrent tous d'excellents maîtres, travailla pendant quarante ans aux portes du Baptistère. Quand l'ouvrage fut ter-

---

[1] Vasari, *Vit. di Laur. Ghiberti*; Id., *Vit. di Mich.-Ang. Buonarotti*.

[2] Id., *Vit. di Laur. Ghiberti*.

[3] Id., *Vit. di Cimab.*; *Vit. di Arnolf*; *di Giot.*; *di Phil. Brunelleschi*; Machiav., *Hist. flor.* lib. IV.

miné, le gouvernement, l'ayant honorablement payé, lui fit encore présent d'une terre considérable. Peu de temps après, il fut fait gonfalonier, c'est-à-dire premier magistrat de la république. Après sa mort, on plaça au-dessus de l'une des portes du Baptistère son buste en bronze, avec celui de son père, qui avait été son maître, et l'on grava à côté cette inscription : CES PORTES ONT ÉTÉ FAITES PAR L'ART ADMIRABLE DE LAURENT, FILS DE BARTHÉLEMI-CION GHIBERTI [1].

Michel-Ange mourut à Rome ; son corps fut porté à Florence, et ses pompeuses obsèques furent véritablement une apothéose.

§ IV

Ce fut dans le quinzième siècle, et principalement dans le seizième, que les papes, à l'exemple des Florentins, appelèrent à Rome les artistes les plus célèbres de l'Italie. Ils protégèrent les arts dans d'autres vues que les anciens magistrats de Florence ; mais le succès répondit à la grandeur des moyens qu'ils surent déployer.

Les papes, qui, à cette époque, n'avaient pas cessé d'aspirer à l'empire universel, voyaient encore, au sein de Rome, un peuple turbulent, indompté, orgueilleux de sa grandeur passée, des consuls, des sénateurs, des tribuns, qui ne reconnaissaient pas la souveraineté du Saint-Siége. Les monarques éloignés s'humiliaient devant les successeurs de saint Pierre ; le peuple romain ne fléchissait point. Les foudres lancées du Vatican s'évanouissaient contre les murs du Capitole. Presque à chaque règne, le nouveau prince était obligé de sortir de Rome, ou pour

1 Vasari, *Vit. di Laur. Ghiberti.*

sa sûreté, ou pour établir lentement son pouvoir, en faisant regretter sa présence.

En 1378, le peuple, las de voir les papes habiter Avignon, força les cardinaux à nommer un Italien. En 1400, l'époque du jubilé, qui était pour les Romains une source de richesses, étant arrivée, le peuple, pour faire rentrer à Rome Boniface IX, qu'il en avait chassé, consentit à recevoir de lui un sénateur étranger, et lui laissa fortifier le château Saint-Ange. Le secret des Romains modernes fut alors dévoilé ; on reconnut que ce peuple, depuis longtemps malheureux, aimait plus l'argent que la liberté. Les papes se firent une politique nouvelle. Les maximes de saint Grégoire, qui proscrivait les arts et les lettres profanes, furent sagement mises à l'écart, parce que les temps étaient changés. On appela tous les beaux-arts au secours de la religion et de la puissance ecclésiastique. Les papes augmentèrent le faste imposant de leur cour ; ils n'établirent que des impôts légers ; ils attirèrent à Rome des curieux, des pèlerins et des aumônes. Le temple de Saint-Pierre, dont Jules II posa les fondements, dut, par sa richesse et son immensité, surpasser toutes les merveilles du monde chrétien. Le Colisée fut consacré aux martyrs qui l'avaient arrosé de leur sang. Les statues des Dieux du paganisme furent retirées du sein de la terre et offertes aux yeux des étrangers comme des objets de curiosité. On ne peignit pas seulement les histoires des saints et les miracles de la religion, tous les arts célébrèrent aussi les bienfaits et la grandeur des papes. On représenta saint Pierre et saint Paul confondant, à Athènes, la sagesse des philosophes païens ; saint Léon arrêtant Attila et sauvant Rome du pillage ; Léon IV combattant à Ostie et repoussant les Sarrasins ; ce même pape éteignant l'incendie de Borgho-Vecchio par l'effet de sa bénédiction.

Jules II, à qui nous devons la plupart des chefs-d'œuvre qui embellissent Rome, était un des hommes les moins instruits de son siècle. Michel-Ange, faisant sa statue, lui disait : « Saint-Père, mettrai-je un livre dans la main gauche de Votre Sainteté ? — *Mets-y une épée*, lui répondit le pape, *car je n'entends rien aux lettres* [1]. » Mais ce prince fougueux sut reconnaître ce que la majesté de ses temples et de ses palais pouvait ajouter à sa puissance : il employa le Bramante, Michel-Ange et Raphaël à soutenir son trône, et cette habile conduite eut plus d'effet que son audace et ses faibles armées [2].

[1] « Mettivi una spada, che non so lettere. » (Vasari, *Vit. di Mich.-Ang. Buonarotti.*)

[2] La conduite de Jules II avec Michel-Ange, et la fermeté que cet artiste opposait à l'impétuosité du pape, font connaître à la fois le caractère de ces deux hommes célèbres.

Tous les jours, le pape, impatient de voir terminer les monuments auxquels il attachait un grand intérêt, fatiguait Michel-Ange, et lui cédait pourtant, parce qu'il reconnaissait son mérite, et qu'il avait besoin de lui. Un jour, entre autres, qu'il l'avait mandé pour l'entretenir de ses projets, il le fit attendre longtemps dans une antichambre. Michel-Ange, las d'attendre, et las sans doute de la servitude dans laquelle le pape semblait vouloir le retenir, sort en disant aux gardes : « Quand Sa Sainteté me demandera, vous lui direz que j'ai quitté Rome. » Il part, en effet, à l'heure même et retourne dans sa patrie. Cinq courriers sont dépêchés successivement, et ne le ramènent point. Le pape adresse inutilement trois brefs aux Florentins pour le redemander. On en voit un du 8 juillet 1506, dans le *Recueil de lettres sur la peinture*, t. III, p. 320. Il ne consent à revenir à la cour qu'avec la qualité d'ambassadeur de sa république.

Jules II était à Bologne au moment où Michel-Ange fut le retrouver. Comme ce dernier s'inclinait pour se mettre aux pieds de Sa Sainteté, Jules lui dit, en le regardant d'un air courroucé : « Plutôt que de venir

Les papes n'eurent plus rien à craindre de la turbulence du peuple romain, lorsque, ayant changé son antique orgueil en une vanité moins dangereuse, ils lui eurent appris à dire : « Il n'existe rien d'aussi beau que Rome ; il n'y a point de monarque aussi grand que les pontifes qui l'émbellissent. » Ils n'avaient pu soumettre les Romains par la force ; ils y réussirent par des bienfaits et par l'éclat imposant qu'ils donnèrent à la ville sainte.

Divers événements arrivés dans le quinzième siècle, et qu'il est inutile de rappeler, avaient d'ailleurs ébranlé le grand pouvoir que les papes exerçaient depuis longtemps sur l'Europe. Quand leur faiblesse fut reconnue, la magnificence de leur capitale devint un nouveau moyen d'imprimer dans l'âme des monarques et des peuples l'étonnement et le respect.

Si on considère enfin la destinée des arts dans l'Italie, pendant les trois siècles dont nous venons de parler, on voit que leurs succès eurent moins de durée à Sienne et à Pise qu'à Florence. La liberté se soutint dans ces deux villes moins constamment et moins longtemps, et le gouvernement qui lui succéda n'eut qu'un faible intérêt à y protéger les artistes. Rome appelle les plus grands maîtres de tous les États qui l'environnent ; elle les salarie, elle les honore, et n'en produit cependant elle-même qu'un petit nombre. L'aristocratique Venise ne se place qu'au second rang. Sienne, faible, savante et polie, Sienne me rappelle Sicyone. Florence enfin brille parmi les villes modernes,

vers nous, tu as attendu que nous vinssions nous-même vers toi. » Un prélat prend la parole : « Saint Père, dit-il, Votre Sainteté peut lui pardonner ; ces hommes-là sont des ignorants. — Ignorant toi-même, répond Jules en colère, car tu lui dis une sottise que nous ne lui disions pas. » (Vasari, *Vit. di Mich.-Ang. Buonar.*, t. III, p. 216 (edit. 1759) ; Ascan. Condiv. *Vit. del medem.*, § 30.

comme Athènes au milieu de celles de l'antiquité ; Florence est
la patrie des arts ; elle est leur terre natale ; là, suivant l'expression agréable de Vasari, là est le nid où les artistes sont nés,
où ils grandissent, et d'où ils prennent l'essor pour se répandre
dans l'Italie et chez tous les peuples de l'Europe.

§ V

Les arts étant employés à des objets d'utilité publique, étant
honorés et dirigés par le goût général, pourquoi donc l'Art Statuaire ne s'éleva-t-il pas, chez les Florentins, à la perfection où
l'avaient porté les Grecs ?

Entre les causes de l'infériorité de ce peuple spirituel, il en
est une remarquable. Entouré de villes opprimées par des usur-
pateurs qui se disputaient et s'arrachaient l'un à l'autre un
sceptre sanglant ; renfermant dans son sein une noblesse toujours en armes ; libre par son énergie plutôt que par l'appui de
ses lois, le peuple de Florence, craintif et soupçonneux, se mé-
fiait des citoyens riches et puissants et semblait craindre d'enfanter de grands hommes. Il adopta l'usage de placer à la tête
de ses troupes des généraux étrangers. Par un effet de cette mé-
fiance, il n'élevait des statues ni à ses plus vertueux magistrats,
ni à ses plus vaillants capitaines. On n'en cite du moins aucune
de célèbre. La constitution de l'Etat n'était pas assez forte pour
résister au poids d'une grande réputation. Les Florentins n'établirent pas l'ostracisme comme les Athéniens, et ils se montrèrent, par cela même, avares de récompenses et d'honneurs. Les
statuaires, par conséquent, n'eurent pas cette abondance de
travaux qui excitait l'émulation parmi les Grecs, et ils furent
privés des lumières que le public leur aurait communiquées s'ils

eussent mis sous ses yeux un plus grand nombre d'ouvrages.

Laurent de Médicis, dit *le Magnifique*, remarquait que, de son temps, il y avait à Florence moins d'habiles statuaires que de peintres [1]. Cela devait être, puisque ces artistes avaient moins d'emploi.

La plupart des statuaires florentins étaient obligés d'exercer plusieurs professions. Ils étaient à la fois peintres, orfévres, architectes, et même ingénieurs. La diversité de leurs travaux, quoiqu'elle fût avantageuse sous différents rapports, nuisait à l'avancement d'un art que plusieurs siècles d'étude conduisent à peine à la perfection.

Les statuaires florentins s'étaient-ils fait des principes sûrs, une théorie constante, que les maîtres se transmissent de l'un à l'autre ? Il est permis d'en douter. Les Florentins nous ont laissé quelques écrits sur l'Art Statuaire ; mais on trouve dans ces écrits peu de principes, et on y voit même des contradictions. Laurent Ghiberti en avait composé un ; ce précieux ouvrage, fait avant l'invention de l'imprimerie, n'a malheureusement point été publié [2]. Michel-Ange, dans ses vieux jours, voulait écrire pour l'instruction de ses élèves ; il n'exécuta pas ce projet [3].

On trouve dans les écrits des Florentins quelques maximes dignes des Grecs.

« Jeunes artistes, disaient-ils, puisque votre art consiste à

[1] Vasari, *Vit. di Mich.-Ang. Buonar.*

[2] Id., *Vit. di Laur. Ghib.* — Depuis la publication des *Recherches sur l'Art Statuaire*, le traité sur la sculpture de L. Ghiberti a été retrouvé et publié par Cicognara, mais son traité sur les proportions est encore inédit.   (*Note de l'éditeur.*)

[3] Id., *Vit. di Mich.-Ang. Buonar.*

imiter la vérité, commencez donc par imiter avec vérité [1]. »

« La simple imitation est si importante dans la sculpture, qu'elle suffit seule pour faire un grand sculpteur [2]. »

« Qu'est-ce que la sculpture ? Une autre Nature [3]. »

« L'anatomie est le secret de l'art ; les plus grands statuaires modernes sont ceux qui l'ont le mieux connue [4]. »

« Celui qui présume assez de lui-même pour croire pouvoir se ressouvenir de tous les effets de la Nature, s'abuse [5] : il n'apprend pas à peindre ou à modeler ; il se fait de l'erreur une habitude [6]. »

« La perfection consiste à réunir deux choses : l'une est la ressemblance, l'autre est la symétrie ou l'accord des proportions [7]. »

Mais, tandis que les Florentins recherchaient ainsi l'harmonie des proportions et la vérité des formes, quelques pratiques vicieuses les empêchaient d'atteindre à ce double mérite.

Ghiberti disait avec raison que **L'ART DE MODELER EST LE DESSIN DU STATUAIRE** [8]. Donatello disait, au contraire, à ses élèves : « Je puis vous enseigner l'Art Statuaire tout entier dans un seul mot : **DESSINEZ** [9]. »

Or, il est évident que non-seulement le dessin est insuffisant pour former un statuaire, mais que, si l'artiste s'y adonne trop,

---

[1] Léon Alberti, *Della statua.*

[2] Gauric, *De sculpt.* cap. 7.

[3] Id., *ibid.*, cap. 1.

[4] P. Lommazo, *Dell' arte della pitt. scult.*, etc., lib. VII, cap. 25.

[5] Leon. da Vinci, *Della pitt.* cap. 20.

[6] « Hi enim non rectè pingere discunt, sed erroribus assuefiunt. » (Léon Alberti, *De pict.* lib. III.)

[7] Léon Alberti, *Della statua* ; « Symmetria sculptorum parens. » (Gauric, *De sculpt.* cap. 2.)

[8] Vasari, *Vit. di Laur. Ghiberti.*

[9] Gauric, *De sculpt.* cap. 1.

s'il dessine plus qu'il ne modèle, cette étude, quoique très-utile à bien des égards, peut retarder son avancement en lui faisant contracter des habitudes nuisibles à l'exécution de la ronde bosse.

Le dessinateur et le statuaire imitent par des moyens différents. Le dessinateur peut embrasser d'un coup d'œil le modèle qu'il doit imiter ; il ne voit et ne trace qu'un seul contour : tous les milieux se présentent à lui en perspective et en raccourci. Si les profils qu'il dessine sont purs, on lui pardonnera, comme le disait le Carrache à ses élèves, quelques imperfections dans l'imitation des surfaces. Le statuaire, qui modèle en ronde bosse, doit, au contraire, considérer et imiter les objets dans leur longueur, leur largeur et leur profondeur. Le dessinateur les représente tels qu'ils paraissent, le statuaire tels qu'ils sont ; le dessinateur, immobile, regarde son objet toujours du même point, le statuaire tourne continuellement autour du modèle ; il s'élève, il se baisse, pour évaluer les saillies sous toutes les faces. Le dessinateur contracte donc une habitude physique et une habitude dans la manière de voir, différentes de celles qu'il est nécessaire au statuaire d'acquérir.

Michel-Ange, le plus savant des statuaires modernes et le plus habile des dessinateurs, aurait sans doute approché les Grecs de plus près dans l'Art Statuaire, si son génie se fût uniquement appliqué à cet art. Ce grand homme attachait l'espoir de son immortalité à la sculpture, parce que les productions de la sculpture sont plus durables ; mais il chérissait davantage la peinture, et s'y croyait avec raison supérieur [1]. C'est aussi le jugement qu'ont porté de lui ses contemporains. « Si ce grand

---

[1] *Raccolta di lettere sulla pittura* : Jac. da Pontormo à Ben. Varchi, t. I, p. 17.

maître, dit un artiste célèbre de son temps, n'a pas montré toute la force de son génie et toute la profondeur de sa science dans ses ouvrages de sculpture, il a fait éclater l'une et l'autre dans ses admirables peintures [1]. »

Les dessins de Michel-Ange, en effet, sont pleins d'âme ; ses peintures ont un caractère de fierté et de vérité que l'on ne saurait trop admirer : il est original, énergique, imposant, sublime. Tous les contours de ses figures ont autant de justesse que de grandeur, tous les emmanchements sont fins et souples, tout pourrait agir ; des groupes entiers, vus en l'air et en raccourci, ont toute la valeur de la ronde bosse : aucun moderne ne l'a égalé dans ce genre de mérite. Mais si, comparant Michel-Ange à lui-même, on veut apprécier sa sculpture à côté de ses tableaux, si on considère ses statues sous tous les aspects, on ne retrouve plus la même perfection. Les cercles n'ont pas toujours une juste valeur : on reconnaît à regret dans quelques parties les formes du bas-relief, plutôt que celles de la ronde bosse ; quelquefois, quand la matière manque, l'artiste, qui l'a reconnu, a donné de la vigueur aux saillies par l'opposition d'un creux exagéré. C'est toujours le feu de Michel-Ange, toujours son enthousiasme ; on reconnaît partout la science de l'artiste, malgré ses imperfections, mais ce n'est plus Michel-Ange tout entier. On sent que l'habitude de voir les objets, comme peintre, sous un seul aspect, lui faisait quelquefois oublier la justesse des plans et l'harmonie des coupes. Les études, enfin, du statuaire dirigèrent dans Michel-Ange le dessinateur [2] ; les pratiques du dessinateur nuisirent aux succès du statuaire.

---

[1] Jac. da Pontormo, *ibid.*; Buleng. *De pict. plast. et stat.* lib. II, cap. 7.

[2] « Il qual Buonarotti tengo per fermo che non per altra cagione

Les Florentins, en général, n'ont pas manqué de connaissances anatomiques ; on peut dire plutôt qu'ils ont abusé de ce qu'ils savaient. Souvent, dans les figures d'hommes, ils ont outré le mouvement, et fatigué leur modèle vivant, pour en faire voir tous les ressorts. Leurs figures de femmes sont sveltes, élégantes, gracieuses ; les extrémités sont légères, mais les attitudes sont un peu recherchées : ce ne sont pas les Grâces grecques ; on y reconnaît toujours le goût florentin. L'antique est plus simple : il a saisi la Nature dans des mouvements plus vrais et plus variés.

Leurs connaissances dans l'anatomie entraînèrent aussi les Florentins à travailler de pratique. On ne voit pas de fautes graves dans leurs figures, mais on n'y sent pas cette vérité qui saisit : les muscles sont trop comptés, ils agissent trop également ; l'art ne les a pas toujours couverts de ce voile transparent, que l'on ne peut imiter qu'en suivant fidèlement la Nature.

Donatello, Michel-Ange et d'autres génies ardents suivirent un procédé nuisible à la perfection de l'art. Il consistait à frapper hardiment dans le marbre après s'être fait seulement un petit modèle [1], ou plutôt une esquisse imparfaite, comme les esquisses le sont toujours. Cette manœuvre audacieuse produisait quelques beautés : le marbre, travaillé avec feu par des hommes savants, recevait dans diverses parties un sentiment que peut-être une plus longue étude et plus de précautions n'auraient pas rendu plus vrai. Mais le mérite des détails ne dédommage pas des défauts de l'ensemble : l'artiste le plus ha-

cottanto habia valuto nella pittura, se non perche egli è stato il più perfetto scultore, e di quella ha havuto più singular notizzia che nessun altro che sia stato ne' tempi nostri. » (B. Cellini, *Dell' orificeria e della scul.*, fol. 46 verso.)

[1] B. Cellini, *loc. cit.*, fol. 57 verso.

bile ne saurait rencontrer du premier abord, dans une figure tout entière, les proportions, le mouvement, la beauté, la vérité. Il est impossible, en travaillant de cette manière, d'exprimer le dessous avant le dessus : une erreur est irréparable.

Égaré par cette dangereuse pratique, Michel-Ange, dont le goût était d'une extrême délicatesse, termina peu de figures dans sa virilité. Il ébauchait ses ouvrages avec chaleur, et quand il voyait que sa main téméraire avait enlevé trop de marbre, il les abandonnait [1]. Ajoutons que ce grand homme reconnut son erreur. « Dans ses derniers temps, dit Cellini, il faisait des modèles grands comme nature, non-seulement pour les statues qu'il devait exécuter, mais pour l'architecture ; il faisait élever les modèles des ornements d'architecture à la hauteur où l'ouvrage devait être placé, et ne jugeait que par ses yeux [2]. »

§ VI

La mort de Michel-Ange, arrivée en 1564, marque une grande époque dans l'histoire de l'esprit humain.

Les beaux-arts, élevés au plus haut degré de perfection où les aient portés jusqu'à présent les modernes, se répandaient dans les républiques nouvellement formées et dans les cours des rois ; mais de grands événements, de nouveaux besoins, de brillantes espérances, appelaient en même temps vers d'autres

[1] B. Cellini, *Vit. di Mich.-Ang. Buonar.* t. III, p. 282, edit. cit.

[2] « Et nel Buonaroti si vede che havendo egli esperimentato tutte due i detti modi, cio di fare le statue secundo i modelli piccoli e grandi, alla fine accorto della differenza, uzò il secundo modo ; il che m'accorso à me di vendere. » (B. Cellini, *loc. cit.*; Vasari, *Vit. di Mich.-Ang. Buonar.*, in fin.)

objets les efforts du génie. Les armes à feu étaient inventées ;
la découverte de l'Amérique et celle de la route des Indes orien-
tales, en reculant les bornes de l'univers, avaient ouvert un
champ plus vaste à l'ambition et à la cupidité. L'or de ces climats appelait tous les vœux. Il se formait une nouvelle tactique,
une nouvelle politique, de nouvelles mœurs. La science du calcul, la géométrie, l'astronomie, nécessaires aux progrès du commerce, excitaient l'attention des gouvernements. Bientôt des
hommes, créés pour ainsi dire par les événements, s'y appliquèrent avec ardeur, et étonnèrent l'Europe autant par la rapidité de leurs progrès que par l'utilité de leurs découvertes.
Quoiqu'ils fussent occupés des beaux-arts, les esprits se portèrent vers les sciences avec plus d'avidité. Le jour que Michel-
Ange terminait sa carrière, Galilée venait au monde, et le
sceptre du génie, porté pendant soixante ans par l'immortel
auteur du tombeau de Jules II, de la chapelle Sixtine et de la
coupole de Saint-Pierre, allait appartenir au philosophe florentin qui, en découvrant les lois du mouvement et de la gravita-
tion, faisait de la peinture son amusement, et en eût fait peut-
être sa principale étude si les circonstances n'eussent changé.

Les causes qui avaient favorisé les progrès des arts dans l'I-
talie, n'agissaient plus avec la même énergie.

A Rome, l'église de Saint-Pierre et le Vatican étaient près
d'être terminés. Les papes, n'ayant, comme nous l'avons dit,
pour objet que la décoration et la magnificence de leur capitale,
durent rechercher avec moins d'empressement les artistes,
quand cette ville fut, par ses monuments, la plus riche de l'u-
nivers. La découverte des statues antiques les dispensait, d'ailleurs, de multiplier les nouveaux ouvrages ; et, par une suite
du principe qui dirigeait ces souverains, il devait arriver un
moment où Rome, embellie des chefs-d'œuvre les plus accom-

plis de la peinture et de la sculpture, ne posséderait plus un seul statuaire.

A Florence, la liberté était anéantie. En vain, pendant un siége meurtrier de onze mois, Michel-Ange avait défendu sa patrie en qualité d'inspecteur général des fortifications, et construit, sur le mont Miniate, une forteresse jugée imprenable [1] : la ville n'avait pu résister aux efforts réunis de Clément VII et de Charles-Quint.

Le temps n'était plus où le goût général prononçait librement chez les Florentins ses arrêts suprêmes.

Nous avons dit que les Médicis chérissaient les arts, dont ils avaient besoin ; qu'ils recherchaient et honoraient les artistes. Le prince François en donna une nouvelle preuve, après que sa famille fut montée sur le trône. Il vint à Rome lorsque Michel-Ange était octogénaire, le patriarche des arts alla le visiter. Le prince, voyant entrer le vieillard, se leva, le fit asseoir dans son propre fauteuil, et demeura debout devant lui [1].

Mais les princes les mieux intentionnés sont portés, quand ils élèvent ou embellissent des monuments publics, à mettre leurs propres décisions à la place de l'opinion générale. Dispensateurs des grâces, ils croient quelquefois pouvoir se rendre les arbitres du talent ; et quand ils cèdent à ce penchant naturel, disons plus, à cette vanité funeste, ils préparent l'anéantissement du goût, soit par leurs erreurs personnelles, soit par l'exemple dangereux qu'ils donnent à leurs ministres et à leurs successeurs.

Cosme Ier, voulant faire exécuter une figure colossale de Neptune pour la fontaine que l'on voit encore sur la place du

---

[1] Varchi, *Stor. flor.* lib. VIII et lib. X; Vasari, *Vit. di Mich.-Ang. Buonar.*

[2] Vasari, *Vit. di Mich.-Ang. Buonar.*

palais vieux, consentit, sur la demande des plus célèbres artistes, qu'il fût ouvert un concours; mais il se fit lui seul le juge des concurrents. Lorsque les modèles furent terminés, il alla examiner celui d'Ammannato et celui de Cellini; il ne daigna voir ni celui du Danti, ni celui de Jean de Bologne, quoiqu'on lui dît que ce dernier était d'une grande beauté, et il chargea Ammannato d'exécuter la figure [1].

Le lecteur comparera ce concours avec celui dont nous avons déjà parlé : les réflexions viendront d'elles-mêmes.

Tandis que la plupart des républiques d'Italie étaient opprimées, la Hollande et la Suisse, qui conquéraient ou consolidaient leur liberté, ne dédaignaient pas le secours des beaux-arts. Holbein avait tracé, sur les murs de Bâle, une image de l'égalité naturelle, sous l'allégorie de la *Danse des morts*. On peignait, en Hollande, dans les lieux d'assemblée de la milice nationale, les portraits des grands capitaines des Provinces-Unies, ceux des guerriers les plus courageux, ceux des citoyens les plus célèbres. Plusieurs artistes se firent une grande réputation dans ce genre d'ouvrage. On représenta ensuite par des allégories, dans l'hôtel de ville d'Amsterdam, les devoirs des magistrats, les récompenses promises aux défenseurs de la patrie, la prudence et la probité qui sont indispensables aux commerçants. Mais les arts, inutiles au bonheur des Suisses, comme autrefois à celui des Arcadiens, ne pouvaient pas jeter, chez ce peuple pasteur, de profondes racines, et la république de Hollande, qui se formait à l'époque où le commerce de l'Inde excitait l'émulation de toutes les nations maritimes de l'Europe, ne s'occupait avec ardeur que de s'enrichir par ce commerce.

Les arts avaient prospéré dans le Brabant, comme dans la

---

[1] Vasari, *Vit. di B. Bandinelli.*

Hollande, au milieu des insurrections, des troubles et des guerres. Les confréries des arts et métiers les avaient utilement employés ; les disputes de religion, la tyrannie, et plus encore l'indifférence des princes espagnols, arrêtèrent leurs progrès. La Flandre avait besoin d'un grand nombre de tableaux pour la décoration des églises : elle produisit beaucoup d'habiles peintres. Sous un gouvernement ou oppresseur, ou précaire, elle ne pouvait élever de statues aux grands hommes : elle eut peu de sculpteurs [1].

Après la mort de Michel-Ange, qui avait survécu à la plupart de ses élèves et de ceux de Raphaël, le goût ne tarda pas à se corrompre. La beauté même des ouvrages de ces deux grands hommes fut, à quelques égards, une des causes de cette décadence.

A la renaissance des arts, les maîtres de l'école d'Italie avaient cherché à imiter la Nature avec simplicité. Ils n'avaient pas eu sous les yeux tous les beaux modèles antiques qui furent découverts successivement ; ils étaient allés lentement, comme les Grecs, de l'imitation imparfaite des objets tels qu'ils les voyaient à une plus juste imitation de la Nature bien choisie. Raphaël parcourut lui-même cette carrière : d'abord imitateur de Pérugin, il devint le rival de Michel-Ange.

Mais, quand ce grand homme eut, ainsi que Michel-Ange, of-

[1] L'empereur Maximilien II, en l'an 1575, chargea Jean de Boulogne (né à Douai) d'envoyer de Florence, auprès de sa personne, un peintre et un sculpteur. Jean de Boulogne lui envoya le peintre Spranger, d'Anvers, et Jean Mont, statuaire, son élève. Rodolphe, ayant succédé l'année suivante à Maximilien, ne sut d'abord s'il garderait auprès de lui ces deux artistes, ou s'il les renverrait. Il se décida, sur l'avis de son valet de chambre, à retenir le peintre ; il congédia le statuaire. (Descamps, *Vie des peintres flam.*, t. I, p. 195.)

fert des exemples de la beauté des formes unie à la sublimité de l'expression ; quand on eut reconnu la perfection de l'une et de l'autre dans les statues antiques, tous les esprits, frappés de ce double mérite, voulurent rapidement y arriver. Le système de l'instruction changea. On crut pouvoir atteindre à la perfection des formes, à l'énergie de l'expression, en négligeant la simple vérité ; on abandonna la route que les anciens maîtres avaient tracée, que Raphaël avait parcourue. Les statuaires voulurent imiter la manière hardie et fière de Michel-Ange, sans rechercher les principes de ce savant artiste : ils n'égalèrent pas leur modèle, et perdirent le mérite de l'originalité.

La vraie beauté fut méconnue. Heureux Dominiquin, modèle de grâces, de vérité, de noblesse, d'expression ! peintre varié comme la Nature, tu demeuras fidèle aux vrais principes, mais ce fut aux dépens de ta réputation et de ta fortune !

« Quand j'arrivai à Rome, disait Pierre de Cortone, c'était le bon ton, parmi les artistes en réputation, de dire du mal du Dominiquin, et, pour me faire valoir, j'eus la faiblesse d'en dire aussi du mal[1]. »

L'Académie de Saint-Luc de Rome fut établie vers l'an 1550, celle de Florence en 1563, celle de Bologne au temps des Caraches ; mais ces sociétés furent un faible appui pour les arts, que le goût général ne dirigeait plus.

Si, comparant enfin les sciences et les beaux-arts, on voulait examiner d'une manière particulière pourquoi chez les Grecs et dans l'Italie moderne, tandis que les sciences étaient encore au berceau, la peinture et la sculpture étaient parvenues au plus haut degré de perfection où le génie semble pouvoir atteindre ; pourquoi, au contraire, dans le dix-septième et dans une partie

---

[1] *Raccolt. di lett.* Falconieri a Margal., t. II, p. 37.

du dix-huitième siècle, à l'époque où les progrès des sciences ont été le plus rapides et le plus miraculeux ; à l'époque où les savants ont fait autant de découvertes dans les cieux qu'au delà des mers, où ils ont dérobé à la Nature ses secrets les plus profonds, décomposé la lumière, dirigé la foudre, analysé et recomposé des substances regardées jusqu'alors comme élémentaires ; pourquoi, dis-je, au milieu de tant de merveilles, les statues antiques sont demeurées inimitables ; pourquoi, enfin, Michel-Ange et Raphaël n'ont point eu de successeurs qui les aient égalés : il faudrait placer, parmi les considérations qui serviraient à résoudre cette belle question, la différence des méthodes qu'ont suivies, chez les Grecs et parmi nous, les artistes et les savants.

Il existe, entre les artistes grecs et un grand nombre d'artistes modernes, entre les philosophes grecs et nos philosophes, une différence remarquable. Les artistes grecs, ainsi que nous l'avons dit, s'étaient fidèlement attachés à la Nature ; ils avaient su imiter et choisir les formes du corps humain, avant d'exprimer les effets des passions : les philosophes grecs avaient pris la route opposée ; pauvres en connaissances physiques, privés des instruments qui nous ont conduits vers tant de nouvelles découvertes, dans un moment où l'art analytique avait fait encore peu de progrès, ils s'étaient hâtés de créer des systèmes. Nos philosophes modernes ont imité les artistes grecs ; appliqués à l'observation et à l'analyse, ils ont cherché à découvrir des faits : la plupart de nos artistes postérieurs à Michel-Ange, ont au contraire imité les anciens philosophes ; ils ont abandonné la Nature, pour rechercher une beauté chimérique ; ils ont tenté d'exprimer les effets des passions, avant de connaître les ressorts du corps humain ; ils ont voulu faire agir l'âme, avant de savoir comment agit le corps ; et ils sont tombés dans deux vices

24.

devenus plus choquants par leur réunion : l'exagération des mouvements et le défaut de ressemblance.

§ VII

Certes, les dispositions naturelles des Français pour l'Art Statuaire ne sauraient être contestées. Quand la Nature a produit parmi nous Michel Coulombe, Jean Juste[1], Jacques d'Angoulême[2], Jean de Boulogne, Jean Cousin, Jean Goujon, Pierre Bontemps, Germain Pilon, Sarrazin, les deux Anguier, et Guillaume Couston, Girardon, et Desjardins, et Coysevox, et Le Pautre, et Pigale, malgré ses défauts ; et au milieu de tous ces grands hommes, le bouillant, l'énergique Puget, elle a suffisamment prouvé que la fécondité du sol de la France est égale à celle de la Grèce et de l'Italie. Je ne cite, comme on voit, que

---

[1] Voir l'*Hist. de la sculpt. franç.*, par Emeric-David, notamment les pages 185 à 191, avec les notes correspondantes de M. Duseigneur. (*Edit.*)

[2] Cet artiste, appelé *Maître Jacques*, natif d'Angoulême, est de nos habiles statuaires le moins connu et un de ceux qui méritent le mieux de l'être. Il concourut à Rome, en l'an 1550, avec Michel-Ange, pour une figure de saint Pierre ; *et de fait*, dit Vigénère, *l'emporta lors par-dessus lui, au jugement même de tous les maîtres italiens*. Boulenger, qui rapporte le même fait, dit, ainsi que Vigénère, que l'on conservait, de son temps, à la bibliothèque du Vatican, comme un prodige (*pro miraculo*), trois figures en cire, faites par cet artiste, et représentant le même homme : la première le montrait vivant ; la seconde, écorché ; et la troisième, disséqué, n'offrant plus que le squelette contenu par ses ligaments (J.-C. Buleng. *De pict. plast. et stat.* lib. II, cap. 7 ; Vigénère, *Tabl. de plate peinture*, p. 855.)

des statuaires. Comment croire à l'impuissance du climat, si l'on joint encore à ces noms célèbres, et à une foule d'autres que je pourrais également invoquer, ceux de tant d'habiles peintres, ceux de tant de poëtes, de tant de grands hommes, qui ont honoré la France dans toutes les sciences et dans tous les arts?

Ce sont évidemment les faveurs de nos rois qui ont été les causes des progrès de nos statuaires; ce sont évidemment les erreurs du gouvernement, et les circonstances où se sont trouvés nos artistes, qui ont été, si on nous compare aux Grecs, la cause particulière de notre infériorité.

François Ier, Henri II, Henri le Grand, Marie de Médicis, Louis XIV, et Richelieu, que l'on peut placer parmi les rois, encouragèrent les beaux-arts par esprit de politique; il faut dire aussi que ces princes éclairés en goûtèrent véritablement le mérite, qu'ils les employèrent par inclination et par goût.

François Ier ne consulta peut-être que son penchant naturel; mais les artistes qu'il amena d'Italie, noble et utile prix de ses victoires, contribuèrent plus à étendre et à consolider sa puissance; ils furent plus utiles à la prospérité de l'Etat que la portion de ce riche pays qu'il sut conquérir et qu'il ne put conserver. Les embellissemants du château de Fontainebleau, la beauté du Louvre, la somptuosité des fêtes que le roi donnait à ses courtisans, attirèrent auprès de lui tous les grands du royaume. Frappée de la magnificence d'un prince également brave et libéral, la haute noblesse apprit à le respecter et à le craindre. Après six cents ans de révoltes, le colosse de la féodalité s'inclina devant la majesté royale. Quelques manufactures s'établirent; le commerce sortit du néant. Eclairée par les artistes, l'industrie des manufacturiers entreprit d'égaler les ouvrages que l'Italie nous avait vendus jusqu'alors. Les encouragements accordés aux arts disposèrent les seigneurs à la soumission ; ils augmentèrent en même temps la puissance du roi et la richesse du peuple ; ils répandirent aussi des idées libérales qui devaient un jour augmenter l'influence de la partie savante et industrieuse de la nation.

Les idées de Louis XIV sur les arts furent grandes comme tous ses projets. Rayonnant, pour ainsi dire, de l'éclat des chefs-d'œuvre dont il eut l'habileté de s'environner, ce prince acheva d'éblouir et de subjuguer par un faste imposant les nobles les plus puissants du royaume. Il dut paraître d'autant plus grand aux yeux de ses sujets, qu'il s'était élevé par sa magnificence au-dessus de tous les monarques de l'Europe. Bientôt l'orgueil des seigneurs les contraignit à imiter le roi, autant qu'il était en eux. Voulant demeurer supérieurs à leurs vassaux qui commençaient à s'éclairer, ils sentirent la nécessité de reconstruire et d'embellir leurs châteaux gothiques, d'élever des maisons somptueuses à la place des créneaux et des tours, d'où leurs ancêtres à demi barbares bravaient les réclamations du peuple et la puissance du roi. Le goût des arts se répandit enfin, quoique avec peine, dans les provinces ; la France devint le centre des lumières, le centre du commerce de fabrication : c'était principalement ce que voulait le grand Colbert. Ce sage ministre consomma glorieusement, par la direction qu'il donna aux beaux-arts, l'ouvrage que François Ier avait commencé dans des vues que l'on peut croire moins profondes.

Louis XIV est un des hommes dont l'exemple prouve le mieux la puissance du goût naturel. Il avait peu d'instruction, et cependant il montra dans le jugement des objets d'art un tact, un discernement exquis. Il s'entoura des hommes les plus habiles de tous les états ; il leur inspira la passion de la gloire, dont lui-même était animé ; mais, ce qui n'est pas moins remarquable, il sut les connaître, il sut les choisir.

L'esprit du dixième siècle n'était pas entièrement détruit au commencement du règne de ce prince. La plupart des nobles regardaient encore les artistes comme de simples artisans, comme des ouvriers, et par conséquent (dans leur manière de voir), comme des êtres d'une nature fort inférieure à celle des gentilshommes. Louis XIV, qui, malgré l'orgueil qu'on lui avait inspiré dans son enfance, avait l'esprit juste et le jugement sain, s'attacha lui-même à corriger ses courtisans de ce travers. Il donna l'exemple de la considération, je puis dire, du respect que l'homme le plus puissant doit au savoir et au génie.

Pierre Mignard était, un jour, auprès de lui. Un grand seigneur adresse la parole à l'artiste, en l'appelant MIGNARD. Le roi est blessé de ce ton cavalier : *Je l'appelle* MONSIEUR MIGNARD, dit-il au gentilhomme. *Sire,* répond sur-le-champ l'artiste, *il y a quarante ans que je travaille à me faire appeler* MIGNARD [1]. Cet exemple peint tout à la fois le ton des courtisans du temps dont nous parlons, la justesse des idées de Louis le Grand, l'élévation de ses sentiments, et la finesse de l'esprit d'un artiste célèbre.

Nous pourrions rappeler un grand nombre de traits semblables à celui-là.

Louis XIV visitait l'église des Invalides, comme ce monument venait d'être achevé. Il aperçoit sous le dôme madame Mansard entourée de ses enfants ; aussitôt il s'approche d'elle avec cette politesse noble dont il avait donné l'exemple à sa cour ; il lui présente son gant, et la conduit ensuite par la main dans toutes les parties de ce bel édifice, en lui disant : *Venez, madame, venez partager la gloire de votre époux ; cette église, comme tous ses*

---

[1] La Harpe, *Cours de litt.*, t. XII, p. 526.

*autres ouvrages, est un chef-d'œuvre que je ne puis me lasser
d'admirer* [1].

Il avait accordé sa retraite à Le Nôtre, alors octogénaire, à
condition, lui avait-il dit, *qu'il viendrait le voir quelquefois*. Le
Nôtre vient, un jour, le saluer à Marly. Le roi le fait porter à côté
de lui dans une chaise ; ils visitent ensemble les jardins. Décoré
du cordon de Saint-Michel, le modeste Le Nôtre n'avait pas
cessé de se regarder comme un bon jardinier ; cet homme
simple était dans les arts un autre *Jean La Fontaine*. Ému
jusqu'au fond du cœur, le vieillard lève les mains vers le prince :
Sire, s'écrie-t-il, *quelle eût été la joie de mon père, s'il eût prévu
que son fils serait tant honoré par le plus grand roi de la
terre* [2]*!*

Tout le monde sait avec quelle magnificence Louis XIV
récompensait les hommes dont les talents lui étaient connus.
Mansard, Lebrun, Girardon, Puget, Coyzevox, Desgodets, Noël
Coypel, Lafosse et une foule d'autres artistes, appelés à la cour
avec Fénelon, Racine et Boileau, reçurent de lui des pensions
qui, eu égard au prix qu'avait l'argent à cette époque, doivent
nous paraître très-considérables [3].

La bienveillance du roi allait au-devant du mérite. Puget
vivait en Italie, après la mort de Fouquet ; il s'y croyait oublié,
lorsque Colbert lui fit parvenir l'ordre de revenir en France, et

---

[1] Lambert, *Hist. litt. du règne de Louis XIV*, t. III, p. 115.

[2] Id., *ibid.*, p. 147. Ce mot rappelle celui d'Epaminondas après la
bataille de Leuctres : « Ce qui me charme le plus, c'est d'avoir eu ce
succès du vivant de mon père et de ma mère. »

[3] La pension de Mansard était de 12,000 francs ; celle de Puget, de
3,600 francs ; celle de Girardon, de 3,000 francs ; celle de Coyzevox, de
4,000 francs, etc.

lui annonça en même temps que le roi lui avait accordé une pension de 3,600 francs [1].

Combien de titres, d'emplois, de récompenses, auxquels un artiste pouvait aspirer, en se perfectionnant dans son art, et en avançant en âge ! La jeunesse était encouragée, la vieillesse était comblée d'honneurs. Des médailles, des prix décernés aux élèves que l'on envoyait étudier à Rome aux frais du roi, institution qui subsiste encore; des places d'adjoints à professeurs, et des places de professeurs, que les membres de l'Académie se décernaient entre eux, sur l'examen de leurs ouvrages; celles d'adjoints aux recteurs de l'Académie, celles de recteurs, celle de directeur, qui dans l'institution était à vie, et dont la nomination était également donnée aux académiciens; des logements accordés par le roi dans les galeries du Louvre, récompense rare, qui n'était pas considérée comme un secours, mais comme un très-grand honneur; la place de premier peintre, qui, par les droits qu'on y avait attachés, produisit, il est vrai, quelque mal, ainsi que nous le dirons tout à l'heure, mais qui était cependant un sujet puissant d'émulation; la place même de surintendant général des bâtiments, remplie par Colbert-Villacerf, après lui par Mansard, et, après cet artiste, par l'architecte Robert de Cotte; ensuite, des lettres de noblesse; enfin le cordon de Saint-Michel, ces distinctions cherchaient le talent dans tous les âges: elles s'accumulaient sur le vieillard également vénérable par ses ouvrages, par ses vertus et par ses années; elles l'accompagnaient glorieusement à la tombe, et lui faisaient voir au delà du trépas son immortalité.

Les arts, enfin, sous le règne de Louis XIV, furent employés à de grands monuments; on peut dire aussi qu'ils furent hono-

---

[1] Lambert, *Hist. litt. du règne de Louis XIV*, p. 309.

rés par ce prince, autant qu'ils l'avaient jamais été chez les Florentins et chez les Grecs. Ce sont ces travaux, ces honneurs, c'est cette considération, cette affection particulière du roi pour les hommes de génie, qui, excitant un élan général, firent du siècle de Louis le Grand le siècle des grandes choses.

Mais, au milieu de ces causes qui conduisaient les arts vers la perfection, quelques prejugés, quelques institutions vicieuses ralentissaient malheureusement leurs progrès, comprimaient particulièrement le génie des statuaires, et devaient bientôt le forcer à rétrograder.

Nous avons dit que les beaux-arts doivent, pour obtenir des succès durables, être dirigés par le goût général : ce fut principalement ce guide qui leur manqua chez les Français.

La fantaisie des arts qui se répandit chez les grands durant le règne de Louis XIV, ne fut généralement qu'une affaire d'ostentation. Les grands ouvrages de sculpture étaient rares dans les provinces ; on n'en voyait même qu'un petit nombre dans la capitale, qui fussent propres à inspirer un vif intérêt. A peine élevait-on quelques statues à nos grands hommes. Les succès des beaux-arts et de l'Art Statuaire, en particulier, intéressaient faiblement l'orgueil national. Le public prit l'habitude de voir les plus riches productions de la sculpture avec une stérile curiosité ; il se persuada, par un effet de cette indifférence, que la beauté de cette sorte d'ouvrages n'était point à sa portée, et que le mérite n'en pouvait être senti que par les artistes et les connaisseurs.

Louis XIV avait un goût exquis, il est vrai ; son successeur aurait montré peut-être le même discernement et la même délicatesse s'il eût suivi ses lumières naturelles, car il avait l'esprit juste ; mais il livra le jugement des objets d'art, comme les autres affaires du royaume, aux caprices de sa cour, au despotisme de ses ministres. Quelques hommes en place, corrompus par le pouvoir dont ils jouissaient, et par les adulations des artistes ; quelques artistes, corrompus par l'aveugle confiance des ministres et des grands, s'emparèrent d'un sceptre tyrannique. Le goût eut des maîtres, et le goût fut anéanti.

Pourquoi l'art dramatique a-t-il produit parmi nous des ouvrages aussi beaux que ceux des Grecs? Ne faut-il pas reconnaître dans les chefs-d'œuvre de nos poëtes, l'influence du goût général? L'art dramatique, parlant tous les jours au cœur d'une foule de spectateurs, a eu tous les hommes sensibles pour juges : l'Art Statuaire, au contraire, a cédé à l'influence funeste des goûts particuliers et des réputations usurpées.

Quelques-unes de nos erreurs nous furent apportées du dehors. Le Bernin régnait dans Rome, lorsque le grand Colbert y établit, en 1665, l'Académie de France [1]. Les jeunes Français, formés les premiers à cette école, y puisèrent quelques bons principes ; mais ils en rapportèrent aussi des idées fausses [2], dont on aperçut bientôt l'influence dans leurs ouvrages, et plus encore dans ceux de leurs successeurs.

D'autres erreurs nous furent particulières. Dans un gouvernement où l'on ne reconnut jamais de principes fixes ; où, par l'effet d'une longue anarchie, on s'était fait un point d'honneur de violer les lois ; une partie de la nation avait contracté des défauts, qu'on a injustement attribués à la nation entière, qu'on a mal à propos rejetés sur le climat, et qui ont été une des causes de nos erreurs dans les arts. C'est cette légèreté qui ne se fixe sur rien, qui n'admire pas les choses parce qu'elles sont belles, mais parce qu'elles sont différentes de celles qu'on admirait au-

---

[1] Disc. d'Ant. Coypel, prononcés dans les conférences de l'Académ. roy. de peint. et de sculpt. Paris, 1721, p. 121.

[2] Ant. Coypel, *ibid.*, p. 73, 74, 81, 99, etc.

paravant ; c'est cette pétulance qui veut que les ouvrages les plus admirables soient le produit d'un moment, qu'ils soient en quelque sorte improvisés.

Il ne serait pas difficile de prouver que ces défauts n'étaient point inhérents au caractère des Français ; mais leur influence sur les arts fut la même que s'ils eussent été propres à la nation entière, parce que ce n'était pas l'opinion générale, mais la mode qui gouvernait.

Dès le siècle de Louis XIV, mais plus encore dans celui de Louis XV, on se persuada que les chefs-d'œuvre des arts devaient être produits avec promptitude, sans efforts [1], et comme par inspiration. Les artistes eurent à lutter contre cette erreur, dont aujourd'hui même quelques hommes, recommandables par leur savoir, mais entraînés par la vivacité de leur esprit, ne sont pas entièrement désabusés.

Nous avons fait remarquer qu'au temps du Dominiquin, on disait que cet homme divin n'avait point de génie ; on l'avait appelé dans sa jeunesse le *Bœuf de l'Ecole*. Daniel de Volterre, sublime auteur de cette *Descente de croix* que Le Poussin regardait comme un des trois plus beaux tableaux qni fussent au monde, Daniel de Volterre, au jugement de d'Argenville, *avait peu de dispositions* [2]. Cela devait, en effet, être évident pour d'Argenville, car il dit que cet artiste travaillait difficilement, et qu'il employa quatorze ans à peindre la chapelle *Massimi*, à Rome, à la Trinité-du-Mont.

Le Poussin, durant sa vie, fut apprécié, en France, de la même manière. Il écrivait de Paris au chevalier *del Pozzo*, son protecteur à Rome : « Je travaille ici sans relâche, tantôt dans une maison, tantôt dans une autre. Je consentirais à supporter cette

[1] Dubos, *Réflex. crit. sur la peint.*, part. II, sect. 7, t. II, p. 65.
[2] D'Argenville, *Vie de Dan. de Volt.*, t. I, p. 108.

fatigue ; mais les ouvrages qui exigeraient un long travail, ils veulent qu'on les *estropie* en un jour. Si je demeurais dans ce pays, il faudrait que je devinsse *un Strappazzone,* comme ceux que j'y vois. Un artiste, qui a l'amour de l'étude et le désir de bien faire, ne saurait y demeurer [1]. »

Un mot de Pline, au sujet de Lysippe, a contribué à répandre l'erreur. Cet auteur dit que Lysippe déposait une pièce d'or dans un vase, chaque fois qu'il terminait un ouvrage, et qu'à sa mort, on trouva dans le vase 610 pièces d'or [2]. On s'est persuadé, d'après ce passage de Pline, que les statuaires anciens produisaient des quantités prodigieuses de figures. On n'a pas assez remarqué que Lysippe était ouvrier en airain ; qu'il faisait non-seulement des statues et des figures de Divinités de différentes grandeurs, mais des vases [3], et sans doute aussi des trépieds, des autels ; et que, par conséquent, s'il mettait à part une pièce d'or chaque fois qu'une copie de ses statues, ou quelque ouvrage d'airain sortait des mains de ses ouvriers ou de celles de ses élèves, il n'est pas étonnant que le nombre de ces pièces d'or s'élevât, à sa mort, à 610, et même à 1500, comme le porte l'édition de Pline du Père Hardouin.

Si l'on prend la peine de compter, d'après le témoignage des anciens auteurs, le nombre des figures attribuées à Phidias, à Lysippe et à Praxitèle, on en trouvera trente ou environ mises sur le nom de Phidias, et soixante dont on faisait honneur à chacun des deux autres maîtres [4]. Mais, si l'on retranche de ce

---

[1] *Raccolta di lettere sulla pitt.* Nic. Poussin a Cass. del Pozzo, t. I, p. 279.

[2] Plin., lib. XXXIV, cap. 7.

[3] Athen., lib. XI, cap. 4.

[4] Je fais entrer dans ce nombre de soixante les différentes statues qui faisaient partie d'un même monument.

compte les figures que la vanité des propriétaires attribuait faussement à ces artistes célèbres ; si l'on se rappelle enfin les secours que les artistes grecs recevaient de leurs élèves, durant un apprentissage de dix ans, on verra que Phidias, Praxitèle et Lysippe lui-même n'avaient pas fait de leurs mains plus d'ouvrages que nos célèbres artistes modernes.

On fit rarement avec précipitation des ouvrages durables. Nous avons dit que Ghiberti employa quarante ans à exécuter les portes du baptistère de Saint-Jean. Jacques *della Quercia*, l'un de ses concurrents, avait travaillé douze ans à la fontaine de Sienne [1]. Michel-Ange travailla huit ans à son *Jugement dernier* [2]. Rembrandt lui-même, disent ses historiens, Rembrandt changeait et effaçait sans cesse, et passait deux ou trois mois à peindre une tête [3]. Léonard de Vinci abandonna plusieurs de ses ouvrages sans les terminer, parce qu'il cherchait, dit Vasari, *l'excellence sur l'excellence, la perfection sur la perfection* [4].

Bouchardon lui-même, malgré son extrême facilité, travailla douze années entières à la statue équestre de Louis XV, et mourut sans avoir terminé ce monument [5].

L'impatience française a nui plus encore à la sculpture qu'à la peinture. L'amateur, pressé de jouir, a rarement demandé des statues ; l'artiste, pressé de les terminer, s'est accoutumé à la négligence. Les Français ont imité César, qui, après avoir demandé au statuaire Arcélias une statue de *Vénus Genitrix*, impatient d'en jouir, ne la lui laissa pas terminer [6].

[1] Vasari, *Vit. di Jac. dell. Quercia*, t. I, p. 187.

[2] « Peno a condurre quest'opera otto anni. » (Id., *Vit. di Mich.-Ang.*, t. II, p. 26.)

[3] D'Argenville, *Vie de Rembr.*, t. II, p. 26.

[4] Vasari, *Vit. di Leon. da Vinci*.

[5] Caylus, *Eloge de Bouchardon*. Paris, 1760, in-12, p. 58, 59.

[6] Plin., lib. XXXV, cap. 12.

Une autre cause a nui au goût, c'est la vanité que l'on nous a si longtemps reprochée ; défaut dont il ne serait pas impossible de montrer l'origine, et qui est aussi étranger au véritable caractère de la nation française que sa prétendue légèreté et sa pétulance factice.

Les artistes qui les premiers illustrèrent la France, formés dans les écoles d'Italie, ou sur les ouvrages des maîtres que François Ier et Catherine de Médicis en avaient amenés, recherchèrent, soit les principes des Florentins, soit les formes antiques. Mais, après la mort de Louis XIV, la vanité s'étant exaltée, on ne voulut plus être imitateur. Nos artistes, se persuadèrent qu'ils devaient adopter un genre de beauté qui fût particulier à la nation. Ils voulurent exprimer dans le visage de leurs figures cette vivacité, cette pétulance, ce feu toujours brillant, dont on faisait honneur aux Français, qu'on regardait comme propre au climat, comme un don particulier de la Nature ; et par une suite de cette ridicule opinion, des traits irréguliers, un nez court et retroussé, des yeux saillants, une large mâchoire, devinrent le modèle accompli de la beauté française [1].

Les Gaulois étaient célèbres chez les anciens, à cause de leur beauté. « Quand les Romains, dit Polybe, virent ces beaux

[1] Le docteur Camper, dans son ouvrage intitulé *Dissertation sur les variétés naturelles qui caractérisent la physionomie des hommes des divers climats* (Paris, in-4°, 1792), veut prouver que l'angle facial de la tête humaine chez les Grecs, chez les Français et chez les Italiens, n'est que de quatre-vingts degrés, *au maximum* (p. 40) ; tandis que celui des belles têtes antiques est de quatre-vingt-dix à cent degrés ; de là, il conclut hardiment que le beau des ouvrages antiques est *purement idéal*, c'est-à-dire *pris hors de la Nature* (p. 93) ; et il soutient en même temps que ce beau pris hors de la Nature est *le beau réel*, et que la beauté de la tête humaine consiste dans un angle facial de cent de-

hommes, à la bataille de *Telamona*, dépouiller leurs vêtements, se montrer entièrement nus, et dans cet état, au bruit épouvan-

grés, quoique la Nature n'en produise jamais qui excèdent quatre-vingts (p. 41, 77, 93).

Ce système absurde manque par ses deux appuis. D'une part, l'angle facial de la plupart des belles têtes antiques n'est que de quatre-vingt-dix à quatre-vingt-douze degrés. Celui de l'Apollon n'est que de quatre-vingt-dix, si on prend, comme M. Camper, la ligne horizontale qui forme un des côtés de l'angle de l'épine nasale à l'ouverture du conduit auditif; et de quatre-vingt-douze, si on prend cette ligne, du bord dentaire de la mâchoire supérieure au bord inférieur de la boîte osseuse de la tête. Cet angle n'est encore que de quatre-vingt-dix degrés, mesuré à la manière de M. Camper, dans la tête du Discobole, et dans celle de la figure appelée le *Gladiateur combattant*. Il n'est que de quatre-vingt-douze dans celle du Lantin, de la Vénus de Médicis, et de l'Hercule-*Dieu*, dont nous avons parlé précédemment (p. 228). Ce qui est même remarquable, c'est que les têtes qui ont plus de quatre-vingt-douze degrés, telles que celle d'Alexandre, et celle de l'Hercule Farnèse, sont précisément celles qui paraissent être des portraits.

D'une autre part, il n'est pas rare de voir dans la Nature, en Italie et en France, des têtes d'hommes dont l'angle facial est de quatre-vingt-dix degrés. On en voit dont l'angle va jusqu'à quatre-vingt-quinze. On en trouve de semblables dans plusieurs des livres d'anatomie qui renferment des figures gravées. Albert Durer, qui avait pris les proportions du corps humain sur la Nature, donne des têtes qui ont plus de quatre-vingt-dix degrés et jusqu'à quatre-vingt-seize (*De sym. corp. hum.*, Nuremb., 1534, fol. 25 et 29).

On trouvera des détails intéressants relatifs à l'angle facial dans l'ouvrage que M. Salvage va publier sur l'anatomie du *Gladiateur*. J'ai mesuré avec lui la tête de l'Apollon qu'il a disséquée.

On n'est donc pas obligé de croire, avec M. Camper, que le beau *réel* ne se rencontre ni dans la France, ni dans la Grèce; qu'il n'est

table des trompettes, se précipiter sur le front des légions, ils furent aussi étonnés de la vigueur et de la beauté de leurs corps, qu'effrayés par leur impétueux courage [1]. La plupart de nos artistes du siècle de Louis XV négligèrent ce caractère de force et de grandeur propre à la nation. Ils ne reconnurent pas que les Français avaient conservé leur antique beauté, comme leur valeur guerrière. Ils cherchèrent, dans leurs modèles vivants, non pas des formes véritablement belles, mais celles qu'ils voulaient représenter ; ils ne virent dans la Nature que ce qu'ils voulaient y voir.

Tandis qu'ils s'égaraient, en cherchant une beauté française, différente de la beauté grecque et de la beauté romaine, les opinions exagérées sur le *beau idéal* et sur le génie, dont nous avons parlé, furent une nouvelle cause d'erreur.

Un désir immodéré de mettre de l'esprit, du feu, dans les compositions, fit rechercher des poses outrées, des passions extrêmes. Rien ne fut simple et naturel, pas même les portraits.

Qu'est-il besoin de retracer toutes les erreurs où tombèrent les artistes du siècle de Louis XV ? Qu'il suffise d'en montrer l'origine. Rappelons, au contraire, les beautés de leurs ouvrages. Disons du moins que quelques maîtres habiles, parmi lesquels on peut nommer l'illustre Pigalle, reconnaissant la fausseté des opinions qu'ils avaient suivies dans leur jeunesse, et bravant les préjugés qui régnaient encore durant leurs vieux jours, tentèrent, à cette époque, de revenir à l'imitation naïve de la Nature. Ils ne parvinrent pas toujours à une imitation fidèle ; mais ils eurent du moins le mérite de chercher à y parvenir. Cette

pas même dans la Nature, et qu'il diffère du beau de la Nature dans le rapport de cent à quatre-vingts.

[1] Polyb., lib. II, cap. 6.

heureuse révolution en préparait une autre, dont notre âge pourra, si nous voulons en profiter pleinement, et ne plus rétrograder, recueillir une longue gloire.

§ VIII

Comment parler de l'ancienne Académie royale de peinture et de sculpture sans se rappeler les grands hommes qu'elle réunit successivement dans son sein?

L'existence de ce corps célèbre inspirait du respect pour les arts. L'espoir et l'honneur d'y être admis élevaient également l'âme des artistes. Le titre de membre de l'Académie leur donnait dans la société, où l'on juge trop souvent des arts sur parole, un rang honorable d'où ils ne descendaient jamais. On voulait être de l'Académie, et l'on ne pouvait y parvenir qu'avec un double mérite, un talent reconnu, et des mœurs irréprochables.

L'Académie forçait les statuaires à de longues études, en exigeant d'eux une figure nue en ronde bosse, pour les agréer, et une autre figure nue, également en ronde bosse, pour leur réception.

Le relâchement qui s'était introduit dans l'examen des candidats, la domination du premier peintre, l'inviolabilité de la doctrine académique, l'esprit de corps, l'esprit de cour, étaient des vices suffisamment reconnus : quelques corrections aux règlements auraient pu les faire disparaître, ou en prévenir les effets.

Il faut distinguer, dans l'ancienne Académie, l'association de ses membres et la direction de l'instruction publique qui lui était confiée. C'est uniquement sous le rapport de l'instruction publique que nous voulons la considérer. Il s'était établi dans l'enseignement de l'Académie des usages pernicieux. Ce sont ces usages, suivis sans examen, dont nous voulons démontrer les inconvénients. Cent cinquante ans d'expérience parlent à l'appui de notre opinion.

Dès la naissance de l'Académie, Lebrun, premier peintre du roi, qui en dirigea l'organisation, s'occupa de la peinture ; par une prédilection naturelle, et désirant l'avancement de cet art, il ne s'aperçut pas apparemment que le système d'instruction qu'il faisait adopter tendait plutôt à former des peintres que des statuaires.

A peine l'Académie fut-elle formée, que l'Art Statuaire se trouva dans l'esclavage.

Louis XIV, par une erreur que son admiration pour Lebrun ne saurait faire excuser, nomma cet artiste INSPECTEUR GÉNÉ-RAL DE TOUS LES OUVRAGES DE SCULPTURE. Les statuaires étaient obligés d'exécuter des ouvrages en bronze et en marbre, sur les dessins de ce *premier peintre*. Girardon crut devoir se soumettre à cette obligation [1].

A la mort de Lebrun, Girardon lui succéda dans cette place d'*inspecteur général*. Le mal fut moindre sans doute, mais il exista toujours. Girardon, comme Lebrun, exigeait des statuaires qu'ils travaillassent d'après ses dessins. Justement indigné d'une aussi orgueilleuse prétention, Puget que la simplicité de ses mœurs et la fierté de son caractère élevaient au-dessus des faveurs de la cour, Puget abandonna Paris. Il retourna dans sa patrie, ne désirant d'autre bonheur que celui d'y jouir de son génie et de sa liberté [2]. Comment concevoir, en effet, que ce fou-

---

[1] Lambert, *Hist. litt. de Louis XIV*, t. III, part. II, p. 515.

[2] Id., *ibid.*; *Abecedario pitt.* Puget, Girard.

gueux Puget, cet homme plein de sentiment et de verve, que son enthousiasme entraînait, emportait quelquefois, qu'aucune règle ne pouvait captiver, énergique, original, sublime malgré ses imperfections, et que Louis XIV lui-même trouvait INIMITABLE, comment concevoir, dis-je, qu'un tel homme, dans la force de son âge et de son talent, consentît à refroidir sa main, en copiant les dessins d'un autre artiste, d'un artiste qui, malgré son rare mérite, était si loin derrière lui!

Louis XIV fut assez modéré, assez juste pour pardonner à ce grand homme un légitime orgueil. Mais il ne reconnut pas, ou du moins rien ne le prouve, combien l'obligation que Girardon imposait aux statuaires pouvait être funeste aux progrès de l'art.

On ne peut se le dissimuler, la peinture a eu, dans notre école, une influence pernicieuse sur l'enseignement de l'Art Statuaire.

Nous avons déjà fait remarquer la différence qui existe entre l'art de dessiner et celui de modeler. Cette différence ne fut pas suffisamment reconnue par l'Académie. On n'y eut pas assez égard dans le système de l'enseignement. Au temps de Bouchardon et du comte de Caylus, on s'était même persuadé, suivant l'expression de ce dernier, que « l'habitude du crayon était ce qui conduisait le plus sûrement le sculpteur à son but; » on croyait que « le service de l'ébauchoir ne pouvait pas être comparé aux avantages qu'on retirait du crayon. » On enseignait cette doctrine aux élèves. « Ce sont des réflexions, disait le comte de Caylus, qu'il est bon de communiquer à la jeunesse[1]. »

A l'Académie de Rome, c'était presque toujours un peintre qui dirigeait les sculpteurs. A l'école de Paris, sur douze profes-

---

[1] Caylus, *Eloge de Bouchardon*, p. 17 et 20.

seurs, six étaient sculpteurs, six étaient peintres ; ils enseignaient chacun un mois : il s'ensuivait que les élèves statuaires étaient dirigés, durant six mois de chaque année, par des peintres : cet usage subsiste encore.

L'influence des peintres avait fait adopter, dans l'instruction des statuaires, deux pratiques pernicieuses ; l'une consistait à faire toutes les études de l'école publique sur des bas-reliefs ; l'autre, à multiplier les plans dans les bas-reliefs, à les composer comme des tableaux.

Faisons quelques réflexions sur l'art du bas-relief, et le danger de ces pratiques sera mis en évidence.

Les anciens nous ont prouvé, par des chefs-d'œuvre, avec quel succès on peut employer des bas-reliefs dans la décoration des monuments, sur les vases, sur les médailles, sur les pierres gravées. L'artiste qui représente dans un bas-relief un grand sujet d'histoire, peut donner dans la composition un libre essor à son génie ; il peut y mettre du feu, du style, de la grandeur, de l'expression ; mais, considéré en lui-même, ce genre d'ouvrage est contre Nature.

Il y a des bas-reliefs de divers genres. Les uns sont très-peu saillants ; on n'y voit quelquefois qu'une espèce de dessin ; tels sont ceux des camées et des médailles ; tels sont encore ceux de Jean Goujon ; ce sont ceux-là que les Florentins appelaient de vrais *bas-reliefs*. D'autres offrent dans ses justes proportions toute la saillie de la moitié de la rondeur des corps ; les Florentins les appelaient des *demi-reliefs*. D'autres enfin présentent plus de la moitié du contour des corps ; les figures, vues presque en ronde bosse, ne sont engagées sur le fond, que par une légère partie de leur surface.

Quand le sculpteur modèle un bas-relief peu saillant, un vrai *bas-relief*, il imite les objets comme le dessinateur, non tels qu'ils sont, mais tels qu'ils paraissent; il donne à son ouvrage, par la gradation et l'accord des plans, l'apparence d'une saillie qu'il n'y met pas réellement; il voit, il imite, comme le dessinateur, les surfaces en perspective; il doit, par conséquent, considérer toujours son modèle du même point de vue. Quand il veut, au contraire, donner à la portion des figures qu'il exécute la saillie réelle de la Nature, dans de justes proportions, ou, en autres termes, quand il fait des figures de *demi-relief*, il est obligé de tourner autour de son modèle, de l'étudier sur plusieurs faces, afin de bien voir toutes les parties qu'il doit imiter. Ces deux manières de travailler diffèrent ainsi dans leurs règles essentielles, et dans le procédé.

L'art du bas-relief a des principes qui lui sont communs avec la ronde bosse; il a aussi des principes particuliers.

Les figures exécutées dans des bas-reliefs doivent, conformément aux règles générales que nous avons précédemment exposées, avoir le plus de simplicité, le plus de développement et de grandeur qu'il est possible; mais, comme elles ne peuvent être vues que d'une seule face, il s'ensuit que leur plus grand développement doit se présenter sur cette face qui s'offre au spectateur; il s'ensuit encore qu'il faut, autant qu'il se peut, éviter les raccourcis sur la longueur des membres. Les plans et les cercles concentriques d'une partie présentée en raccourci ne sauraient avoir, dans un bas-relief, assez de justesse, pour que la vérité soit frappante, pour que l'illusion soit complète. Le membre d'ailleurs que l'on imite en raccourci, se montrant à l'œil du spectateur sur sa moindre étendue, paraît court et chétif, au lieu d'avoir un grand et noble développement. Cette manière de présenter les objets est par conséquent contraire aux règles générales qui forment le bon style de la sculpture, et contraire particulièrement à l'esprit du bas-relief.

Dans un genre d'ouvrage, qui en lui-même est contre Nature, il faut le moins qu'il se peut choquer la vraisemblance. L'esprit peut se prêter à supporter, dans un bas-relief, deux plans voisins l'un de l'autre ; il peut admettre jusqu'à trois plans ; l'antique en a donné l'exemple ; mais le goût défend d'aller au delà. Si le sculpteur veut composer un bas-relief comme un tableau, les invraisemblances se multiplient avec les difficultés. Pour qu'une figure placée sur un plan éloigné paraisse plus éloignée que celle des premiers plans, il ne suffit pas qu'elle soit plus petite et qu'elle ait moins de relief ; il faut que des corps accessoires, présentés en raccourci, la portent, par opposition, sur un plan différent. Or, ces objets accessoires, vus de cette manière, non-seulement sont petits et pauvres en eux-mêmes, et, de plus, dénués de vérité, mais ils détruisent, par la multiplicité des angles et par la confusion des ombres, l'harmonie et la grandeur de l'ensemble.

Un bas-relief est, le plus souvent, destiné à décorer un monument d'architecture ; il doit contribuer, par conséquent, à donner de la grandeur au monument, tandis que, d'une autre part, il doit toujours avoir en lui-même de la noblesse et de la fermeté. Il suit de là qu'on ne doit pas y représenter des plans trop variés, des lointains, de grandes profondeurs : premièrement, parce que cette recherche nuirait au grand effet que doit produire l'ensemble de l'édifice ; secondement, parce qu'un bas-relief attaché à un monument étant ordinairement vu de loin, s'il contient plusieurs plans, la variété se perd à cause de la distance, les objets sont moins prononcés, les ombres sont moins fermes, elles se confondent, l'ouvrage offre un moins grand caractère.

C'est par une suite de ce principe que, dans les bas-reliefs attachés à des monuments d'architecture, les anciens ont donné quelquefois aux figures toute la hauteur du bas-relief, qu'ils ont laissé voir peu de fond, et qu'ils n'ont fait même qu'indiquer les corps accessoires ; et c'est parce qu'on n'a pas assez remarqué le principe, que l'on a reproché à beaucoup de bas-reliefs antiques de pécher contre la perspective.

Les anciens, dans les bas-reliefs peu saillants, et dans les ouvrages de *demi-relief* que l'on voit sur les monuments, sur les vases, sur les camées, ont laissé l'extrémité du contour. des figures élevée, on pourrait dire carrée, détachée du fond. Cette saillie produit une ombre ferme qui donne plus de relief apparent à la figure, et tout à la fois plus de grandeur au bas-relief, plus de caractère au monument. Jean Goujon a suivi cette règle ; la plupart des modernes l'ont négligée : ils ont lié l'extrémité des contours avec le fond, et ils ont amolli par là leur ouvrage.

Les anciens, enfin, ont mis dans cette sorte de bas-reliefs le moins de différence qu'il était possible entre la saillie d'un membre d'une figure et celle du membre correspondant ; le second plan se trouvant par là plus rapproché, l'ensemble offre à la fois plus de valeur et plus d'harmonie.

Nous ne prétendons pas déprécier indistinctement, par ces observations, tous les bas-reliefs modernes où l'on a suivi d'autres principes. La chaleur, l'expression, que le Puget, Sarrazin et d'autres artistes ont mises dans des ouvrages de cette nature, forcent, malgré les défauts. que l'on ne peut se dissimuler, l'admiration du critique le plus sévère. Mais on voit déjà comment nous allons appliquer à l'enseignement ces principes, que nous croyons avoir reconnus dans les ouvrages des Grecs.

L'Académie, convaincue que le talent des statuaires se manifeste principalement dans les figures en ronde bosse, ne recevait des sculpteurs parmi ses membres que sur des statues ; et, cependant, par une contradiction évidente, elle n'enseignait aux élèves, dans son école publique, qu'à modeler des bas-reliefs.

Cet usage, dont, pendant cent cinquante ans, elle s'était dissimulé le danger, subsiste encore. Lorsqu'ils concourent entre eux pour l'ordre des places, pour les médailles, pour le grand prix, c'est toujours sur des bas-reliefs que les élèves obtiennent tous ces encouragements. Une juste ambition les force ainsi à n'étudier que l'art du bas-relief ; ils consacrent à cette étude la plus grande partie de leur jeunesse ; je ne dis pas assez : ils y consument un temps précieux, ils se forment une manière qu'ils ne perdront pas sans effort.

L'élève qui exécute un bas-relief à l'école publique, occupant une place fixe sur le banc circulaire qui sert de siége commun, ne voyant le modèle que de très-loin, et d'un seul point de vue, ne saurait se rendre un compte fidèle de la valeur des formes ; il ne peut faire, par conséquent, avec succès que des bas-reliefs très-peu saillants : s'il veut modeler une figure en *demi-relief*, c'est-à-dire exprimer toute la saillie de la moitié du corps du modèle qui s'offre à lui, il est obligé de travailler d'imagination ; et c'est cependant des ouvrages en *demi-relief* que l'usage veut qu'on lui demande.

S'il faisait des bas-reliefs peu saillants, l'inconvénient ne serait pas moindre. Plus le bas-relief que l'élève exécute s'approche, par sa saillie, du caractère de la ronde bosse, moins l'élève peut, de la place qu'il occupe, y mettre de vérité ; moins ce bas-relief aurait de saillie, plus il l'éloignerait des principes de la ronde bosse.

Si, conformément aux règles de son art, un professeur peintre cherche, dans la pose du modèle, des effets piquants de lumière et d'ombre, l'élève, ne pouvant sentir la valeur des formes qu'il distingue à peine dans l'éloignement et dans la demi-teinte, est obligé, ou de travailler de ressouvenir, ou de renoncer à exécuter la figure.

Que sera-ce s'il doit modeler des raccourcis et s'il faut que son bas-relief soit composé comme un tableau !

La peinture et la sculpture ne peuvent pas lutter de prestesse ; cependant, on ne donne pas plus de temps à un sculpteur qu'à un dessinateur pour l'étude de la même figure.

Les élèves doivent-ils concourir pour les grands prix : il faut, pour être admis au concours, qu'ils fassent une esquisse dans une journée, sur un sujet donné à l'instant. Malheur à celui de qui le génie ne peut pas, à l'heure prescrite, composer et exécuter !

Combien l'élève qui a remporté le grand prix de peinture est plus près de la perfection de son art que celui qui a remporté le prix de sculpture ! Le premier veut faire des tableaux , il en a du moins fait un ; l'autre aspire à faire des statues , il n'en a point fait encore.

Cette instruction vicieuse retarde les progrès des élèves ; elle les habitue à ne priser, à ne rechercher que la facilité du faire, que la prestesse de l'exécution ; elle donne à tous le même style, ou plutôt elle les force à acquérir la même routine ; et tandis que le nombre des élèves s'augmente, elle diminue celui des statuaires énergiques et originaux.

Asservi à la peinture dans la direction de ses études, regardé par quelques peintres, suivant l'expression dont Reynolds n'a pas craint de se servir, comme un art qui leur était *subordonné*[1], l'art de Phidias a été encore parmi nous dans la dépendance de l'architecture pour l'emploi de ses ouvrages.

La sculpture ayant élevé peu de grands monuments, nous nous sommes habitués à la considérer comme un accessoire de l'architecture : dès lors, elle a perdu de son prix dans l'opinion

---

[1] Reynolds, *Disc. sur la sculpt.*, Bibl. brit., t. XXIV, 1804, p. 335.

générale. Sans doute, la sculpture doit contribuer à l'embellissement des monuments d'architecture ; mais ce n'est pas cette sculpture de décoration qui hâte les progrès de l'art ; on y supporte trop facilement la médiocrité. Ce genre d'ouvrage a forcé les artistes à la promptitude ; l'architecte est devenu le maître de la durée du travail du statuaire, et celui-ci, rangé en quelque sorte parmi les ouvriers qui décorent les édifices, a fait à la hâte de la sculpture de décoration.

Telles sont les principales causes qui ont empêché jusqu'à présent les statuaires français, et en général les artistes modernes, d'atteindre à la perfection de la sculpture antique : l'Art Statuaire a élevé parmi nous un trop petit nombre de monuments publics et nationaux capables d'inspirer un vif'intérêt ; le goût général a été opprimé par des opinions particulières ; les artistes se sont laissé égarer par de fausses théories, ou plutôt ils n'ont jamais eu, en les considérant en général, de principes certains, de doctrine constante ; l'Académie elle-même a erré dans son système d'enseignement ; la peinture et l'architecture enfin ont usurpé sur l'Art Statuaire un empire funeste.

SECTION II.

§ I

Quels seraient donc les moyens d'élever l'Art Statuaire à la perfection où il était parvenu chez les Grecs ?

Déjà nous avons répondu à cette partie de la question proposée par l'Institut national, en exposant les principes que nous croyons avoir été suivis par les artistes grecs, et les faveurs qu'ils recevaient des gouvernements ; nous y avons répondu en signalant les erreurs où sont tombés les modernes. Pour traiter, autant qu'il est en nous, le sujet dans toute son étendue, nous tenterons cependant de donner une réponse directe.

Essayons d'abord de tracer aux élèves une route dans laquelle le génie puisse s'élever au degré de hauteur qu'il lui est permis d'atteindre sans perdre son originalité ; nous oserons ensuite adresser nos vœux au gouvernement.

§ II

Jeunes artistes que la gloire de Phidias et de Lysippe a remplis d'une noble émulation, daignez écouter des conseils que nous avons puisés dans les écrits des anciens, et dont nous avons cru reconnaître l'utilité en observant leurs immortels ouvrages.

Cherchez d'abord à reconnaître vos dispositions naturelles. Ne prenez pas la facilité de faire de vains croquis pour un véritable talent : un crayon libertin qui ne peut s'asservir à fixer des traits fidèles, annonce un artiste condamné à la médiocrité.

On peut reconnaître à deux signes les dispositions nécessaires au statuaire : l'un est l'énergie de l'impression que la forme des corps produit sur l'esprit de l'élève ; l'autre est la fidélité avec laquelle sa main en exprime les contours.

La vue d'une belle statue, la vue d'un bel homme vous a-t-elle assez vivement émus pour vous inspirer un ardent désir d'imiter ces modèles ; sentez-vous, en présence d'un objet chéri, ses traits s'imprimer fortement dans votre esprit, et l'image y demeurer gravée dans toute son intégrité, quand l'objet n'est plus sous vos yeux ; avez-vous, dans vos premiers essais, représenté quelque partie du corps que vous imitiez avec une vérité qui ait saisi le spectateur : livrez-vous avec courage à l'étude, et osez espérer des succès.

Raphaël, dans sa jeunesse, imitait si fidèlement les tableaux du Pérugin, que le spectateur s'y trompait ; Michel-Ange copiait des estampes à la plume avec tant de chaleur et d'exactitude, que l'on prenait ses copies pour les originaux.

L'art où vous cherchez la gloire, exige de constantes études, de profondes méditations ; les jouissances qu'il procure sont tardives, incertaines ; il ne promet à la médiocrité qu'une réputation éphémère ; le travail du statuaire est pénible ; il fatigue le corps, tandis qu'il demande toute l'application du génie.

Le premier jour qu'il prit le ciseau, Lucien vit en songe deux femmes, qui voulaient chacune l'attirer vers elle ; l'une était la Sculpture, l'autre la Philosophie. La première avait l'air grossier ; ses cheveux étaient en désordre ; sa robe, retroussée jusqu'à la ceinture, était couverte de poussière. Elle dit au jeune Lucien : « Mon enfant, que la saleté de mon habit ne te rebute point ; c'est celui que portait Phidias. Si tu veux t'attacher à moi, je prendrai soin de ta renommée ; tu seras adoré avec les Dieux qu'aura formés ton ciseau ; on enviera, à cause de toi, la gloire de ton père et celle de ta patrie. » La Philosophie lui dit : « Si tu me préfères à ma rivale, j'ornerai ton âme des vertus les plus estimables ; je te ferai connaître les beaux ouvrages et les actions admirables des anciens ; tes discours seront écoutés avec admiration ; tu seras jugé digne des plus grands emplois ; on te déférera partout la première place ; vois mon habit : tu en seras revêtu. » Elle en portait, en effet, un magnifique. Le temps n'était plus où la Philosophie se montrait vêtue du modeste manteau de Socrate. Lucien n'hésita point ; il abandonna, dit-il, *la laide ouvrière*, et se jeta dans les bras de cette Philosophie qui lui promettait des richesses et des honneurs [1]. Attachez-vous, comme lui, aux études qui conduisent le plus sûrement à la fortune, ou plutôt, si vous préférez la Sculpture, conjurez la Philosophie de venir, simplement vêtue, répandre la lumière et le bonheur dans votre atelier.

Pour exceller dans votre art, n'étudiez pas votre art seulement : ils sont rares, les hommes privilégiés qui, sans avoir reçu d'instruction, et s'adonnant à une étude unique, s'élèvent d'un vol assuré.

Rappelez-vous ce que nous avons dit au sujet des connaissances que réunissaient les artistes de l'antiquité.

Tandis que vous contemplerez la beauté des statues grecques, étudiez aussi les écrivains de cette nation chérie des Muses, qui, dans toutes les productions du génie, en suivant les mêmes lois, n'enfanta que des chefs-d'œuvre. Lisez, lisez encore Homère, Sophocle, Platon, Xénophon, Démosthène ; nourrissez-vous du miel du mont Hymette.

Michel-Ange était un des hommes les plus instruits de son temps.

Ne négligez point la géométrie ; appliquez-vous aux principes de l'architecture. Léonard de Vinci dut à ces deux sciences une partie de sa gloire. Jean Goujon, parmi les Français, a heureusement associé de beaux bas-reliefs à de beaux monuments, parce qu'il était habile sculpteur et habile architecte.

Mais, dans vos études, n'ayez en vue que votre art ; que toutes vos connaissances se rapportent à cet objet unique ; ne divaguez point : il est, dans les jouissances de l'esprit, une sorte d'épicurisme qui énerve le talent.

---

[1] Lucian. *De somn.* — Il faut entendre, dans ce passage, par *Philosophie*, la réunion de toutes les sciences.

Cette jeune fille qui, la première, entoura d'un trait naïf l'ombre du visage de son amant prêt à la quitter, cette fille ingénieuse vous a enseigné la principale règle de votre art ; disons mieux, le génie des Grecs vous a donné une importante leçon dans cette fable intéressante. Que désirait la fille de Dibutade ? Elle voulait tracer une image fidèle. Quel que soit votre modèle, attachez-vous à le copier avec exactitude. Telle fut la conduite de Lysippe : « il commença l'art, dit Winckelman, où l'art avait commencé [1]. »

Gardez-vous d'une négligence qui deviendrait bientôt une habitude. Exprimez avec précision, avec fermeté, la forme des corps ; modelez en dessinant. Ce n'est pas une imitation vague que l'on recherche dans votre art, c'est la chose même.

Peut-être vous a-t-on dit qu'il ne faut pas copier servilement la Nature, qu'il faut l'ennoblir. Copiez, au contraire, ce que vous voyez ; ne faites maintenant rien de plus. Comment corriger ce que l'on ne saurait connaître ! Votre âme est pure encore ; que votre main demeure innocente comme elle ! Ah ! croyez-moi, ne mentez point ; accoutumez vos yeux à ne vous rapporter que des témoignages fidèles ; dessinez avec probité.

Habiles à représenter la forme des objets, quels qu'ils puissent être, vous les imiterez avec la même justesse, avec la même énergie, quand ils seront beaux ; vous les comparerez involontairement, en les copiant ; et l'art d'imiter vous conduira luimême à l'art de choisir.

Ayez constamment présents à l'esprit les éloges donnés aux plus célèbres des anciens statuaires : Scopas était appelé L'ARTISTE DE LA VÉRITÉ [2].

---

[1] Winckelm., *Hist. de l'Art*, liv. IV, chap. 3.

[2] Δημιουργὸς ἀληθείας. (Callistr. *De stat.*, in Bach. 2.)

Avez-vous exercé votre crayon sur quelques dessins de grands maîtres et sur des modèles antiques, hâtez-vous d'entreprendre ce que vous devez faire toute la vie, modelez en ronde bosse : Léonard de Vinci donnait ce conseil au jeune Bandinelli [1].

C'est le corps de l'homme que vous devez principalement imiter ; mais ce modèle a de pleins contours ; l'air l'embrasse tout entier : pourquoi prendriez-vous l'habitude de le représenter en bas-relief ?

Nous avons dit que les principes de l'art de modeler des bas-reliefs sont, à quelques égards, différents de ceux de la sculpture en ronde bosse. L'art de modeler des statues exige d'ailleurs une étude plus sévère, plus approfondie, que celui des bas-reliefs, qui ne représentent les objets que sur une seule face ; il suit de là que l'art de modeler des bas-reliefs conduit difficilement à celui de modeler en ronde bosse, tandis que l'art de modeler en ronde bosse conduit avec moins de peine à celui d'exécuter des bas-reliefs.

Ces premières études, où vous modèlerez en ronde bosse, les ferez-vous d'après l'antique ou sur des modèles vivants ?

Le but de vos efforts actuels étant d'imiter avec vérité, le moyen par lequel vous parviendrez le mieux à cette imitation fidèle est pour vous le meilleur. Or, l'imitation de l'antique, par cela même que le marbre est immobile et sans couleurs, et que les formes en sont nettement prononcées, cette imitation offre moins de difficultés que celle du modèle vivant ; il vaut donc mieux, pour vous, commencer par modeler d'après les chefs-d'œuvre des Grecs que d'imiter d'abord la Nature vivante ; car, en toutes choses, il faut aller du simple au composé, du facile au difficile.

---

[1] Vasari, *Vit. di Bac. Band.*

L'étude de l'antique vous empêcherait-elle de sentir l'éloquente beauté de la Nature ? Non, sans doute ; plus vous aurez étudié l'antique, plus la Nature vous paraîtra grande, variée, inimitable.

C'est l'ordre que l'on suit dans les études qui en assure les succès. On n'avance pas, en osant au delà de ses forces ; on s'expose, au contraire, à languir, à se décourager ou à se jeter dans une pratique vicieuse.

L'artiste peut distinguer dans le corps de l'homme, relativement à la différence des formes, quatre parties principales : la tête, le torse, les jambes, les bras. Etudiez chacune de ces parties séparément.

Ne passez pas trop rapidement d'une partie à une autre. Apprenez à considérer longtemps le même objet, avec une attention soutenue. Fortifiez votre œil par l'exercice : la justesse et la force de cet organe font une grande partie des moyens physiques du statuaire.

Que votre copie soit, autant qu'il se pourra, de la même grandeur que le modèle, afin que la comparaison soit plus facile et le travail moins compliqué.

Êtes-vous parvenus à faire de justes imitations de toutes les parties d'une statue, il est temps de vous appliquer à l'étude du modèle vivant.

Continuez à n'étudier le corps de l'homme que par parties séparées.

Qu'un habile maître vous fasse d'abord modeler une belle tête d'un squelette humain. Étudiez, imitez avec soin cette boîte osseuse, dont les plans et les éminences se font constamment reconnaître sur toutes les parties de la tête de l'homme vivant, de tous les âges, et dans quelque position qu'on le représente.

Faites, après ce travail, des portraits sur la Nature.

Conservez auprès de vous, dans cette nouvelle étude, la tête d'un squelette, et, à côté de ce type indispensable, de beaux bustes antiques, de ceux qui paraissent des portraits.

Que votre maître s'attache à vous faire distinguer sur la tête de l'homme vivant et sur les bustes antiques les parties saillantes des os et les plans qu'elles déterminent.

Que l'antique est admirable dans les portraits ! Tous les faux systèmes qui ont retardé les progrès des arts viennent se briser contre ces chefs-d'œuvre. Quelle grandeur ! Quelle naïveté ! Quelle harmonie ! Peut-on douter de la ressemblance ? On reconnaît dans les bustes antiques toutes les règles adoptées par les Grecs sur le choix et la représentation de la beauté ; on y remarque de grandes divisions, de grandes courbes, de grands plans, des parties qui se font valoir les unes par les autres ; on y trouve en même temps la variété de la Nature, ses irrégularités, ses caprices, ses infirmités mêmes ; on y voit l'âge, le génie, le caractère moral de l'homme vivant. Le mouvement et la forme du cou sont faciles et pleins de vérité. Les plus légères parties ont autant de beauté que les parties principales, sans nuire à l'effet général. Quel respect pour les règles ! Quelle diversité dans l'application ! Les portraits d'Homère aveugle, de Sénèque décharné, de Socrate camard, de Vitellius plein et gros d'embonpoint, offrent autant de vérité, de fermeté, d'élévation, de finesse, avec des caractères tous différents, que ceux du jeune Antinoüs, que ceux d'Alexandre, et, l'on peut dire, que la tête de Mercure ou du Lantin, où nous voyons peut-être les traits d'Alcibiade.

En considérant, les uns auprès des autres, une tête d'un squelette, des bustes antiques et la tête de l'homme vivant que vous aurez à représenter, vous apprendrez à voir votre modèle comme un artiste grec l'aurait vu, à discerner le beau dans un objet dont toutes les formes ne sont pas belles, à rendre sensibles les beautés du modèle sans blesser la loi suprême de la vérité. Vous vous préparerez en même temps à reconnaître la justesse de ce principe énoncé précédemment, que la cause première de la beauté du corps humain est dans le squelette; que la perfection des formes *héroïques*, et des formes appelées *idéales*, vient principalement de la noble inflexion et de la légèreté des os.

La gloire ne s'acquiert pas sans efforts; apprêtez-vous à surmonter des difficultés nouvelles.

Le statuaire n'apprend pas suffisamment l'anatomie dans des livres : il faut disséquer de votre propre main.

Que le chef-d'œuvre de l'Ouvrier divin, devenu la proie de la mort, se déploie dans votre atelier. Armez-vous d'un fer studieux. Déchirez le voile qui couvre les ressorts intérieurs. Étudiez la forme des muscles, leur position, leur entre-croisement, et particulièrement leurs attaches. Enlevez les premiers muscles, en les soulevant par les deux extrémités; étudiez la forme de ceux qui sont placés au-dessous; enlevez-les encore; avancez, avancez, allez au squelette... Statuaires, votre figure est là !

Modelez en ronde bosse, autant qu'il vous sera possible, les parties du corps que vous aurez déjà utilement étudiées en les disséquant; dessinez, quand le temps ne vous permettra pas davantage.

Chaque fois que vous aurez étudié quelqu'un des membres de l'homme disséqué, modelez ou dessinez la même partie d'après l'homme vivant. Vous découvrirez, par la comparaison à laquelle vous obligera ce nouveau travail, l'usage des muscles, les effets de leur contraction; vous apprécierez les plans presque insensibles, les demi-teintes qui les lient et qui les séparent; vous apprendrez à imiter les nuances de la chair, la souplesse et la transparence de la peau.

Que l'antique, durant ce travail, demeure constamment auprès de vous ; qu'il serve de médiateur entre la nature disséquée et la nature vivante. L'antique est une admirable traduction, à l'aide de laquelle on parvient à reconnaître les beautés de l'original.

En modelant, ou en dessinant chaque partie, considérez-la dans des positions différentes, et étudiez soigneusement les articulations.

Faites une étude approfondie du torse humain. Le torse est la partie du corps de l'homme la plus compliquée dans sa composition, la plus variée dans ses mouvements. Il renferme cinq emmanchements principaux, puisque cinq parties du corps s'y rattachent. L'action des clavicules et des omoplates, les inflexions de la colonne dorsale, le flottement des intestins, la respiration, produisent, dans ses formes extérieures, des modifications infinies. C'est dans le torse nu que l'artiste peut le moins déguiser sa négligence ou son impéritie.

Terminez chacun de vos dessins ou de vos modèles en ronde bosse, avec toute l'exactitude dont vous serez capables. Accoutumez-vous à rendre tous les effets de la Nature avec chaleur et avec justesse. Apprenez à travailler longtemps sur un ouvrage sans le refroidir. Celui qui se contente d'ébauches, pose lui-même des bornes à son talent.

Arrêtons-nous, et voyons avec satisfaction combien vous avez fait de progrès. Vous modelez avec précision, avec assurance. Votre faire est simple et naïf. Vous ignorez cette facilité perfide qui égare en inspirant une fausse confiance. Formé sur l'antique et sur la Nature, votre style, ou plutôt votre art, est à vous. Les ressorts du corps humain n'ont plus de voile qui vous les dérobe. Vous avez acquis en même temps la pratique de la sculpture et la connaissance des formes. Déjà vous alliez au sentiment de la vérité l'idée de la grandeur. Vous n'avez fait encore, à proprement parler, que copier, et vous avez acquis tout ce qui est nécessaire pour être original. Plus que vous ne croyez, vous connaissez l'art de choisir.

Prenez maintenant un vol plus élevé. Après avoir étudié les formes du corps humain dans ses différentes parties, osez en représenter l'ensemble. Montrez-nous une image de l'homme vivant.

J'ai déjà parlé de diverses pierres gravées et de quelques lampes antiques, qui font allusion aux procédés et à la théorie des anciens statuaires; c'est ici le lieu de les rappeler.

Quelques-uns de ces monuments représentent Prométhée modelant un squelette humain; d'autres représentent l'immortel ouvrier prenant, pour modeler le corps de l'homme, des mesures exactes avec le secours d'un plomb; d'autres le représentent pesant séparément les membres de sa figure à une balance [1]; d'autres enfin le font voir recevant des conseils de Minerve, quand il veut échauffer sa figure du feu des passions, après qu'elle est entièrement formée [2].

Ces allégories précieuses des Grecs indiquent les lois qui vous sont imposées, et l'ordre que vous devez suivre dans votre nouveau travail.

On peut distinguer deux choses dans la formation d'une statue : la composition et l'exécution.

Nous ne parlerons, quant à présent, relativement à la composition, ni du choix des affections de l'âme, ni des convenances morales. Il s'agit d'abord de représenter l'homme physique dans une pose ou une action quelconque, avec une exacte vérité, en

[1] *Suprà*, p. 115 et 127.
[2] *Le Lucerne antic. sepolcr.* di P. Sant. Bart., part. 1, fig. i.

donnant, à ses formes et à ses mouvements de la grâce, de la noblesse et de l'harmonie.

Composez dans votre premier essai une figure en repos, ou du moins une figure qui n'exprime aucune passion proprement dite.

Ne confondez pas l'expression de la vie avec l'expression des passions. Emportés par une imagination fougueuse, combien de fois des artistes crurent avoir exprimé des passions véhémentes, tandis que, négligeant la première règle de l'art, ils n'avaient pas même exprimé la vie !

Imitez Prométhée. Ce sage ouvrier forma le corps de l'homme entièrement ; il en organisa tous les ressorts ; il en détermina les proportions et la beauté, avant de l'embraser du feu violent des passions. Attendez, comme lui, d'avoir formé le corps de l'homme, c'est-à-dire attendez d'avoir exécuté déjà quelque figure ; attendez d'être plus savant dans votre art, pour tenter cette dangereuse entreprise. La manière est à côté de l'expression. Quand l'heure d'exprimer les passions arrivera, vous n'aurez pas trop de toutes vos forces.

En laissant à l'écart, comme nous le faisons en ce moment, les affections de l'âme et l'expression des mœurs, vous pouvez considérer dans la composition de votre figure : d'une part, la justesse du mouvement, l'élan, le feu, par lequel elle paraîtra dans l'état d'action que vous aurez voulu représenter ; de l'autre, le développement et les grandes courbes qu'offrira l'ensemble des différentes parties du corps, considérées sur leur longueur.

Cherchez dans la composition de la figure, sans abandonner l'esprit du sujet, de grands plans qui se fassent valoir les uns les autres, de grandes courbes qui s'enveloppent mutuellement, de longues lignes qui embrassent plusieurs membres à la fois.

Mais il est une loi première : il faut, avant tout, que le mouvement soit vrai, facile, bien décidé. Point d'affectation, point de manière. La pose la plus simple peut avoir de la grandeur. Le triomphe d'un grand maître en ce point consiste à trouver de décentes oppositions dans les mouvements les plus naturels. Voyez la Vénus de Médicis ; voyez le Lantin ; voyez le groupe de Castor et Pollux ! Quelle ingénuité ! quelle grâce dans des inflexions toutes différentes, et toujours motivées par le sujet !

Etudiez les poses grecques, et non les attitudes florentines.

Que votre figure porte franchement sur ses appuis ; qu'elle soit bien sur ses hanches, bien sur ses jambes, bien sur ses pieds. Combien de statues modernes, privées d'os et de nerfs, ne se soutiennent debout que parce qu'elles sont en pierre !

N'allez pas, trop empressés de ressembler à l'antique, composer une figure en réunissant des membres de différentes statues. Cet art serait commode s'il pouvait réussir ; il trompe quelquefois le demi-connaisseur ; mais la froideur de l'ouvrage en trahit le secret ; il faut lier l'un à l'autre ces membres étrangers, il en faut mettre les proportions d'accord ; l'artiste, embarrassé dans ces difficultés, n'obtient ni la justesse du mouvement, ni les formes de l'antique, ni la chaleur de la Nature.

Nous avons déjà parlé des *canons* mathématiques employés par les Grecs pour éviter les défauts de leurs modèles ; des moyens de composer des canons ; des moyens de les rendre utiles. Servez-vous de ce guide, comme faisaient les Grecs ; mais ne donnez pas aux *canons* plus d'importance qu'ils ne méritent. Nous ne répéterons pas ce que nous avons dit à ce sujet.

Ne vous découragez point à cause des imperfections de votre modèle vivant : l'homme savant découvre des beautés dans tous les ouvrages de la Nature.

27.

Si votre modèle a des imperfections, composez la figure de telle manière que les défauts soient le moins apparents qu'il se pourra. Faut-il, en général, qu'un artiste sacrifie son sujet aux formes de son modèle ? Non, sans doute. Mais tant qu'il ne sera pas en votre pouvoir de choisir des modèles d'une grande beauté, cherchez dans la composition de votre figure les inflexions les plus faciles, les plus naturelles à celui que vous serez obligé d'employer, celles où il cachera le mieux ses imperfections.

Plus le mouvement que vous lui demanderez lui sera facile, plus il y mettra de grâces et de naïveté. Il deviendra d'autant plus beau qu'il se pénétrera mieux des sentiments du personnage.

On peut terminer une figure avec plusieurs modèles; il faut la mettre ensemble d'après un seul. Praxitèle fut plus heureux que Zeuxis; il reconnut dans Phryné l'image de Vénus.

L'imagination peut suffire pour concevoir une figure; combien de chaleur et de persévérance, combien de connaissances et de goût vous devez réunir pour l'exécuter !

Imitez encore Prométhée; formez d'abord le squelette de la statue.

Déterminez avec précision la direction de la ligne du milieu, non de la ligne du milieu mathématique, mais, ainsi que nous l'avons dit, de celle qui se dessine dans le centre des os[1]. Employez, comme Prométhée, pour prendre des mesures exactes, le secours d'un plomb; marquez par des points saillants et fixes les sommités des os sur toutes les jointures; usez, pour y parvenir, de tous les moyens géométriques que vous pourrez vous approprier. Ne craignez pas qu'ils refroidissent votre génie; si votre figure est de glace devant vous, vous demeurerez froids

---

[1] *Suprà,* p. 131.

comme elle durant un pénible travail ; si le feu de la vie circule dans ses membres souples et bien d'accord, chaque regard que vous y porterez vous remplira d'une chaleur nouvelle.

Voulez-vous allier dans votre ouvrage la grandeur des formes et la vérité, modelez *le dessous* avant *le dessus*. Nous n'entendons pas vous obliger à former un squelette parfait dans toutes ses parties ; à le revêtir successivement de muscles posés les uns sur les autres, et terminés tous avec une égale exactitude. Nous donnons le principe dans toute son étendue ; vous en suivrez, dans l'exécution, ce que vous croirez nécessaire pour parvenir à une imitation fidèle. Mais, si vous ne devez pas vous livrer rigoureusement à ce travail, soyez assez savants pour le faire.

Tandis que vous exprimerez, en commençant la figure, les courbures du squelette et les sommités des os, prononcez avec fermeté les grandes divisions qui devront se faire remarquer encore quand la figure sera terminée ; établissez les masses intérieures et les plans principaux ; arrêtez la forme des parties qui doivent être le plus apparentes, exprimez-en l'action ; que chaque jour, par l'effet d'un nouveau travail, les plans se subdivisant sans perdre leur accord, les masses deviennent plus légères, plus moelleuses, et représentent mieux les formes du dehors. Une couche transparente, habilement étendue, à la fin de l'ouvrage, sur chaque membre déjà plein de vie, exprimera les nuances les plus délicates, adoucira tout, voilera tout, laissera tout reconnaître, imitera la finesse, le velouté de la peau, complétera l'illusion, achevera le miracle.

Ce procédé, qui consiste à modeler *le dessous* avant *le dessus*, exige un grand savoir, mais il offre aussi de grands avantages. Il est plus facile d'arriver à une juste imitation, si l'on forme, en commençant la figure, les parties intérieures, que si l'on veut d'abord imiter l'extérieur ; on prend de plus justes mesures ;

on fait de plus justes calculs ; on évite avec plus de facilité les défauts du modèle vivant ; le squelette se laissant toujours apercevoir, on est moins exposé à perdre le mouvement ; la souplesse arrive, pour ainsi dire, d'elle-même ; l'artiste voile à son gré les os et les muscles, ou les laisse pàraître ; il donne à son gré, par ce moyen, aux formes de sa figure, de la légèreté, de la grandeur, de la tranquillité, de l'énergie.

Que l'on approche un flambeau d'une belle statue grecque ; ô prodige ! tout l'intérieur se dévoile ! On reconnaît alors que si le marbre, à l'extérieur, avait paru vivant, c'est que le feu brûle réellement au dedans de la figure. N'en doutez pas, cette illusion est un effet de la constance de l'artiste grec à modeler avec précision les parties intérieures, avant de terminer le dessus.

Jean de Bologne montrait à Michel-Ange une figure qu'il avait terminée avec une extrême recherche (*coll' alito*) : « Jeune homme, lui dit Michel-Ange, apprenez à disposer une figure, avant de chercher à la finir [1]. » Ce conseil se rapporte évidemment au principe que nous voulons vous faire adopter.

Attachez-vous successivement aux plus grandes masses durant votre travail, depuis les courbures principales du squelette jusqu'aux ondulations de la peau ; distinguez les morceaux, cherchez sans cesse l'harmonie des grandes parties et des petites. S'il vous arrivait de ne pas terminer votre figure, il faudrait du moins que vous eussiez fait une belle ébauche, où fût imprimée la preuve de votre savoir et de votre génie.

Avancez avec prudence : plus votre main est ardente et emportée, plus vous devez la contenir.

[1] F. Baldinucci, *Notiz. de' professori del dissegno. Vit. di Giov. Bol.*, t. II, p. 121.

Ne vous faites pas une gloire de travailler avec rapidité. « On travaille quelquefois avec promptitude, disait un de nos célèbres artistes, parce qu'on n'en sait pas assez pour travailler plus lentement [1]. »

Un jeune peintre se vantait, devant Annibal Carache, d'avoir fait un ouvrage plus vite que le Dominiquin : « Taisez-vous, lui dit ce maître, le Dominiquin l'a fait plus promptement que vous, car il l'a bien fait [2]. »

« L'artiste qui travaille par routine, dit Reynolds, se plaint à tort du peu de durée de la vie et de la difficulté de l'art ; car la vie est plus longue qu'il ne faut pour le conduire à la per-fection, suivant l'idée qu'il s'en est formée ; celui, au contraire, qui revient sans cesse à la Nature, ne voit point de terme à ses études, et plus sa vie sera longue, plus il approchera de la véri-table perfection [3]. »

Vous avez formé votre goût sur la Nature et sur l'antique, vous ne douterez pas qu'il n'existe un beau réel.

Quelle amertume entrerait dans votre âme, si un faux sys-tème pouvait obscurcir à vos yeux cette vérité !

Si vous étiez obligés de représenter un beau *idéal*, un beau que vous auriez créé vous-mêmes, quel serait le modèle sur le-quel on jugerait vos ouvrages ? Où serait l'espoir de votre im-mortalité ?

Rassurez-vous : n'avez-vous pas reconnu dans la Nature en-tière que *ce qui est convenable à sa destination est bien ?*

L'immensité de nos désirs et la faiblesse de nos organes nous démontrent pareillement la vérité de ce second principe adopté par les Grecs : *Qui dit beauté, dit ampleur et ordre.*

[1] Coypel, *Disc. prononcés à l'Acad.*, p. 36.
[2] Id., *ibid.*, p. 39.
[3] Reynolds, *Disc. XII, sur la peint.*

Ce serait une étrange erreur que de chercher la beauté des formes humaines hors de la Nature ; car des formes prises hors de la Nature ne seraient plus des formes humaines, et le penchant qui nous fait aimer nos semblables ne saurait nous les faire aimer.

Ne dites pas : « La Nature n'a pas créé la vraie beauté du corps humain, l'homme l'a conçue. » Non, il ne vous serait pas même donné de l'admirer, s'il n'était pas dans la Nature de la produire.

Trompé par un ardent génie, si quelque artiste vous dit : « La beauté n'est qu'une abstraction ; n'imitez pas des hommes, imitez l'homme ; » demandez-lui : « O mon maître, cet homme qu'il faut imiter, où le verrai-je ? » Il vous répondra : « *Dans votre imagination !* » C'est un abus de mots ; si la Nature vivante ne frappe pas vos yeux, vous n'en pouvez trouver l'IDÉE que dans votre mémoire.

Qu'est-ce que le beau ? *Question d'aveugle*, répondait Aristote.

Le beau abstrait est la chimère des artistes paresseux qui négligent le beau visible.

Émules des artistes grecs, saisissez sur la Nature vivante les formes les plus convenables au bonheur de l'espèce humaine ; oubliez, dans votre choix, les caprices et les préjugés, abjurez même vos propres inspirations ; n'écoutez pas cette voix intime et puissante qui vous dit : « L'être qui te chérit le plus tendrement, est le plus beau qu'ait produit la Nature ; » considérez, pour diriger votre goût, la destination de l'homme et ses jouissances les plus complètes. Fidèles en même temps au second principe des artistes grecs, marquez, par des lignes nettement prononcées, les divisions principales que la Nature imprima sur le corps humain ; composez un ensemble grand et harmonieux, dont un seul regard puisse sans efforts embrasser toutes les parties ; pesez, comme Prométhée, les membres de votre figure à une balance ; sachez en augmenter la valeur apparente par la légèreté des articulations : faites valoir le nu par l'opposition des draperies et des accessoires ; soyez sobres de détails ; respectez le repos des yeux. Si nous n'avons pas été dans l'erreur, quand nous avons cru reconnaître les règles qui dirigeaient le choix des anciens statuaires, vous serez, en suivant ces préceptes, bien près d'exprimer comme eux la vraie beauté.

Représentez la Nature dans sa plus grande régularité.

La régularité nous plaît dans les formes humaines, non-seulement parce qu'elle contribue à faire naître en nous l'idée de l'ordre et celle de la grandeur, mais encore parce qu'elle nous paraît un signe de l'élévation des pensées et de la sérénité de l'âme. C'est pourquoi les têtes de Jupiter et de Minerve sont, ainsi que nous l'avons dit, celles de toutes les têtes antiques qui offrent le plus de régularité.

Du médiocre au parfait, la distance morale est immense, la distance matérielle est souvent bien petite. Tel modèle vivant, par l'inflexion vicieuse de quelque os, par l'affaiblissement ou l'engorgement de quelque muscle, est irrégulier et défectueux dans une de ses parties, qui deviendra sans défauts dans la figure faite d'après lui, si l'artiste savant rend à l'os sa juste courbure, au muscle sa valeur et sa direction naturelles. L'irrégularité à faire disparaître était peu de chose ; l'effet est prodigieux : d'un modèle ordinaire la science et le goût peuvent faire un modèle accompli.

Mais ne recherchez pas une régularité absolue ; elle serait hors de la Nature. Il faut animer une figure, sans altérer trop la régularité ; il faut la rendre régulière sans la refroidir.

Toutes les erreurs veulent avoir leur règne : que l'abus

qu'on pourrait faire du mot de *simplicité* ne vous égare point.

Ne prenez pas pour de la simplicité, dans la composition de la figure, la bassesse du personnage ; dans le faire, la sécheresse et la roideur. Admirez la simplicité qui agrandit les formes, et non celle qui les énerve et qui les glace.

Vous flatteriez-vous d'égaler les anciens, parce que vous seriez dénués de grâces et d'ornements [1] ? La simplicité sublime des Grecs se fait sentir dans des plans posés avec justesse, dans des lignes noblement développées, que de moelleuses ondulations animent, sans en interrompre l'unité ; elle est riche, expressive, nombreuse, variée.

Vous pourrez allier la simplicité, la finesse et la grandeur, si, savants dans l'anatomie, vous n'affectez pas de le paraître.

Ne croyez pas pouvoir mettre du style dans vos ouvrages aux dépens de la vérité ; ne cherchez pas à vous faire un style en imitant celui d'autrui. Quelle prodigieuse diversité dans le style des statuaires grecs ! Prenez pour chacune de vos figures le style le plus convenable au sujet ; mais que, dans tous vos sujets, votre style soit animé, décent et noble. Sachez tout embellir.

On peut distinguer dans la sculpture un style relatif à la forme des corps, un style relatif à leurs mouvements. Les beautés de ces styles différents doivent être en harmonie, et se prêter dans votre ouvrage un secours mutuel.

Vous brûlez d'exprimer des passions véhémentes : je ne vous retiens plus. Mais, à l'exemple de Prométhée, appelez de nouveau Minerve à votre aide.

---

[1] « Antiquis se credunt pares, quia carent cultu atque luminibus. » (Quintil., ib. X, cap. 2.)

 ' Statuaires, vous travaillez pour les nations entières et pour
la postérité : choisissez donc des sujets, des sentiments, des
caractères, capables de satisfaire le goût naturel des hommes de
tous les rangs, de tous les pays, de tous les siècles ; que vos personnages soient sages, courageux, magnanimes ; que Vénus
même ait de la pudeur.

Retenez cette maxime des Grecs : « Il n'y a de beau, pour
l'âme comme pour les yeux, que les objets véritablement bons
et utiles [1]. »

Des applaudissements éternels honoreront votre ouvrage si
vous exprimez les mœurs.

Le statuaire ne doit représenter la douleur et la passion que
dans la vue d'exprimer avec plus d'énergie la bonté des mœurs
et la force de l'âme.

Le spectacle des mœurs nous touche sans la présence des
passions ; les effets des passions n'ont plus de charmes si l'on
n'y reconnaît l'influence des mœurs et l'empire de la vertu.

Il est des sujets si heureux, que la représentation la plus naïve
de l'action suffit pour exprimer les pensées des personnages et
pour intéresser.

Quand je vois Énée sauver son père sur ses épaules, et le
vieillard, en pressant ses dieux contre sa poitrine, entraîner son
petit-fils par la main, ému par le sujet, j'ai besoin d'admirer
l'ouvrage : les beautés m'appellent, les défauts me frappent
moins.

C'est un grand art que de choisir dans un sujet le moment
où les mœurs se manifestent plutôt que les passions, et celui
qui peut communiquer en même temps au spectateur le plus
d'idées fortes, le plus de sentiments agréables.

[1] Plat., *var. loc.*

Dans le beau bas-relief d'Andromède du Capitole, l'artiste n'a représenté ni le moment où Persée va terrasser le monstre, ni celui où il s'élance pour délivrer la victime, mais celui qui suit : il a exprimé, par ce choix heureux, à côté du monstre abattu, la satisfaction du héros et la reconnaissance de la timide Andromède ; il a représenté la victoire du fils de Jupiter, il en a fait prévoir la récompense.

Est-ce, enfin, quelque personnage célèbre par d'affreux malheurs que vous allez représenter ? Est-ce Médée ? est-ce Prométhée sur le Caucase ? est-ce Hécube désespérée sur les corps de ses enfants égorgés ? On demande de vous tout à la fois l'expression de la douleur la plus profonde, des sentiments élevés, sublimes, des formes nobles et harmonieuses, des poses décentes, faciles, et toujours une imitation fidèle, vive et parlante.

Quelles seront les ressources de votre art, pour surmonter tant de difficultés réunies ?

Ah ! consultez les principes de la morale, et vous y trouverez les règles du goût le plus exquis. Montrez-nous, comme les Grecs, la grandeur de l'homme souffrant, et non pas sa faiblesse. Que le spectateur ému puisse, en s'identifiant avec le héros, s'admirer dans cette noble image[1]. Il est, dans les tourments aigus, des crises violentes, involontaires, où la Nature soulevée l'emporte sur la raison, où la tempête qui gronde dans l'intérieur se manifeste au dehors par une agitation convulsive ; gardez-vous d'en offrir l'image : ces crises, passagères dans la Nature, seraient toujours présentes dans votre ouvrage, et par conséquent effroyables. Représentez plutôt le moment qui les précède ou qui les suit, ce moment où, pour redoubler l'horreur du supplice, l'esprit, frappé d'une triste lumière, a retrouvé

----

[1] Lucian. *De salt.* cap. 81.

toutes ses facultés, l'âme toute sa raison, où les forces sont anéanties. Combien de grâces et de grandeur dans les touchantes compositions des Grecs que je pourrais donner pour exemple !

Le sujet le permet-il, élevez-vous plus haut encore ; montrez-nous, comme l'ont fait si souvent ces artistes énergiques, le héros, dans la situation la plus horrible, conservant toute sa force, toute sa dignité, à peine atteint par la douleur, et nullement par la crainte.

Exprimez, enfin, les sentiments par lesquels un homme qui souffre, rassemblant ses forces dans l'intérieur, replie ses membres sur lui-même, plutôt que ceux où il se tend avec violence : en offrant un tableau plein d'énergie, un spectacle touchant et moral, vous donnerez plus facilement à la figure de la souplesse et de la grandeur, vous pourrez l'envelopper en quelque sorte dans de grandes lignes qui en feront la beauté.

N'imitez pas cet artiste qui, avec plus de chaleur que de réflexion, a représenté Milon couché par terre et se roidissant à l'aspect de la mort ; car la grâce se perd dans cette crispation pénible, et l'intérêt, d'une autre part, est anéanti, si, plein de force encore et renonçant à son courage, l'athlète n'offre plus au lion qu'une proie facile à dévorer.

Ne vous laissez pas égarer par les séduisantes descriptions des poëtes. Ces enchanteurs commandent à la Nature entière. Ils rapprochent toutes les époques ; toutes les passions se font entendre à la fois dans leurs rapides et harmonieux discours. De hardies hyperboles, de brillantes comparaisons, enrichissent leurs vagues portraits. Ce n'est pas en copiant de telles images que votre art sévère parvient à les égaler.

Ne marchez pas sur les traces des peintres. Ils peuvent multiplier les personnages et les groupes, varier les sites, les effets, les pensées, les expressions ; vous ne représentez, au contraire, qu'un seul personnage, ou deux ou trois personnages, qu'un fait unique, qu'un seul instant.

N'allez pas prendre au théâtre les modèles des attitudes que vous donnerez à vos héros, car l'expression théâtrale se porte au delà de la simple Nature. Que les comédiens viennent, au contraire, comme autrefois chez les Grecs, admirer les poses simples et nobles de vos figures, et qu'ils cherchent à les imiter [1], quand toutefois les lois du théâtre leur permettront cette imitation.

J'avais dit que, dans l'expression des affections de l'âme, le statuaire doit se tenir le plus près du repos qu'il est possible; ce mot doit paraître suffisamment expliqué : vous devez, en général, choisir les poses qui expriment le plus de pensées avec le moins de mouvement.

Osez, enfin (qu'il me soit permis de vous donner encore ce conseil), osez, à l'exemple des Grecs, lorsque vous représenterez des héros, des génies immortels, rejeter l'entrave d'un costume éphémère : ne devenez pas le copiste et du tailleur et du bottier; montrez aux siècles à venir, sans oublier les lois de la décence, l'homme de la Nature, l'homme de l'éternité. Mais, s'il fallait cependant vous assujettir à représenter un costume bizarre, que votre génie sorte vainqueur de cette lutte nouvelle. Remontez aux sources du beau. Le corps de l'homme n'est-il pas sous l'habit ? Qu'il soit vrai, grand, souple, harmonieux, et vous verrez le vêtement dont vous aurez hardiment altéré les plis et les contours, acquérir de la grandeur en se moulant sur les formes intérieures.

Je m'arrête. La théorie des statuaires grecs est perdue, il s'agit de la retrouver; mais il s'agit en même temps d'exécuter, comme

---

[1] Athen., lib. XIV, cap. 6 ; Lucian. *De salt.* cap. 35.

eux, des chefs-d'œuvre. Que peuvent de faibles discours ! Jeunes artistes, étudiez l'antique ; cet écrit ne peut vous être utile qu'en rendant plus faciles les moyens de l'apprécier.

§ III

En vain nous donnerions des conseils aux artistes ; ces conseils demeureraient sans effets si les faveurs des gouvernements ne venaient au secours du génie. Tâchons donc de rappeler quelques-uns des faits principaux exposés dans cet ouvrage, d'en faire une application à la France et aux différents Etats modernes, et d'arriver à une conséquence générale.

Nous avons considéré l'Art Statuaire chez les Grecs dans son origine ; nous avons vu quelles furent les affections qui le firent naître, quels furent les encouragements et les passions qui le firent perfectionner.

Nous avons recherché les causes qui formèrent et conservèrent dans sa pureté, pendant une longue suite de siècles, le goût du peuple grec, et nous avons cru les voir, conformément aux opinions de ses philosophes, dans des institutions qui avaient pour objet D'OPÉRER L'INSTRUCTION PAR LE PLAISIR.

Nous avons reconnu, en parcourant l'histoire des arts chez les différents peuples de la Grèce et chez les nations les plus célèbres de l'antiquité, que, n'étant pas également utiles dans tous les gouvernements, ils n'y furent pas également protégés, et que leurs progrès furent relatifs, dans tous les gouvernements et dans tous les climats, aux faveurs qu'ils y reçurent.

Nous avons tenté de découvrir quelle était la théorie des statuaires grecs sur la beauté des formes et sur l'art de les représenter, et nous avons trouvé que cette théorie était fondée

sur la Nature ; établie sur des principes immuables, qui sont les
mêmes dans tous les pays et dans tous les temps, et qu'elle peut
s'appliquer non-seulement aux formes humaines dans tous leurs
différents caractères, mais encore à celle des animaux, aux corps
inanimés, à tous les êtres. Les Grecs, avons-nous dit, embellissaient même les corps contrefaits ; ils modelaient de beaux vases,
de beaux candélabres, de beaux meubles de toute espèce, en se
conformant toujours aux mêmes lois.

Nous avons fait remarquer que la religion des Grecs n'excita
pas les artistes à donner aux Dieux une beauté surnaturelle ;
que son plus grand bienfait envers les arts fut, au contraire, de
faire admirer constamment des formes prises par les artistes dans
la nature humaine, et dont le goût général avait auparavant
apprécié la convenance et la noblesse.

Arrivés aux peuples modernes, nous avons vu les arts, et
l'Art Statuaire en particulier, renaître dans des circonstances à
peu près semblables à celles où les législateurs de la Grèce
avaient cru devoir les protéger ; nous les avons vus tendre vers
la perfection, ou s'égarer, suivant que les artistes ont adopté de
bons principes ou des erreurs, et par un effet des faveurs ou de
l'indifférence des magistrats et des rois.

Au milieu de ces recherches et des lumières qui nous ont environné, nous avons dû conclure que l'on a beaucoup trop accordé
à l'influence du climat, aux idées poétiques de la religion, à la
constitution des gouvernements, relativement à la perfection de
la sculpture grecque ; nous avons presque dit que cette influence
fut nulle ; et malgré les bornes étroites où nous nous sommes
resserré dans le développement des faits et des preuves, cette
proposition nous conduit à une autre conséquence indubitable,
c'est que l'infériorité des statuaires modernes ne saurait être
attribuée ni à l'impuissance du climat, ni à la sainteté de la reli-

gion chrétienne,. ni aux formes constitutionnelles des gouvernements, considérées du moins en elles-mêmes.

Si quelque chose a manqué à Ghiberti, à Michel-Ange, à Puget,
à Jean de Bologne lui-même, né dans nos provinces septentrio-
nales, pour égaler les statuaires grecs, est-ce le sentiment, la
chaleur, l'énergie? est-ce le génie, pour tout dire en un mot?
Non sans doute, ce n'est donc pas la Nature qu'il faut accuser
de leurs erreurs.

La facilité de se procurer des modèles vivants, l'abondance
des marbres, avantages secondaires, ont pu dans tous les temps
être facilement remplacés par les princes, à peu de frais.

La plupart des difficultés enfin qu'opposèrent au perfectionnement des arts, dans leur renaissance et pendant plusieurs
siècles, des mœurs encore grossières, des institutions nées au
sein de la barbarie, et les restes de l'ignorance où avait gémi
l'Europe, ces difficultés ont disparu depuis longtemps, par les
progrès des lumières et de la civilisation.

Peuples du midi de l'Europe, nations du Nord, vous n'avez
donc point à redouter d'obstacles insurmontables.

Pourquoi, en effet, le génie qui a enrichi notre heureuse patrie
de tant de chefs-d'œuvre ; pourquoi le génie qui a construit et
embelli des villes, policé des peuples grossiers, fait résonner la
lyre, cultivé les sciences, au milieu des frimas, des neiges et
des glaces, n'animerait-il pas le marbre et le bronze, quand il
leur commandera de s'animer ?

Ecrivains immortels, Corneille, Racine, Molière, Descartes,
Pascal, Bossuet, et vous, Newton, Leibnitz, Milton, Shakespeare,
et vous, Haller, Klopstock, Soumarocow ; et vous tous que déjà
le lecteur me reproche de n'avoir pas nommés, c'est vous que
j'atteste ! Comment croire que les contrées fertiles qui vous ont
enfantés, n'eussent pas produit des statuaires, dignes émules de

Lysippe et de Phidias, si les circonstances politiques eussent autant favorisé les progrès de la sculpture que ceux des sciences et de la poésie ?

Mais les faits que nous avons exposés nous conduisent en même temps à une autre conséquence.

L'Art Statuaire est un art plus difficile que ne l'ont pensé les modernes. Nous avons vu qu'il dut ses progrès, chez les Grecs, aux études assidues, aux recherches constantes d'une longue filiation de maîtres, tous également encouragés par les gouvernements, et à la tradition non interrompue des connaissances dont chacun d'eux avait accru l'héritage : chez les modernes au contraire, et chez les Français particulièrement, par un effet des vicissitudes que le gouvernement a éprouvées, l'art a essuyé, dans sa propre théorie, de fatales révolutions ; chaque génération s'est fait à elle-même des opinions nouvelles, et quelquefois elle a remplacé d'anciennes erreurs par des erreurs plus dangereuses.

L'Art Statuaire, nous l'avons fait voir encore, est un art dispendieux. Il l'est également dans les ouvrages de marbre et de bronze qu'il exécute, et dans les longues études qu'il exige. Nous avons rappelé que, chez les Grecs, l'apprentissage durait dix ans. Trop souvent en Italie, comme en France, les élèves firent des études insuffisantes. On ne se livre point, en effet, à de longues dépenses, à de constants efforts, sans l'espoir d'être dédommagé de tant de sacrifices.

Il doit donc être évident que l'Art Statuaire ne saurait s'élever à la perfection, si ce n'est par la volonté des princes, par les faveurs constantes et bien dirigées des gouvernements.

L'Art Statuaire est, en quelque sorte, l'art des gouvernements et des rois ; c'est à eux qu'il appartient de le protéger, de lui servir d'appui et de guide.

Nous avons dit quelles faveurs il leur demande. Il a besoin, premièrement, d'être employé à des monuments qui inspirent aux nations entières un vif intérêt ; il veut, en second lieu, être dignement honoré ; il faut enfin qu'il soit libre, qu'il soit cependant soumis au goût général, mais qu'il n'ait d'arbitre suprême que lui.

Faire aimer l'Art Statuaire en le rendant utile aux nobles passions dont les peuples peuvent être animés ; éclairer le goût général, en multipliant les moyens de comparaison ; faire en sorte qu'il dirige l'opinion des hommes en place, et que les préjugés des hommes en place n'aient aucune influence sur le goût des artistes et sur celui du public ; donner au génie l'assurance qu'il sera jugé avec connaissance et avec sévérité ; garantir les artistes de la nécessité de se livrer à l'intrigue et de chercher des protecteurs ; rendre inutiles ces funestes ménagements qui, enchaînant trop souvent la critique, laissent régner les erreurs les plus dangereuses ; décerner avec justice et sans prodigalité les honneurs promis aux grands talents ; en assurer l'ordre et la dispensation par des lois immuables ; les graduer de telle manière, que sans cesse une palme conquise en fasse rechercher une autre d'un plus grand prix, tels sont, en général, les moyens de faire naître et de soutenir l'émulation, de maintenir la pureté du goût, d'exciter le génie à des recherches, à des efforts, dont la perfection de l'art puisse être l'effet.

En parlant aux élèves, nous avons dû développer toutes nos idées ; il suffit ici de les indiquer.

Est-il avantageux, chez les peuples modernes, d'avoir des écoles publiques de sculpture ? Oui, sans doute, s'il s'agit d'écoles spéciales, uniquement consacrées à cet art ; si l'enseignement de la sculpture est entièrement séparé de celui de la peinture, et, de plus, si le système d'enseignement est bon.

Sans ces conditions, il vaudrait mieux supprimer les écoles.

Nous n'avons jamais joui d'aucun de ces avantages ; nous avons, au contraire, éprouvé tous les inconvénients attachés à une école mal organisée.

Vitruve se plaignait de ce que de son temps il y avait trop d'artistes médiocres, et de ce que le système de l'instruction s'était relâché ; il regardait cette abondance stérile comme un signe de la prochaine décadence des arts [1], qui, en effet, ne tarda point ; évitons ce danger.

Il semble que l'on ait eu pour objet, dans notre école, de multiplier sans mesure le nombre des artistes, plutôt que de former des hommes supérieurs ; le contraire eût été plus difficile, c'est cependant le contraire qu'il aurait fallu faire.

Louis XIV et le sage Colbert voulurent sans doute, en créant des artistes, former aussi des dessinateurs pour les manufactures, des modeleurs, des ciseleurs, des orfévres ; mais sous ce point de vue, l'organisation de l'école fut encore vicieuse et insuffisante ; car les études de cette classe d'artistes ou d'ouvriers doivent différer à bien des égards de celles des statuaires et de celles des peintres d'histoire.

L'expérience démontre à ce sujet la nécessité de deux réformes : l'une serait de changer le système de l'enseignement des statuaires ; l'autre, d'apporter une plus grande sévérité que l'on n'a fait jusqu'ici, d'abord dans la distribution des simples médailles d'encouragement ; ensuite, dans le couronnement des élèves qui devraient aller étudier à Rome aux frais du gouvernement.

Les artistes rencontrent difficilement de beaux modèles. Les beaux hommes ne sont pas rares, mais il est rare d'en trouver

[1] Vitruv. lib. I, in Proem.

qui veuillent ou qui puissent se consacrer à cet emploi. Ne serait-il pas utile que le gouvernement salariât lui-même un nombre suffisant de beaux sujets dont les artistes pussent jouir ?

Faut-il ouvrir des concours quand on veut élever des monuments publics d'une grande importance ?

La solution de cette question présente aujourd'hui beaucoup de difficultés, soit à cause de l'abus que l'on a fait d'une institution recommandable, soit à cause des modes vicieux que l'on a suivis maladroitement, et qui l'ont fait paraître, pour ainsi dire, ridicule.

S'il est vrai cependant qu'un monument public doive être véritablement beau, pour produire sur les esprits une sensation vive et profonde ; s'il est utile de donner à l'homme en place une garantie contre les sollicitations et contre les réputations usurpées, il faudra sans doute chercher un moyen pour connaître l'opinion des hommes les plus éclairés, pour connaître principalement l'opinion publique, celui de toûs les juges qui peut le moins être induit en erreur.

Autant un monument public est utile au goût, lorsqu'il est beau, autant il sert à le corrompre quand il ne l'est point. Un monument public est toujours debout, toujours devant les yeux du peuple. On se rit d'abord d'un mauvais ouvrage ; la multitude elle-même, guidée par un sentiment naturel, prend en pitié l'architecte ou le statuaire ; mais bientôt les yeux s'habituent à ce qu'ils ont vu tous les jours ; l'artiste périt, le protecteur est oublié, l'ouvrage reste, et les générations nouvelles, trompées par son antiquité, s'abreuvent de l'erreur des hommes présomptueux qui méprisèrent l'opinion publique.

« Un monument public de mauvais goût, dit Vasari, élevé dans un temps où il existait d'habiles artistes, est une injure faite à la nation et au siècle qui le voient élever, un sujet éternel de honte pour ceux qui l'ordonnent [1]. »

Il serait injuste sans doute d'ouvrir des concours pour tous les ouvrages publics, sans distinction ; mais il paraît indispensable de recourir à ce moyen pour les grands monuments qui doivent marquer les époques célèbres de l'histoire des peuples, et tout à la fois celles de l'histoire de l'art.

Le concours auquel la ville de Florence doit les portes du baptistère de Saint-Jean pourrait servir d'exemple, quant à la forme. Un petit nombre de statuaires seraient choisis sur leur renommée : chacun de ces concurrents formerait un modèle, de la grandeur du monument ou d'une partie du monument, ou grand du moins comme nature ; afin d'ôter tout prétexte à la négligence, chacun de ces modèles serait noblement payé [2] ; on donnerait aux concurrents tout le temps nécessaire pour qu'ils pussent perfectionner leur ouvrage avec le plus grand soin ; il serait choisi un grand nombre de juges parmi les artistes les plus célèbres, car les artistes ne doivent parmi nous être jugés que par leurs pairs ; mais tous les modèles auraient été, avant le jugement, exposés à la critique du public ; le jugement serait rendu et prononcé solennellement devant lui. Que l'on se représente un spectacle de cette nature : quelle affluence ! quels applaudissements ! quel sujet d'instruction pour les artistes eux-mêmes ! quel aiguillon pour les hommes avides de gloire !

Nos institutions ne laissent-elles rien à désirer dans le système des honneurs et des récompenses ?

---

[1] Vasari, *Vit. di Ant. Filarete.*

[2] Il pourrait être permis à tous les artistes de concourir ; mais ceux qui n'auraient pas été nommés à cet effet par le gouvernement, ne seraient pas payés, à moins qu'ils n'obtinssent le prix.

Comment restituer à des hommes habiles les honneurs acquis autrefois par leur mérite, et dont ils furent dépouillés ? Comment récompenser les jeunes talents, sans cesser d'honorer la vieillesse ? Qu'il suffise d'en faire remarquer la nécessité.

Pour créer d'habiles artistes, pour obtenir de leur génie les plus beaux ouvrages, il ne s'agit pas de prodiguer des trésors ; des sommes légères peuvent suffire, si on les dispense avec goût et avec mesure. L'économie peut s'allier avec le bon goût, elle semble même lui être favorable. L'art des gouvernements consiste à faire beaucoup avec peu de dépenses.

« Le Panthéon de Rome, disions-nous dans un précédent ouvrage, a bien moins coûté que la basilique de Saint-Pierre, et il offre à l'homme de goût un modèle plus exquis. Les plus petits monuments des Grecs parlent à l'âme par l'élévation de la pensée, et par le sentiment répandu sur les moindres détails. Un temple de brique, un autel, un vase de terre, d'un style simple, d'un profil tranquille, pur, et, j'ose dire, divin, nous humilient souvent, en nous faisant sentir la sublimité de nos maîtres [1]. »

Il est enfin, entre l'esprit public, les arts et les mœurs, une influence réciproque et inévitable : l'histoire des arts toute entière nous l'apprend. C'est quand ils sont étrangers à l'esprit public, c'est quand ils corrompent les mœurs, que les arts dégénèrent : il faut donc qu'ils soient utiles, ou qu'ils soient avilis.

Déjà l'Art Statuaire nous a offert les images de quelques-uns de nos grands hommes : qu'il continue cette noble entreprise avec de nouveaux efforts ; qu'il nous rappelle les événements

---

[1] *Musée olympique de l'Ecole vivante.* Mém. lu à l'Inst. nat. au mois de pluv. de l'an IV, p. 31.

les plus glorieux de nos illustres annales. Les sujets nous man-
queraient-ils? Combien de grandes actions dont nous devons
immortaliser la mémoire! Combien de déttes il nous reste à
acquitter!

Que l'histoire des peuples anciens s'unisse à la nôtre pour
nous offrir des exemples mémorables de courage et de vertu.

Dans quels lieux seront placés des monuments devenus un
sujet d'instruction et d'orgueil? Partout où le public se porte :
dans les temples, dans les palais des magistrats, dans les mar-
chés, dans les écoles. C'est là que les plus beaux ouvrages produisent les plus grands effets. C'est là que les artistes reçoivent
d'utiles leçons du public, et que le goût du peuple se forme par
les leçons des grands artistes. L'Art Statuaire se corrompt dans
les boudoirs, et se perfectionne dans les places publiques.

Paris seul ne sera pas orné de nobles images. Que dans
chaque ville, dans chaque hameau, le gouvernement place les
statues des grands hommes que cette ville, que ce faible village
aura produits.

Que la figure colossale de la France victorieuse s'élève. dans
chaque département.

Au milieu d'un peuple accusé de légèreté asseyons des monuments indestructibles.

Amis fidèles, peuples reconnaissants, élevez de modestes tombeaux.

Fils religieux, conservez, honorez d'un culte assidu, au milieu
de vos enfants qu'instruira votre exemple, les saintes images de
vos pères.

Que des inscriptions enfin animent en quelque sorte les statues et les monuments, pour que l'instruction devienne plus
frappante, pour que le goût soit plus facilement éclairé.

Qu'une architecture savante et noble fasse valoir les beautés de la sculpture. Que la statue, harmonieusement unie avec les objets qui l'environnent, produise, par cet accord, tout l'effet qu'on en peut attendre.

Quand les arts liés à nos affections les plus fortes, à nos passions les plus généreuses, nous seront vraiment utiles, nous en sentirons mieux le prix ; quand la nation les aimera vivement, nous ne manquerons pas de grands artistes, et la théorie que nous cherchons maintenant avec efforts s'offrira bientôt d'elle-même.

Législateurs, c'est donc à vous que nous devons adresser nos vœux. Les richesses, les honneurs, les intérêts particuliers, et par conséquent les mœurs, les goûts, les passions, la volonté des peuples, tout cela n'est-il pas dans vos puissantes mains ? Arbitres de nos destinées, les chefs-d'œuvre des arts doivent être votre ouvrage. Parlez ; le génie impatient vous écoute ; le marbre est tout prêt : qu'en fera le ciseau de l'artiste ? J'ose en croire d'heureux augures : LE MARBRE SERA DIEU.

Convaincu de cette puissance des lois, je termine ici cet essai ; et je grave à la fin de l'ouvrage l'inscription que j'ai tracée sur le frontispice :

Quelles ont été les causes de la perfection de la sculpture antique, et quels seraient les moyens d'y atteindre ?

C'EST AU LÉGISLATEUR A OPÉRER LE PRODIGE.

FIN.

[illegible] [illegible]

[illegible]

TABLE ANALYTIQUE DES MATIÈRES.

Pages.

Lettre du secrétaire de la classe de littérature et beaux-arts de
l'Institut.   V

Avertissement de la première édition.   VII

PREMIÈRE PARTIE.

SECTION I.

Causes générales de l'amour des Grecs pour l'Art Statuaire. —
Causes générales de l'excellence de leur goût.

Introduction.   1

§ I.   Insuffisance des systèmes de différents écrivains. . .   5

§ II.   Unité d'origine du peuple grec.   12

§ III.   Malheurs de la nation dans ses premiers temps. —
Union des familles. — Admiration du peuple grec
pour les héros. — Esprit des premières institutions.
— Naissance de l'Art Statuaire. — Première loi que
lui imposa le goût général : *Vérité de l'imitation*.   13

§ IV.   Continuation du même sujet.   19

§ V.   Habitude de la vie champêtre. — Influence de cette habitude sur le goût.   24

§ VI.   Circonstances qui enseignèrent aux Grecs à apprécier
la beauté du corps humain. — Premier principe relatif à la beauté des formes humaines : *Rien n'est
beau que ce qui est bon*. — Portrait d'une jeune femme
considérée sous ce rapport.   27

Pages.

§ VII. Education. — Conformité des principes de la musique
        et de la danse avec ceux de l'Art Statuaire, relative-
        ment à l'expression des passions.   45

§ VIII. Religion. — Révolutions qu'elle éprouva. — Dogme
        fondamental de la religion populaire. — Influence
        de la religion sur le maintien du goût.   52

§ IX.   Jeux olympiques. — Emulation.   60

SECTION II.

Causes particulières qui firent perfectionner les arts dans de certains Etats
de la Grèce plutôt que dans les autres Etats.

§ I.   Rapport des Arts avec les différents gouvernements.
        — Gouvernements des Arcadiens, des Achéens, de
        Sparte, de Thèbes, de Carthage, de Rome, de l'E-
        gypte, etc., etc. — Les Arts considérés dans ces
        divers gouvernements.   61

§ II.   Influence des guerres civiles.   80

§ III. Première cause particulière du perfectionnement de
        l'Art Statuaire chez les Athéniens : Son utilité ;
        il est lié au système de la législation, et employé
        à maintenir l'esprit public.   83

§ IV.   Deuxième cause : Récompenses accordées aux artistes. 93

§ V.   Troisième cause : Empire du goût général..   97

DEUXIÈME PARTIE.

SECTION I.

L'Art Statuaire considéré chez les Grecs, dans ses études et dans ses procédés.

§ I.   Ecoles. — Tradition des principes. 107

§ II.   Etude de l'anatomie. — Passage d'Hippocrate à ce
        sujet.   110

Pages.

§ III. Géométrie. — En quoi consistaient les *canons*. — Comment les statuaires grecs étaient parvenus à se former des *canons*. — *Canon* de Polyclète. — Chaque artiste peut se faire des *canons*. — Manière de s'en servir. 112

§ IV. Ce qu'il faut entendre, dans l'Art Statuaire, par *le dessus* et *le dessous*. — Deux manières de procéder en modelant 127

§ V. *Ligne du milieu.* — Il faut distinguer deux *lignes du milieu*. 130

§ VI. Réunion de plusieurs modèles vivants. — Ce qu'il faut penser de la conduite des statuaires grecs à ce sujet 132

§ VII. Modèles d'argile. — Modèles de cire. 134

§ VIII. Usage de polir les statues de marbre. 137

SECTION II.

L'Art Statuaire considéré, chez les Grecs, dans sa théorie.

§ I. Principes généraux. — Première loi fondamentale : *Vérité de l'imitation.* — Deuxième loi : *Beauté des formes.* — Troisième loi : *Passions tempérées par la sagesse.* — Le Tireur d'épine ; la Vénus de Médicis ; le Laocoon. — Preuves relatives à la première loi. 140

§ II. Beauté des formes. — Considérations préliminaires sur ce qu'on appelle dans les arts *le Sentiment* 156

§ III. Considérations sur *le Génie*. — Opinion des Grecs. — En quoi l'auteur de l'Apollon dit du Belvédère a montré du génie. 160

§ IV. Considérations sur *le Goût*. — Abus de ce mot . . . 168

§ V. Sur *le Style*. — Style de Phidias. 170

§ VI. Sur *le Beau idéal*. — Etymologie et véritable signification de ce mot 174

Pages.

§ VII. Second principe des Grecs sur la beauté des formes du corps humain : *Qui dit beauté, dit ampleur et ordre*. — Règles qui paraissent avoir été suivies par les artistes grecs, relativement à l'application de ce principe. 184

§ VIII. Première règle. — Démonstration de cette règle sur les formes de l'homme vivant. — Hercule Farnèse, Vénus de Médicis, etc 192

§ IX. Deuxième règle. — Démonstration. — Description du *Torse antique*. 198

§ X. Troisième règle. Démonstration. — Description de diverses parties du corps de l'homme. — Figures d'Apollon, de Diane, etc. 203

§ XI. Quatrième règle. Démonstration. — Description de l'Apolline, d'un des Cupidons de Praxitèle, du Mercure dit l'Antinoüs du Belvédère. 208

§ XII. Cinquième règle. Démonstration. — Athlète dit le Gladiateur combattant ; Discobole qui lance le disque ; figure d'Hyacinthe, décrite par Philostrate. . 218

§ XIII. Sixième règle. Démonstration. Buste de Jupiter Sérapis dit au *Modius* ; Minerve dite de la *villa* Albani ; Minerve du palais Justiniani 222

§ XIV. Aplication de ces règles à des figures de caractères différents. — Description de la tête de l'Hercule Farnèse ; d'une autre tête d'Hercule ; de celle de Jupiter dite du Vatican ; de celle d'Esope de la *villa* Albani ; enfants, animaux, centaures 227

§ XV. Application de ces règles aux draperies. — Description de la draperie du Laocoon, de celle de la Vénus dite du Capitole, de celle de la Flore Farnèse, de celle de l'Apollon 233

§ XVI. Expression des affections de l'âme. — Principes des statuaires grecs à ce sujet. — Leurs motifs. — Diverses compositions grecques. Groupe de l'Amour et Psyché. — Laocoon 237

Pages.

§ XVII. Décadence de l'Art Statuaire chez les anciens. — Causes et époques de cette décadence.   247

TROISIÈME PARTIE.

SECTION I.

L'Art Statuaire considéré chez les modernes. Causes des progrès des statuaires modernes. Pourquoi ils sont demeurés inférieurs aux Grecs.

§ I.   Règne des Goths. — On a imputé aux Goths plus de mal qu'ils n'en ont fait. — Leur admiration pour les monuments antiques.   249

§ II.   Renaissance des arts en Italie. — Motifs pour lesquels ils y furent rappelés et protégés.   253

§ III.   Ils sont employés, par les Florentins, à diriger l'esprit public. — Système d'encouragement adopté par ce peuple. — Ses bons effets.   258

§ IV.   Les arts appelés à Rome. — Contribuent à soutenir la puissance des Papes.   265

§ V.   Pourquoi l'Art Statuaire ne s'est pas élevé, chez les Florentins à la perfection où l'avaient porté les Grecs. — L'art du dessin comparé à l'art de modeler en ronde bosse   269

§ VI.   Situation de l'Europe, après la mort de Michel-Ange. — Causes générales qui s'opposaient au perfectionnement des arts. — Les Statuaires recherchent l'expression des passions, plutôt que la beauté des formes et que la vérité de l'imitation.   275

§ VII.   L'Art Statuaire considéré en France. — Les arts y sont utiles à la puissance royale. — Protection que leur accorda Louis XIV. — Système des récompenses ; ses bons effets. — Influence des opinions particulières. — Erreur des artistes.   282

346 TABLE ANALYTIQUE DES MATIÈRES.

Pages

§ VIII. Avantages qui résultaient de l'existence de l'Académie. — Vices de la méthode adoptée par l'Académie, relativement à l'enseignement de l'Art Statuaire.
— L'art du bas-relief, comparé à l'art de modeler
en ronde bosse. — Principes des Grecs, relatifs aux
bas-reliefs. — La Sculpture a été considérée en
France comme un accessoire de l'Architecture. . . 296

SECTION II.

Recherche particulière des moyens d'atteindre à la perfection
de la Sculpture antique.

§ I.   Division du sujet 305

§ II.   Moyens relatifs à l'Art : — Conseils adressés à un
jeune Statuaire : ordre qu'il doit suivre dans ses
études ; procédés qu'il doit employer ; composition
et exécution d'une statue ; principes qu'il serait
utile d'adopter 306

§ III.   Moyens d'encouragement : — Récapitulation de ce qui
a déjà été dit sur le climat, sur la religion, sur les
gouvernements. — Conséquence. — Modification
des moyens d'encouragement employés par les
Grecs. — Conséquence générale 329

FIN DE LA TABLE ANALYTIQUE.

TABLE

INDIQUANT LES STATUES ET LES BUSTES

DÉCRITS OU MENTIONNÉS DANS CET OUVRAGE

QUI SE VOYAIENT

DANS LE MUSÉE NAPOLÉON.

———

Alexandre (buste) pages, 312.
Amour et Psyché (groupe), 243.
Antinoüs (buste), 312.
Apollon dit du Belvédère, 167, 170, 197, 207, 218, 236 et suiv.
Apolline, 211.
Diane, 207.
Discobole qui lance le disque, 221.
Esope (buste), 231.
Flore dite la Flore Farnèse, 235.
Gladiateur combattant, 220.
Hercule Farnèse, 169, 196, 227.
Hercule (autre tête), 228.
Hermaphrodite, 169.
Homère (buste), 312.
Jupiter dit du Vatican (buste), 229 et suiv.
Jupiter Sérapis (buste), 224 et suiv.
Laocoon, 138, 147, 148, 196, 216, 234, 246 et suiv.
Mercure, dit l'Antinoüs du Belvédère, 214 et suiv.

Minerve de la *villa Albani*, pages 215, 225 et suiv.
Socrate (buste), 312.
Tireur d'épine, 146, 148.
Torse antique, 200, 216 et suiv.
Vénus du Capitole, 234.
Vénus de Médicis, 148, 154, 169, 196, 207, 217, 317.
Vitellius (buste), 312.

FIN DES TABLES.

Paris. — Typographie HENNUYER, rue du Boulevard, 7.